山东省小麦信息分析与预警报告(2019—2023)

◎ 张晓艳 著

中国农业科学技术出版社

图书在版编目（CIP）数据

山东省小麦信息分析与预警报告：2019—2023 / 张晓艳著. --北京：中国农业科学技术出版社，2023.12

ISBN 978-7-5116-6528-7

Ⅰ.①山… Ⅱ.①张… Ⅲ.①小麦-粮食市场-市场分析-山东-2019-2023 Ⅳ.①F724.721

中国国家版本馆 CIP 数据核字（2023）第 222996 号

责任编辑 李冠桥
责任校对 李向荣
责任印制 姜义伟 王思文

出 版 者	中国农业科学技术出版社
	北京市中关村南大街 12 号　邮编：100081
电　　话	（010）82106632（编辑室）　（010）82109702（发行部）
	（010）82109709（读者服务部）
网　　址	https://castp.caas.cn
经 销 者	各地新华书店
印 刷 者	北京建宏印刷有限公司
开　　本	170 mm×240 mm　1/16
印　　张	13.75
字　　数	252 千字
版　　次	2023 年 12 月第 1 版　2023 年 12 月第 1 次印刷
定　　价	80.00 元

◆◆◆ 版权所有·翻印必究 ◆◆◆

《山东省小麦信息分析与预警报告(2019—2023)》著者名单

主　著：张晓艳

副主著：刘　锋

参著人员（按姓氏笔画排序）：

　　　　王　猛　　王兆华　　王丽丽　　王剑非
　　　　卢德成　　刘林臣　　刘淑云　　李乔宇
　　　　李首涵　　杨　萍　　杨丽萍　　郑纪业
　　　　房　毅　　孟　静　　赵　佳　　侯学会
　　　　骆秀斌　　殷　芳　　郭世娟　　章超斌
　　　　樊阳阳　　穆元杰

前　　言

党的十八大以来，我国提出了"确保谷物基本自给、口粮绝对安全"的新粮食安全观。粮食生产大省持续增产是我国保障粮食安全的基石，本书通过对山东省粮食生产效率进行分析，明确生产资料投入对粮食产量的贡献率，深入剖析新形势下山东省保障粮食安全的有效途径，以寻求粮食增产增效策略。

为贯彻落实《农业部办公厅关于印发〈全产业链农业信息分析预警试点方案〉的通知》，山东省开展了小麦全产业链农业信息分析预警试点工作，本着探索建立权威、统一、高效的全产业链农业信息分析预警系统和省市有机衔接的农业信息分析预警工作机制，选择山东临沂、潍坊、德州、聊城、菏泽、济宁、青岛、烟台、滨州等地市开展了信息员试点布置工作，按照农户（按不同的种植规模水平）、经纪人和加工企业几个层次，遴选了小麦产业信息员。经过近年来的探索与努力，建立了统筹产前、产中、产后、生产、流通、消费等全产业链农业信息分析模式，组建了适应国际化发展需要的全产业链农业信息分析预警团队，形成分析反应快速、信息内容全面、预测判断准确的工作格局；建立了定期分析与专题预警相结合的方法制度，对农作物主要粮食品种开展了监测分析，对结构性产能过剩的问题进行了预警发布；对热点问题和突发事件快速反应，形成预警信息，为宏观决策提供了参考，在社会上引起关注。全产业链预警工作是全面、准确、及时了解产品情况的重要窗口。月度、季度和年度分析报告定期反映了本行业的发展态势、突出问题以及政策需求等重要信息，已成为当地农业农村部门了解市场行情、研判市场走势的重要工作，成为以市场为导向推动农业"转方式、调结构"的重要信息支撑，对政府职能部门调整工作思路及方法，对企业采取针对性的应对措施，起到了潜移默化的引导作用。

针对我国小麦产业概况和发展趋势，本书进行了小麦市场价格变动特点、小麦与面粉价格波动的动态关联性分析，并对小麦优质优价存在问题、路径及启示进行了深入剖析。因为部分数据无法获取，个别章节报告不全，敬请读者谅解。

由于作者水平有限，书中难免有不足之处，敬请读者批评指正！

著　者

2023 年 10 月

目 录

第一章 山东省粮食生产效率与安全对策研究 ·················· 1
第二章 山东省小麦生产情况 ································· 14
  第一节 山东省小麦生产概况 ······························· 14
  第二节 山东省小麦生产成本收益分析 ······················· 16
第三章 2019年山东省小麦市场动态分析与未来展望 ··········· 23
  第一节 2019年1月山东省小麦市场供需报告 ················ 23
  第二节 2019年2月山东省小麦市场供需报告 ················ 25
  第三节 2019年3月山东省小麦市场供需报告 ················ 27
  第四节 2019年4月山东省小麦市场供需报告 ················ 30
  第五节 2019年5月山东省小麦市场供需报告 ················ 34
  第六节 2019年6月山东省小麦市场供需报告 ················ 36
  第七节 2019年7月山东省小麦市场供需报告 ················ 38
  第八节 2019年8月山东省小麦市场供需报告 ················ 41
  第九节 2019年9月山东省小麦市场供需报告 ················ 42
  第十节 2019年10月山东省小麦市场供需报告 ··············· 44
  第十一节 2019年11月山东省小麦市场供需报告 ············· 46
  第十二节 2019年12月山东省小麦市场供需报告 ············· 48
  第十三节 2019年山东省第一季度小麦市场供需报告 ········· 49
  第十四节 2019年山东省第二季度小麦市场供需报告 ········· 52
  第十五节 2019年山东省第三季度小麦市场供需报告 ········· 56
  第十六节 2019年山东省第四季度小麦市场供需报告 ········· 58
  第十七节 2019年上半年山东省小麦市场供需报告 ··········· 61
  第十八节 2019年度山东省小麦市场供需报告 ··············· 64
  第十九节 2019年度山东省小麦市场会商报告 ··············· 69
第四章 2020年山东省小麦市场动态分析与未来展望 ··········· 74
  第一节 2020年1月山东省小麦市场供需报告 ················ 74

第二节　2020年2月山东省小麦市场供需报告……………………………76
第三节　2020年3月山东省小麦市场供需报告……………………………77
第四节　2020年4月山东省小麦市场供需报告……………………………80
第五节　2020年5月山东省小麦市场供需报告……………………………82
第六节　2020年6月山东省小麦市场供需报告……………………………85
第七节　2020年7月山东省小麦市场供需报告……………………………87
第八节　2020年8月山东省小麦市场供需报告……………………………89
第九节　2020年9月山东省小麦市场供需报告……………………………91
第十节　2020年10月山东省小麦市场供需报告……………………………93
第十一节　2020年11月山东省小麦市场供需报告…………………………95
第十二节　2020年12月山东省小麦市场供需报告…………………………98
第十三节　2020年山东省第一季度小麦市场供需报告……………………101
第十四节　2020年上半年山东省小麦市场供需报告………………………104
第十五节　2020年度山东省小麦市场供需报告……………………………107
第十六节　2020年山东省小麦全产业链预警分析报告（会商报告）……110

第五章　2021年山东省小麦市场动态分析与未来展望……………116
第一节　2021年1月山东省小麦市场供需报告……………………………116
第二节　2021年3月山东省小麦市场供需报告……………………………118
第三节　2021年4月山东省小麦市场供需报告……………………………121
第四节　2021年5月山东省小麦市场供需报告……………………………124
第五节　2021年山东省冬小麦播种情况调查报告…………………………125
第六节　2021年山东省小麦收获、收购情况及后市分析…………………128
第七节　2021年4月山东省小麦市场供需研究简报…………………………132
第八节　2021年度山东省小麦市场供需报告………………………………135

第六章　2022年山东省小麦市场动态分析与未来展望……………138
第一节　2022年山东省小麦及农资市场行情及后期走势分析……………138
第二节　2022年山东省新麦生产、收购特点及后市分析…………………142
第三节　山东基层对提高小麦最低收购价的建议…………………………147
第四节　2022年农民夏粮出售意愿调查……………………………………150
第五节　2022年山东省夏粮收购情况调查…………………………………152
第六节　2022年山东省小麦成本收益分析调查……………………………154
第七节　2022年小麦价格变化对农业经营主体的影响及建议……………157

第七章 2023 年山东省小麦市场动态分析与未来展望 ·················159
　　第一节　基层对提高小麦最低收购价的期盼建议 ·················159
　　第二节　2023 年山东新小麦市场形势分析 ·················161
第八章　我国小麦优质优价存在的问题、路径及启示研究 ·················165
　　第一节　我国小麦产业概况和发展趋势 ·················165
　　第二节　小麦优质优价概述 ·················172
第九章　小麦与面粉价格波动的动态关联性分析 ·················184
第十章　我国小麦市场价格波动特点分析——以山东省为例 ·················194
参考文献 ·················204

第一章　山东省粮食生产效率与安全对策研究

粮食安全始终是关系我国国民经济发展、社会稳定和国家独立的全局性重大战略问题，粮食安全是国家安全的重要基础。党的十八大以来，以习近平同志为核心的党中央把粮食安全作为治国理政的头等大事，提出了"确保谷物基本自给、口粮绝对安全"的新粮食安全观，确立了"以我为主、立足国内、确保产能、适度进口、科技支撑"的国家粮食安全战略，走出了一条中国特色粮食安全之路。中国实施"藏粮于地、藏粮于技"战略，持续推进农业供给侧结构性改革和体制机制创新，粮食生产能力不断增强，粮食流通现代化水平明显提升，粮食供给结构不断优化，粮食产业经济稳步发展，更高层次、更高质量、更有效率、更可持续的粮食安全保障体系逐步建立，国家粮食安全保障更加有力。在目标明确和措施保障下，中国农业实现了举世瞩目的跨越式发展，农业生产条件实现巨大飞跃，新型农业经营体系不断健全，农业发展新动能基本形成。国家统计局公布的全国粮食生产数据显示，2021年全国粮食总产量6 828.5亿kg，比2020年增加133.5亿kg，增长2.0%，全年粮食产量再创新高，连续7年保持在6 500亿kg以上。随着人民生活水平的提高，人均粮食消费增加，我国人均占有粮食474 kg时，需进口大约0.6亿hm²耕地生产的食物，中国人吃饱没问题，吃好需进口。许多发达国家人均粮食总消费超过800kg，是我国的近2倍。因此，粮食安全问题始终不能放松。

山东省作为我国粮食生产大省，用占全国6%的耕地和1%的淡水，生产了全国8.5%的粮食、9.8%的肉蛋奶、11.2%的蔬菜和12.8%的水产品，为全国贡献了农业产业化经营、农业国际化、科教兴农等山东经验，素有"全国农业看山东"之说，为中国人的饭碗主要装中国粮作出了贡献，所以山东省粮食持续增产是保障我国粮食安全的基石。山东省在政策上严格落实粮食安全党政同责，加强粮食安全责任制和粮食生产稳定度考核，同时落实产粮大县奖励政策，充分调动基层政府重农抓粮积极性。自2000年以来，随着人口数量增加，粮食产量也呈直线上升趋势。山东人均粮食占有量由2000年的425.9kg增长到2020年的536kg。2021年山东省粮食再获丰收，粮食总产量达到550.051亿kg，增加5.4亿kg，连续8年过"千亿斤[①]"，首次突破550亿kg大关，是全国5个增产5亿kg以上的省份之一，居全国第3位。我国粮食能否持续增产，主要取决于产粮大省还有没有增产潜力、生产效率是否能提高、粮食增产措施是否到位等。因此，通过对山东省的粮食生产效率、影响因素、增产措施等方面进行深入剖析，寻求粮食增产策略，为保障国家粮食安全发挥农业大省作用。

一、数据来源与分析方法

研究数据来源于国家统计局官网公布的统计年鉴数据（1949—2020年），包括山东省的粮食产量、播种面积、单产、有效灌溉面积、农业机械总动力、化肥施用量、农药使用量等指标。对历年统计数据的变化趋势、变化幅度等进行分析，同时利用SPSS软件中的主成分回归C-D生产函数模型方法，构建包括劳动力、农业技术水平、土地、农业生产方式、物质投入等因素的主成分分析模型。

二、山东粮食生产投入与产出

粮食生产需要大量的土地、人力、物力、财力投入。随着粮食产量的提高，粮食生产投入呈刚性增长，生产成本居高不下，导致种粮效益较低，降低农户种粮积极性，影响粮食安全。本研究针对粮食总产量和单位面积产量的生产资料投入与产出效率进行分析。

1. 粮食产量增长1倍的投入量

山东省粮食总产量由1949年的790.5×10^4 t增加到2020年的$5\,446.8\times10^4$ t，增长了5.89倍。通过粮食增产消耗的时间、播种面积、有效灌溉面积、农业机械总动力、化肥施用量、农药使用量等生产要素的投入角度，进行粮食生产效率与代价分析（表1-1）。

（1）1949—2020年，山东粮食年产量迈上了5 000万t的台阶，粮食产量每增加1倍平均约需12.05年，用时最长为22年，最短为3年。分阶段看，1949—1971年，用时22年，实际增幅为103.35%；1972—1979年，粮食产量达到2 472.00万t，增长了53.78%，用时8年；1980—1990年，粮食产量达到3 354.90万t，增长了35.72%，用时11年；1991—1993年，粮食产量达

---

① 1斤为500g，全书同。

表 1-1 山东粮食产量每增加 1 000 万 t 平均所需投入增长情况

年份	粮食产量（万 t）	产量比基期增长倍数	比上期用时（年）	粮食播种面积（×10³hm²）	面积比上期增长（%）	灌溉面积比上期增长率（%）	化肥施用量比上期增长（%）	农业机械总动力比上期增长（%）	农药使用量比上期增长（%）
1949	790.50	—	—	11 131.30	—	—	—	—	—
1971	1 607.50	1.03	22	94 48.00	-15.12	—	—	—	—
1979	2 472.00	2.13	8	8 734.70	-7.55	—	—	-26.84	—
1990	3 354.90	3.24	11	8 151.90	-6.67	1.34	114.60	158.33	—
1993	3 964.60	4.02	3	8 213.40	0.75	3.59	44.60	9.40	—
2012	4 815.81	5.09	19	7 750.36	-5.64	9.39	34.16	253.04	102.50
2020	5 446.80	5.89	8	8 281.30	6.85	4.22	-20.02	-11.72	-29.63

注：基期指 1949 年。后同。

到 3 964.60 万 t，增长 18.17%，用时 3 年；1949—1993 年，在当时农业生产条件有限情况下，增长速度较快的主要原因是基数较低，每增长 10 个百分点平均需要 1.10 年；1994—2012 年，粮食产量达到 4 815.81 万 t，增长 21.47%，用时 19 年，每增长 10 个百分点用时 8.85 年，增长速度较慢，主要原因是此期工业化、城镇化发展速度快、农业发展相对放缓；2013—2020 年，粮食产量达到 5 446.80 万 t，增长 13.10%。粮食增产所用时间的长短，主要受农业政策与科技水平的影响，粮食补贴高、价格政策好、粮食生产效益高时，粮食增产所需时间就短，反之亦然；粮食生产技术进步时，粮食增产所需要的时间就短，特别是高产栽培技术以及化肥、灌溉、农业机械等技术实施，保障了粮食产量明显增加。

（2）1949—2020 年，粮食播种面积从 11 131.30×10³hm² 减少到 8 281.30×10³hm²，降低 25.60%，粮食产量每增长 1 倍，播种面积平均减少 4.34%，说明粮食产量增长主要依靠单产提高。分阶段看，因不同时期农业政策与自然条件的变化，粮食产量虽然一直在增长，但播种面积有增有减。以 1949 年为基期（1949 年）进行分析，1990 年粮食产量比 1949 年增长 3.24 倍，同期粮食播种面积减少 26.77%；1993 年粮食产量是 1949 年的 4.02 倍，播种面积比基期减少 26.21%；2012 年粮食产量增长 5.09 倍，播种面积比上期减少 5.64%，比基期减少 30.37%；2012—2020 年，山东粮食产量由 4 815.81 万 t 增长到 5 446.80 万 t，增幅 13.10%，播种面积增加 530.94×10³hm²，增幅 6.85%。

（3）有效灌溉面积是粮食增产的基本保障，减少了旱灾对粮食生产的影响，奠定了粮食增产的基础。粮食产量比基期每增长1倍，有效灌溉面积平均增加量216.64×10³hm²，增幅为4.63%。由图1-1可知，有效灌溉面积基本呈平稳增加趋势，1988年有效灌溉面积下滑的同时，粮食产量也在下降，有效灌溉面积环比下降3.53%，粮食产量则环比减少10.49%，说明有效灌溉面积是保障粮食增产的重要因素。分阶段来看，1979—1990年粮食增产882.90万t，有效灌溉面积由4 404.8×10³hm²增加到4 463.67×10³hm²，增幅1.34%；1993年的有效灌溉面积比1990年增加了160.33×10³hm²，增幅3.59%；1993—2012年，有效灌溉面积由4 624×10³hm²增加到5 058.10×10³hm²，增幅9.39%。2013—2020年，有效灌溉面积增加213.26×10³hm²，增幅4.22%。

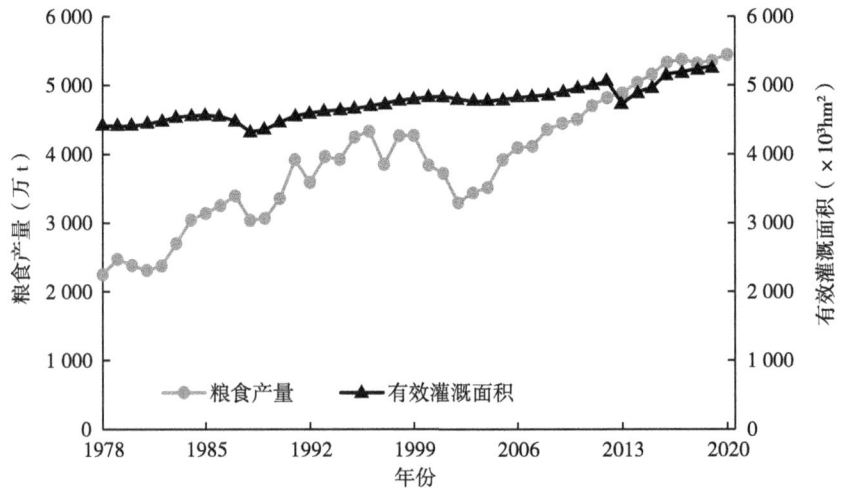

图1-1 1978—2020年山东省粮食产量与有效灌溉面积变化

（4）我国正处于从传统农业向现代农业转变的关键时期，农业机械化水平的提升主要是农机总动力的增长，具体体现在翻耕、整地等农用机械数量增加和动力水平的提升。我国先后提出"1980年基本实现农业机械化""1990年实现农业机械化"的目标。由图1-2可知，1978—2015年，农机总动力总体上呈直线上涨，特别是2002—2015年，粮食产量与农业机械化率呈平行直线增长，说明粮食产量的增加伴随着农业机械化水平的提升；2016年，由于农机动力已经基本满足需求，农机总动力数显著下降，此后呈平稳增加态势；

2020年农机总动力达到10 964.66万 kW·h，比1979年增长了7.81倍，粮食产量每增长1倍，农业机械总动力平均增加207.49%。截至目前，山东主要粮食作物已基本实现全程机械化。

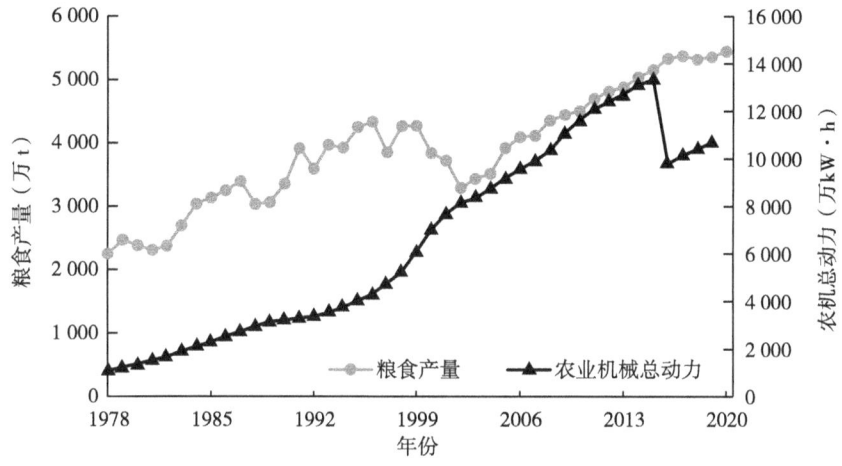

图1-2　粮食产量与农业机械总动力变化

（5）粮食产量每增长1倍，化肥施用量增加0.62倍。化肥产能和施用量的增长，是我国保证粮食增产的重要措施。自1979年有化肥施用量数据统计以来，截至2020年底，粮食增产1.20倍，化肥施用量增加2.33倍。由图1-3可知，1978—2007年，化肥施用量呈曲线上涨趋势，此后呈平缓下降态势。分阶段分析，1979—1990年，化肥施用量增长1.15倍，增幅为114.60%；1990—1993年，化肥施用量增长44.60%；1994—2012年，化肥施用量增加34.16%；此后由于化肥施用量的饱和，同时国家出台"农药化肥减量增效"的政策，2012—2020年，化肥施用量减少20.02%。从增产效果来看，1979—2020年，粮食产量增加了2 974.80万 t，化肥施用量增加了266.50万 t，粮食产量每增长1倍，化肥用量增加70.81万 t。

（6）在粮食播种面积减少、化肥施用量增加、灌溉条件逐步改善的情况下，农作物病虫害的发生也呈快速增加趋势，农作物受灾面积逐年增长，但受灾面积的增长并没有大幅度影响粮食产量的提升，这主要归功于农药的使用，在高密度、高肥水、高重茬等条件下，防止了病虫害大规模、高等级的发生和为害。根据现有资料，由图1-4可知，1991—2008年，农药使用量呈曲折上涨态势，此后呈缓慢下降趋势。1993—2012年，农药使用量增加了8.20万 t，增幅为102.50%；2013—2020年，受"农药化肥减量增效"政策影响，农药使用量减少29.63%。总体上，粮食产量每增长1倍，农药使用量平均增幅21.25%。

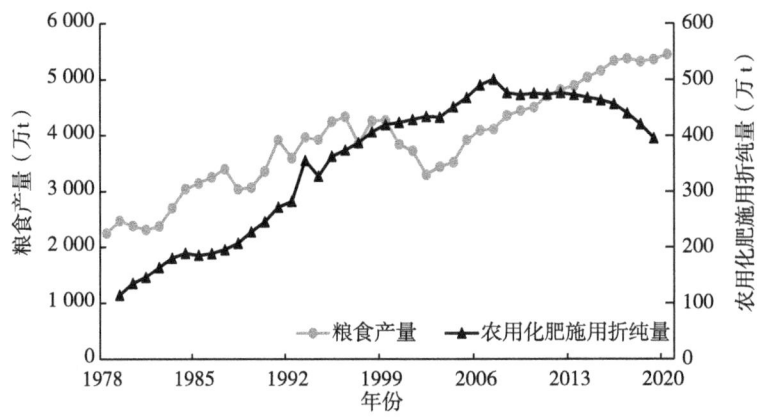

图1-3 粮食产量与化肥施用量变化

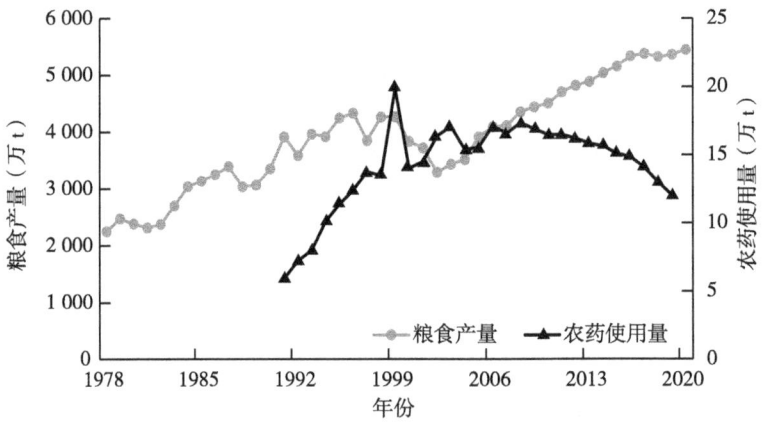

图1-4 粮食产量与农药使用量变化

（7）粮食单产增加1 000 kg/hm²的投入量。我国粮食增产主要依靠单产提高，而提高单产需要农机、化肥、农药等生产要素投入的同步增长。根据统计数据，1952—2020年，山东粮食单产跨越了5.51个1 000 kg/hm²的台阶。从粮食单产增加所需的时间与生产要素分析，单产每上一个1 000 kg/hm²台阶平均需要12.52年，化肥施用量增加54.25 kg、增幅28.96%，农药使用量增长

9.28%，有效灌溉面积增长4.19%，农机总动力增长70.16%，增长了5.55倍。从各生产资料投入增加比例来看，增加粮食单产，各因素的贡献率不同。

通过对粮食总产量每增长1倍和单产跨越一个1 000 kg/hm²台阶所需时间及生产资料投入量进行分析，粮食总产量和单产上升一个台阶所需时间不同，粮食单产上升一个台阶平均所需时间比总产量多1.14年、生产资料投入比例也略有差异。总之，随着生产资料投入量增加，粮食产量曲折上升（表1-2）。

表1-2 粮食单产增加1 000 kg/hm²所需投入

年份	单产（kg/hm²）	比上期用时（年）	化肥使用量比上期增长率（%）	农药使用量比上期增长（%）	有效灌溉面积比上期增长（%）	农业机械总动力比上期增长（%）
1952	1 068.27					
1975	2 172.66	23				
1982	3 090.40	7				
1990	4 115.50	8	49.79		-0.41	92.12
1995	5 222.10	5	47.58		4.45	24.90
2008	6 085.79	13	31.47	52.86	4.18	157.69
2020	6 577.50	12	-20.03	-34.29	8.52	5.94

2. 生产资料投入量对山东粮食产量的贡献率

某一个因素对粮食产量增长的贡献不仅取决于该因素的生产弹性，还取决于该因素在这个时期内的变化幅度。研究选择包括劳动力、农业技术水平、土地、农业生产方式、物质投入等因素，根据数据可获得性，劳动力投入采用乡村从业人员数来表示，土地投入主要由粮食播种面积来表示，农业技术投入选用农业机械总动力和有效灌溉面积来衡量，物质投入由化肥施用折纯量和农药使用量表示。首先经过多次模型检验，剔除具有共线性和不显著性的影响因素，构建山东省粮食产量影响因素的指标体系，其中，以山东省粮食产量（万t）为因变量y，选取粮食作物种植面积（×10³hm²）X_1、有效灌溉面积（×10³hm²）X_2、化肥施用折纯量（万t）X_3、农业机械总动力（万kW·h）X_4、农药使用量（万t）X_5、乡村从业人员数（万人）X_6为自变量。数据选取《山东省农村统计年鉴》（1997—2020年）中粮食生产的有关数据，运用SPSS 16.0统计软件进行数据处理和模型构建。

(1) 主成分回归 C-D 生产函数模型的建立。采用主成分回归 C-D 生产函数模型对各要素进行分析，目的在于消除变量与变量之间的相关性，使最终回归模型的参数更加可信。根据检验结果分析（表 1-3），KMO=0.675，表明各变量之间适合做因子分析，巴特利特球形度检验的原假设为相关系数矩阵为单位矩阵，Sig 值 0.000 小于显著性水平 0.05，因此，拒绝原假设表示变量之间存在相关性，适合做因子分析。

表 1-3 KMO 和巴特利特检验结果

Kaiser-Meyer-Olkin Measure of Sampling Adequacy.		0.675
Bartlett's Test of Sphericity	Approx. Chi-Square	77.164
	df	15
	Sig.	0.000

采用主成分分析法提取主因子，根据主因子提取结果，研究所选用的 6 个影响因素中，只有前两个因子的特征值大于 1，并且前两个因子的特征值之和占总特征值的 81.009%（表 1-4）。因此，在 6 个因子中提取前两个因子作为主因子。

表 1-4 主因子提取结果

成分	初始特征值			旋转平方和载入		
	合计	方差（%）	累积（%）	合计	方差（%）	累积（%）
粮食作物播种面积（X_1）	2.930	48.830	48.830	2.928	48.801	48.801
有效灌溉面积（X_2）	1.931	32.179	81.009	1.932	32.208	81.009
农用化肥施用折纯量（X_3）	0.552	9.204	90.213			
农业机械总动力（X_4）	0.314	5.228	95.441			
农药使用量（X_5）	0.159	2.650	98.091			
乡村从业人员数（X_6）	0.115	1.909	100.00			

根据表 1-4 所得结果提取两个主因子，利用 SPSS 统计软件进行处理，得出特征值对应特征向量矩阵（表 1-5）。

表 1-5 特征值对应特征向量矩阵

	成分	
	1	2
粮食作物播种面积（X_1）	0.276	-0.079
有效灌溉面积（X_2）	0.301	0.047
农用化肥施用折纯量（X_3）	-0.054	0.485
农业机械总动力（X_4）	0.164	0.434
农药使用量（X_5）	-0.204	0.279
乡村从业人员数（X_6）	-0.322	-0.084

由表 1-5 特征向量矩阵可以得出主成分的计算公式：

$$F_1 = 0.276X_1 + 0.301X_2 - 0.054X_3 + 0.164X_4 - 0.204X_5 - 0.322X_6 \tag{1-1}$$

$$F_2 = -0.079X_1 + 0.047X_2 + 0.485X_3 + 0.434X_4 + 0.279X_5 - 0.084X_6 \tag{1-2}$$

其中，各自变量为标准化后的值。将上述 2 个主成分得分作为自变量，以粮食产量的对数作为因变量建立回归模型：

$$\ln y = a_0 + a_1 F_1 + F_2 \tag{1-3}$$

根据软件处理得到 a_2 构建模型的回归参数，并根据主成分回归模型的计算结果（表 1-6），得出回归方程为：

$$\ln y = 8.392 + 0.137 F_1 + 0.042 F_2 \tag{1-4}$$

表 1-6 主成分回归模型计算结果

参数	估计值	标准误	95%置信度	
			下限	上限
a_0	8.392	0.013	8.365	8.418
a_1	0.137	0.013	0.110	0.163
a_2	0.042	0.013	0.016	0.069

回归方程整理可得：

$$\ln y = 8.392 + 0.034X_1 + 0.043X_2 + 0.013X_3 + 0.041X_4 - 0.016X_5 - 0.048X_6 \tag{1-5}$$

根据模型分析结果，模型的拟合度 $R^2=0.8554$，拟合度较高。从模型系数的正负来看，粮食播种面积、有效灌溉面积、化肥施用量、农业机械总动力的增加对山东省粮食增产具有正效应；乡村从业人员和农药使用量的弹性系数为负，显示负效应，表明这两种因素的增加对增加粮食产量起到相反的作用。

（2）各生产资料投入量对粮食产量增长的贡献率。根据主成分因子提取结果以及生产资料投入量对粮食产量影响的变化率，可以得出贡献率水平（表1-7）。结果表明，对山东省粮食产量贡献率较大的因素是粮食播种面积和有效灌溉面积，贡献率共达到81.01%，物化因素的贡献率合计为17.08%，其贡献率顺序是农用化肥>农机>农药，劳动力投入贡献率仅为1.91%。从各因素贡献率来看，只有保证了粮食作物的播种面积和有效灌溉面积，才能保障粮食产量。要保证粮食和农产品供应，首先要确保耕地安全，守住18亿亩①耕地红线，这是我国粮食安全的生命线，也是14亿人口的生命线。在保证粮食数量安全的同时也要保证质量安全，避免化肥农药的过量使用，在农业劳动力人口老龄化严重的背景下，需积极探索以生态优先、绿色发展为导向的高质量发展新路子。

表1-7 各因素对山东粮食产量增长的贡献率　　　　　单位：%

	粮食作物播种面积（X_1）	有效灌溉面积（X_2）	农用化肥施用折纯量（X_3）	农业机械总动力（X_4）	农药使用量（X_5）	乡村从业人员数（X_6）
贡献率	48.83	32.18	9.20	5.23	2.65	1.91

三、结论与对策建议

1. 研究结论

通过对山东粮食生产效率与代价进行分析可知，截至2020年，山东粮食产量达到5446.8万t，增长5.89倍。粮食产量增长1倍平均约需12.05年、播种面积平均减少4.56%、有效灌溉面积平均增加216.64×10³hm²、农业机械总动力增加9.10倍、化肥施用量增加0.88倍、农药使用量平均增加36.44%。粮食总产量不断增加，主要依靠的是单产，山东粮食单产每上一个1000 kg/hm² 台阶平均需要13.19年，有效灌溉面积平均增长4.19%，农机总动力平

---

① 1亩约为667m²，全书同。

均增长 70.16%，化肥施用量平均增长 27.20%，农药使用量平均增长 9.28%。在播种面积基本稳定的情况下，通过改造中低产田、良种良法配套、提高农业机械化水平等措施提高单产，从而保证粮食总产量持续增长。粮食播种面积对山东粮食产量的贡献率最大，其次是有效灌溉面积，两者贡献率合计为 81.01%，物化因素的贡献率合计为 17.08%。其中，化肥施用量对粮食产量的贡献率为 9.20%，乡村从业人员对粮食产量的贡献率仅有 1.91%，化肥施用量与乡村从业人员的投入对粮食产量所产生的贡献并不明显，且两者对粮食产量产生负面作用。

2. 对策建议

要保障国家的粮食安全，在国家政策统一指导下，首先要保证农业大省的粮食产量，在保护耕地和解决种子"卡脖子"基础上，还需要农业信息化、智能化、现代化技术支撑，建立并优化省级的粮食增产策略，以保证主产区粮食产量，从而发挥农业大省的作用。

粮食安全历来被视为关系国计民生的重大问题，受新冠疫情的冲击和国际局势的影响，全球粮食生产、贸易和运输均遇到重大挑战。在这种新形势下，我国提出了"保障粮食安全的要害是种子和耕地"，要提高粮食和重要农产品供给保障能力，加强种质资源保护利用和优良品种选育推广，开展农业关键核心技术攻关。同时，要强化耕地保护，坚决遏制耕地"非农化"、防止"非粮化"。山东坚守耕地保护红线，确保年粮食播种面积稳定在 1.2 亿亩以上，粮食产能保持在 1 000 亿斤以上；把高标准农田建设作为巩固和增强粮食综合产能的重要支撑，持续加大高标准农田建设力度，到 2022 年底，山东省建成 433.33 万 hm^2 以上高标准农田；深入实施"科教兴农"战略，采取系列针对性措施，比如在 2019 年山东省小麦苗情总体偏弱的情况下，采取"科技壮苗"专项行动，为夺取夏粮丰收保驾护航。

（1）以数量与质量并重确保种粮面积。"十三五"期间，山东省常住人口城镇化率由 57.01% 提高到 63.05%，年均提高 1.2 个百分点，城镇化稳步迈向高质量发展阶段。同时，山东落实国家新型城镇化战略部署，突出以人为本、产城融合、文化传承、城乡互促，到 2025 年，新型城镇化初步实现智慧化、绿色化、均衡化、双向化，常住人口城镇化率达到 68% 左右；到 2035 年，城镇化实现高质量发展，常住人口城镇化率达到 75% 左右，新型城镇化建设走在全国前列。按发达国家城市化率 80% 计算，中国城镇化在未来 20 年仍然需要保持每年 1 个百分点的速度增长，还将需要占用大量土地。由于城镇化率的不断提高，以及受种植效益低及农民种粮积极性不高的影响，保持耕地面积的压力不断加大。在藏粮于地方面，一是在耕地土壤肥力下降地区，进行耕地土壤肥力的恢复；二是鼓励广大生产者使用有机肥，减少化肥和农药等使用，降低对土壤的进一步污染，逐步恢复土壤肥力；三是做好土地平整、水利和道路等配套设施的建设，提高土地的生产力。在保护耕地面积的同时，保证粮食作物的播种面积，并通过改善灌溉条件、培肥地力、改造中低产田等途径，提高耕地产出能力。

（2）以规模化经营促进降成本、增效益。山东省分散的小农户经营、发展不均衡问题比较突出。从规模来看，0.67 hm^2 以下的农户最多，占比 91.29% 以上，6.7hm^2 以上农户约占 0.1%，随着规模增大，占比呈递减趋势。种植规模增加 1%，每公顷化肥和农药用量分别减少 0.3% 和 0.5%，农业劳动生产率增加近 1%。针对土地流转率不高、规模化经营度低等问题，探寻土地流转新模式，建议培植壮大新型经营主体，促进其发展规模经营，探索创新农业社会化服务，促进小农户和现代农业发展有机衔接，构建"龙头企业+合作社+农户"经营体系，将大批农户联结到现代农业上来，在现有 46% 的基础上继续提高土地流转率，推动村党组织领办合作社组织小农户，探索集体与农户之间新的利益联结机制，以规模化经营促进种植成本降低，从而增加收益。

（3）以科技创新促进粮食生产方式转型升级。2013 年 11 月，习近平总书记在山东省考察调研时强调，要给农业插上科技的翅膀，按照增产增效并重、良种良法配套、农机农艺结合、生产生态协调的原则，促进农业技术集成化、劳动过程机械化、生产经营信息化、安全环保法治化，加快构建适应高产、优质、高效、生态、安全农业发展要求的技术体系。当前在耕地数量和质量不同程度下降、水资源日益稀缺和劳动力成本日益提高的背景下，粮食生产只能依靠科技进步。2021 年，山东省主要农作物良种覆盖率超过 98%，同时，"一增四改"等技术被广泛应用，小麦、玉米耕种收综合机械化率分别达到 99%、96%，农业科技进步贡献率为 65% 以上。目前粮食增产科技保障措施的潜力空间越来越小，需实施科技创新战略，利用物联网、大数据和云计算等现代高新技术改造传统农业，将先进技术、装备等要素导入农业生产，切实提升粮食生产物质技术装备水平，通过不断改善生产经营方式，提高农业生产要素综合效率，推进农业信息化、智能化水平，大幅度提高农业质量与效率，助力农业绿色生态可持续发展。

（4）以培养新型农业经营主体打造粮食安全人才队伍。从第三次全国农业普查数据来看，在农业生产经营人员中，年龄 35 岁及以下的 6 023 万人，占农业经营总数的 19.17%；年龄 55 岁及以上的 10 551 万人，占农业经营总数的 33.57%。山东省小农户的平均年龄为 54.2 岁,50 岁以上的占总人数的 54.9%;新型农业经营主体的经营者平均年龄为 49.7 岁,41~50 岁的占总人数的 55.8%,40 岁以下的仅占 7.4%。中国农业劳动力正在加速老化,解决未来谁来种粮的问题日趋紧迫,因新型农业经营主体的市场适应能力和辐射带动能力强,可成为农业转型的助推器、农民增收的金钥匙,所以向农业现代化进程中,需储备农业优质人才,建议培植壮大新型农业经营主体,并加大新型职业农民的培训力度,建立人才培养实训基地,增强新型农业经营主体的综合素质,提升农民生产技能;另外,制定相关政策,鼓励各类人才尤其是青年人从事粮食生产,参与新型农业经营主体的建设,打造一支职业种粮青年队伍。

(5) 以开展用粮节粮行动减少粮食浪费。通过开展用粮节粮行动,加快推动粮食全产业链各环节节约减损行动,瞄准粮食生产、储存、运输、加工、消费等环节粮食损耗问题,"减损就是增产、降耗就是增收",因此要采取有效措施,切实减少粮食损耗,增加粮食有效供给水平。在收获方面,2021 年山东省小麦产量 263.7 亿 kg,按小麦收获环节损失率 1% 估算,比 2% 的作业质量标准低 1 个百分点,相当于挽回小麦损失 2.65 亿 kg。在储藏方面,山东省不断增强储粮能力建设,2020 年粮食完好仓容达到 4 170 万 t,应用环流熏蒸、粮情测控、机械通风储粮新技术的仓容比"十二五"末分别增加 70.8%、62.2% 和 50%。在加工、餐桌等环节增强节粮意识,同时完善不同人群的膳食标准,科学用粮,充足营养,减少肥胖,促进健康。

第二章　山东省小麦生产情况

小麦是全球范围内广泛种植的重要粮食作物，其产量和消费量占世界谷物消费量的30%左右，对世界粮食安全具有重要的保障作用。我国的小麦生产、消费和进口量居世界第一位，小麦生产常年面积和总产量分别占我国粮食生产面积与总产量的25%和22%左右，对于我国粮食安全和农民增收具有重要意义。山东省是我国小麦生产第二大省，小麦产业的发展具有产量潜力高、生产技术水平高、品质优良、加工能力强等突出特点和优势。国家统计局最新数据显示，2022年度山东省小麦种植面积居全国第二位，为 $4.03 \times 10^6 \mathrm{hm}^2$，占全国的17.02%；小麦总产量居全国第二位，为 $2.461 \times 10^7 \mathrm{t}$，占全国的19.18%；单产位居全国第三。山东省小麦产业在全国优势明显，无论是产量和质量方面，均表现良好，山东省小麦市场也引领全国小麦市场。

第一节　山东省小麦生产概况

一、山东省小麦种植面积和产量变化趋势

由图2-1可知，山东省小麦种植面积及产量变化趋势可分为3个阶段，从1949—1990年，在小麦种植面积变化相对平稳的背景下，小麦单产和总产量变化趋势一致，呈直线上升阶段，上涨幅度分别为551.22%和650.07%。1991—2003年，因小麦种植面积下降幅度达到26.02%，虽然单产增加幅度12.00%，但总产量降低幅度17.19%，其中，1991年比上年有较大的跨越，单产和总产量分别上涨12.35%和13.75%。2004—2022年，小麦种植面积和单产分别上涨28.91%和29.35%，总产量上涨幅度为66.68%。

二、影响小麦生产的基本因素

政策是影响小麦种植面积的主要因素，山东省小麦种植面积在1999—

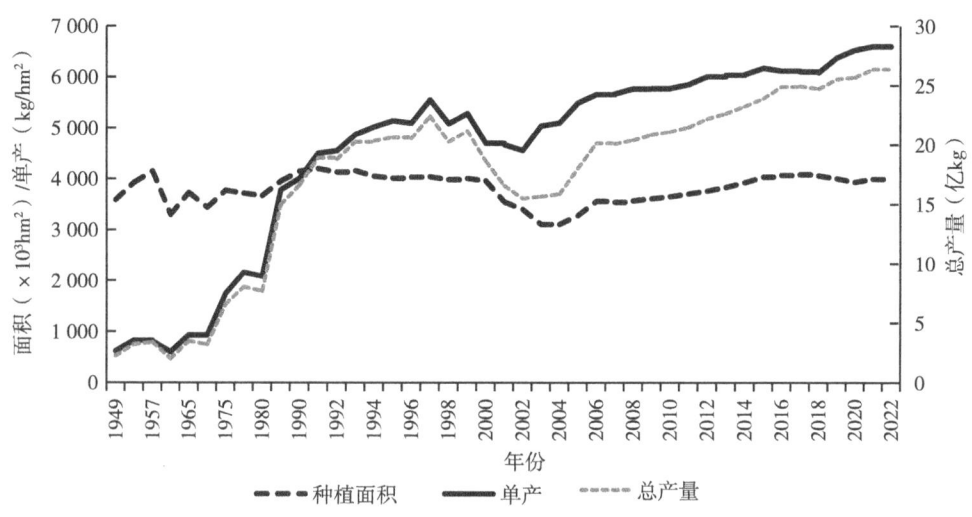

图 2-1 山东省小麦种植面积、总产量和单产变化趋势

2004年出现了大幅度下降，由1999年的400.8万 hm² 减少至2004年的340.6万 hm²。由于1995—1998年国内粮食产量连续4年接近和超过5亿t，1999年起城市大量占用耕地，多地区推行"退耕还林、退耕还草"，导致农作物种植面积下滑。同时段由于农产品供过于求，农产品价格持续低迷，农民种植纯收入下降，全国多地粮田遭抛荒弃种，或改种其他经济作物，导致全国粮食播种面积锐减，出现了1998—2003年我国耕地面积、粮食面积、粮食单产、粮食价格和人均粮食占有量"五下降"。从2004年起政府逐步出台了粮食最低收购价政策、取消农业税政策等一系列利于粮食作物种植的政策，才使得小麦种植面积停止下滑，维护了我国的粮食安全。经过1999—2003年粮食产量波动，国家对有关基本农作物的种植以及耕地面积的决策更为慎重。如针对城市占用农村耕地的问题，为确保我国粮食安全，2008年中共十七届三中全会提出"永久基本农田"概念。至2017年我国永久基本农田基本划定完成，全国共划定永久基本农田15.46亿亩。近年来，山东省小麦种植面积保持基本稳定。

单产是小麦产量增加的主要原因，总体来看，小麦单产逐年提高，1978—2016年山东省小麦单产由2 160 kg/hm² 增长至6 121.2 kg/hm²，特别是1970—1997年，山东省小麦单产呈"直线"上升，由930kg/hm² 上升到5 551.5 kg/hm²。从长时间序列来看，山东省小麦总产量与播种面积变化趋势基本一致。

2017年中央一号文件中提出，按照稳粮、优经、扩饲的要求，加快构建粮经饲协调发展的三元种植结构。粮食作物要稳定水稻、小麦生产，确保口粮绝对安全，继续调减非优势区籽粒玉米，增加优质食用大豆、薯类、杂粮杂豆等。该文件的出台对于保证小麦种植面积、保障粮食安全具有重要作用。

第二节 山东省小麦生产成本收益分析

小麦是中国主要的粮食作物，小麦生产的可持续、均衡发展对保障国家粮食安全、社会稳定具有重要的意义。由于市场、资源、环境等因素的影响，使得小麦增产与小麦生产主体的收益最大化目标并不总是一致，小麦种植效益的高低直接影响小麦生产主体的生产决策。近年来，由于生产成本的快速增长，山东省小麦种植收益有所下降。基于对2007—2015年山东省小麦生产成本收益的变化情况和影响因素的分析，提出了山东省小麦生产发展的相关对策建议。

山东省是全国小麦主产区之一，2017年山东省小麦总产量虽有所下降，但质量超过了往年水平。本研究利用山东省农业科学院科技信息研究所农业监测预警团队的监测数据和近年统计局数据，对山东省近9年来的小麦生产成本收益情况进行了分析，并探讨了降低小麦生产成本和实现小麦生产收益最大化的对策和措施。

一、山东省小麦生产总成本构成

山东省统计局将小麦生产总成本归为生产成本和土地使用成本两类，其中生产成本是由物质费用和用工成本构成。依据历年《山东农村统计年鉴》的相关数据，分2007—2011年和2012—2015年两个时期对山东省小麦生产的总成本及构成做出分析。一是2007—2011年，山东省小麦生产平均总成本持续增长，由7 238元/hm^{2}增至10 820元/hm^2，增幅为49.49%（图2-2）。这与生产成本和土地使用成本的增加密切相关，尤其是生产成本的贡献较大，占总成本的比例持续保持在82%~83%的高位，土地使用成本虽也呈增加趋势，但增幅有限，其占总成本的比例仅为11%~17%。2007—2011年山东省小麦生产成本由6 440元/hm^{2}增至8 940元/hm^2，增幅达38.82%，其中物质费用约占生产成本的70%，是用工成本的2.0~2.5倍，用工成本对生产成本的影响相对较小。二是2012—2015年，由于《山东农村统计年鉴》缺少关于土地成本的相关数据，图2-2中生产成本的变化与总成本的变化趋于重合，仅在2013—

2014 年有微小差别。

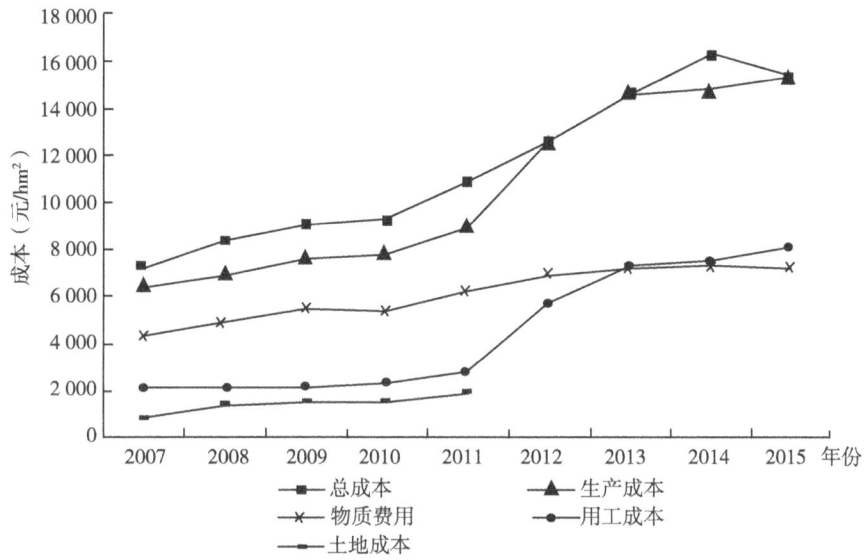

图 2-2　2007—2015 年山东省小麦种植成本分析

（数据来源：历年《山东农村统计年鉴》）

1. 生产成本

《山东农村统计年鉴》的相关数据显示，山东省小麦生产成本呈现逐年上升的趋势。其中，2007—2011 年，物质费用与用工成本平稳增加，分别由 4 351 元/hm² 和 2 089 元/hm² 增至 6 173 元/hm² 和 2 767 元/hm²，年均增长率分别为 9.14% 和 7.28%，故生产成本上涨速度也相对较平稳，由 6 440 元/hm² 增至 8 940 元/hm²，年均增长 8.55%；2012—2015 年，物质费用持续平稳发展，由 6 962 元/hm² 增至 7 238 元/hm²，但增速有所放缓，年均增长 1.30%，而由于用工成本增长速度较快，带动了生产成本依然呈快速上涨态势，用工成本由 5 670 元/hm² 增至 8 093 元/hm²，年均增长 12.59%，生产成本由 12 632 元/hm² 增至 15 323 元/hm²，年均增长 6.65%（图 2-3）。总的来看，2007—2015 年山东省小麦生产的用工成本逐年增长，其占生产成本的比例也不断攀升，由 2007 年的 32% 升至 2015 年的 53%，并自 2013 年开始超过物质费用所占比例。

随着我国城镇化水平的提高，农村劳动力大量外出务工，农业从业人口大量减少，导致农村劳动力市场供应曲线内移，是农业用工成本飙升的一个重要原因。同时，由于农业生产的特殊性，小麦在播种季节和收获季节需要大量劳动力，而平时几乎不需要使用人工，这种生产用工在时间和空间上的不匹配也导致了小麦生产用工成本的上涨。

山东省小麦生产成本中物质成本所占比例虽自 2013 年逐渐落后于用工成本，但其仍然占有较大比例。物质成本的增加很大程度上是由于价格的上涨导致的，除去价格因素，不同的小麦生产主体尽可能地合理利用自身的资源优势，以使物质费用能降到最低。

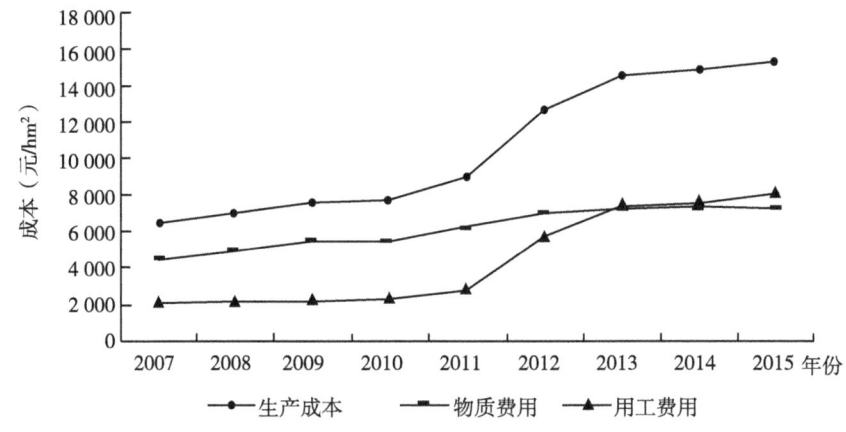

图 2-3　2007—2015 年山东省小麦生产成本

（数据来源：历年《山东农村统计年鉴》）

2. 土地成本

2016 年 11 月中旬山东省农业监测预警调查团队对山东省聊城、临沂、菏泽、德州、潍坊 4 个地区的 30 个粮食生产主体进行了电话问卷调查，有效问卷 29 个。据调查，小麦种植面积在 3.40hm² 以下的有 7 户，3.40~13.40 hm² 的有 8 户，13.40hm² 以上的有 14 户。农民土地承包费用的高低与承包土地的多少没有相关性，土地的年平均成本为 10 950 元/hm²。

据《山东农村统计年鉴》，2007—2011 年山东省小麦生产的土地成本在生产成本中所占的比例较小，但呈现出逐年增长趋势，由 11% 增至 17%。据 2016 年 11 月中旬的调查问卷，小麦种植户每公顷土地的租金区间为 6 000~18 000 元/年，土地成本占小麦生产成本的 35%~69%，较 2007 年土地成本大幅上涨，已成为小麦生产成本的主要组成部分之一。此次调查的 29 户小麦种植户中，土地承包费用为 0 元的只有 3 户，占总数的 10%，其小麦种植面积一般在 1.40hm² 以下，土地为自留地，所以不产生土地流转费用；土地成本（半年的土地承包费用）在 4 500 元以下的有 4 户，占总数的 14%，其小麦种植面积一般在 4hm² 以下；土地成本（半年的土地承包费用）在 4 500 元以上的有 22 户，占总数的 76%，其中，有 12 户土地成本为 4 500~7 480 元，有 10 户土地成本为 7 500~9 000 元。据对调查数据的分析，当小麦生产的土地成本达到 7 500 元时，土地成本占小麦生产总成本的比例将超过 50%（图 2-4）。

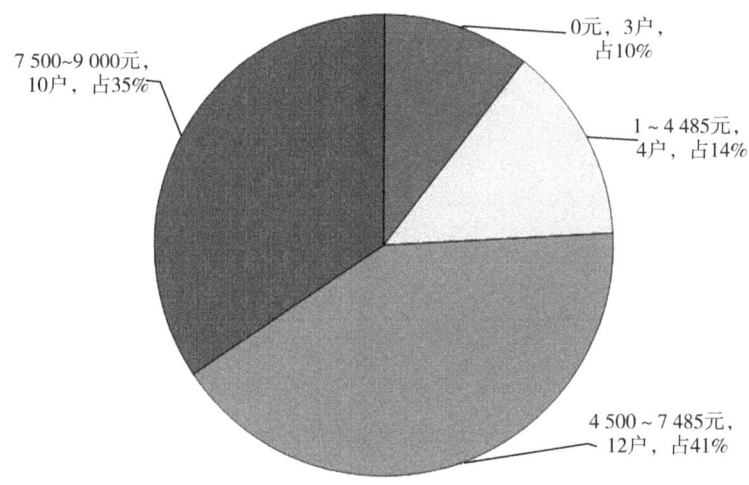

图 2-4　山东省小麦种植户土地成本分布

二、种植收益分析

近几年，山东省小麦种植净利润呈现"双峰曲线"变化趋势。《山东农村统计年鉴》的相关数据显示，2007—2010 年，山东省小麦种植净利润经历了一个上升过程，由 2 191.50 元/hm² 升至 3 487.7 元/hm²；2011—2013 年，则呈现逐年下降的态势，由 3 779.85 元/hm² 降至 2 791.2 元/hm²；2014 年恢复性上涨至 3 030 元/hm²，但 2015 年出现大幅下滑至 9 年来的最低点，降至 2 089.5 元/hm²。

自 2006 年实行小麦种植补贴政策以来，山东省小麦净利润经历了一个先上升后下降的过程。2007—2015 年，小麦生产的总产量值逐年增加，从 2007 年的 9 430.35 元/hm² 升至 2015 年的 17 407.95 元/hm²；小麦生产的成本利润率（成本利润率=净利润/总成本×100%）也经历了一个先上升后下降的过程，2007—2010 年由 30.27 升至 37.48%，随后趋于下降，由 2011 年的 29.94% 降至 2015 年的 13.60%，且下降速度明显快于其增长速度。2007—2015 年山东省小麦生产成本利润率的下降速度快于其增长速度，说明近5年来山东省小麦生产总成本的增长速度快于其净利润的增长速度，进而可得，近5年来山东省小麦生产的单产和种植面积的增加，对小麦净利润的提高，并没有起到正向推动作用（图2-5）。

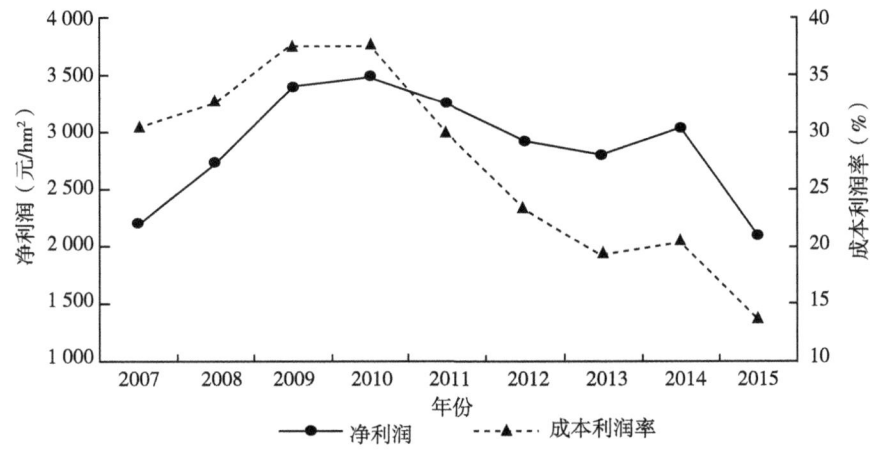

图2-5　2007—2015年山东省小麦净利润及成本利润率

（数据来源：历年《山东农村统计年鉴》）

三、建议

随着生活水平的提高，人们的饮食结构发生了重大变化，但小麦依然是主要口粮，发展小麦生产在城乡居民生活中的重要性不容忽视。而且，发展小麦生产对保护国家粮食安全也有着重大意义。近5年来，国家相继通过了多项产业政策调整小麦的生产面积，同时为了降低小麦生产主体的生产成本，提高其种植小麦的积极性，对种粮农户采取诸如直接补贴、良种补贴、农资综合补贴和农机具补贴等多项惠农措施。

随着小麦生产成本的逐年提高，国家支持小麦生产发展的产业政策在对不同小麦生产主体予以不同程度支持的同时，也逐渐显现出一定的局限性。如2016年山东省对适度规模经营的小麦生产主体给予补贴，小麦种植面积在13.33hm²及以上的给予每户1.20万元补贴，在3.33~13.33hm²的按照900元/hm²的标准进行补贴；3.33hm²以下的则不予补贴。通过2016年11月6日的调查发现，对于一部分种植大户，小麦补贴起到了锦上添花的作用，但也有部分种植大户反映，小麦种植补贴力度太小，对其收益的提高和成本的分担帮助不大。另据调查发现，小麦种植面积在 3.33hm² 以下的农户，小麦生产成本较低主要有两方面原因，一是不产生或产生较少的人工成本，二是土地成本较低或没有土地使用的成本；小麦种植面积在 3.33hm² 以上的农户，小麦生产成本出现了不同程度的分层，小麦生产的成本利润率并不是严格按照一定的规律分布的；小麦种植面积在 66.67hm² 以上的农户承担了较大的种植风险。同时，调查还发现小麦生产成本中土地流转费用的高低与土地流转面积和地区没有明显的相关性。总的来看，2007—2015 年山东省小麦生产总成本发生了较大的变化，一是小麦生产总成本中物质与服务费用虽依然占有较大比例，但人工成本所占比例开始超过物质与服务费用；二是土地成本所占比例上升最快，甚至已超过总成本的一半。面对小麦生产中出现的新情况，小麦生产主体应积极寻求提高粮食生产收益率的途径，争取在小麦种植及生产的各个环节使成本最小化。

1. 科学监控小麦种植各个环节，使投入最小化和利润最大化

一是继续加强对职业农民的培养，特别是对超大型种粮大户（本研究将种植面积在 66.67hm² 以上的小麦生产主体定义为超大型种粮大户）的引导，引导其加强对生产各环节的管理，并进行必要的核算，减少不必要的支出，使得小麦在播种、收获以及出售的全过程实现投入最小化和利润最大化。在降低成本投入方面，尽可能地利用农业生产过程中的资源，如有机肥等实现农业资源的循环利用，既减少了成本又保护了农业环境。在利润最大化方面，种植优良品种，争取优质优价；积极参与合作社等农业产业化组织，增强小麦的议价空间和竞争力；积极关注国家关于小麦的优惠政策，对小麦的优惠扶持项目资金进行及时申领。二是要科学规划生产结构，节约、集约利用资源，大幅降低能源、水资源、土地消耗强度，提高利用效率和效益。如家庭农场，需合理安排动植物比例，科学生产，养牛的牛粪作为有机肥以减少化肥投入，养鱼和种小麦相结合以实现资源的循环利用等。

2. 将小麦种植各项补贴与超大型种粮大户的引导作用相结合

小麦种植的各项补贴在增加小麦生产主体积极性方面作用显著，但同时超大型种粮大户在保护粮食安全和保护耕地等方面的作用也不容忽视。超大型种粮大户多为职业农民，其有着丰富的小麦种植经验，在小麦种植田间管理、保护耕地等方面的行为更为规范。认识到小麦生产收益的外溢性，立足完善主产区利益补偿机制，可将小麦种植各项补贴与超大型种粮大户对生产的引导作用相结合，建立不同层面的小麦补贴体系，从而实现小麦补贴的可持续性。

3. 继续促进小麦生产主体的适度规模经营

随着人们生活水平的提高，小规模分散经营农户的绝对收益难以满足其自身的经济需要，而决定小麦生产主体是否愿意种植小麦的直接原因正是其自身收益的最大化。调查发现，尽管山东省小麦生产的土地成本没有呈现出明显的规律性特征，但同一地区、同一农户，当小麦种植规模达到一定程度后，小麦单产有一定程度的下降，而人工成本则迅速增加，小麦种植的绝对收益减少，单位面积净利润有所下降。经分析，只有小麦的种植面积不超过 20 hm^2，种粮大户才有可能实现不雇工或者少雇工，才能使种粮大户的劳动过程和劳动成果紧密挂钩。促进小麦生产主体的适度规模经营是提高劳动生产效率的必由之路，是提高农民种植积极性和种植收益的关键，是实现小麦生产现代化的必要条件。

4. 加大小麦生产的科技创新投入，培育并推广优良品种

科学技术是第一生产力，农业的持续发展需要科学技术的支撑。当前我国小麦生产技术水平已得到较大提升，但面对日益高涨的土地成本、农业生产环境恶化、自然灾害频发等威胁，需要进一步加大科技创新投入，加强抗旱、抗霜冻等优良品种的栽培和推广，加强地力保护、改造中低产田，实现小麦种植的可持续发展。

第三章 2019年山东省小麦市场动态分析与未来展望

第一节 2019年1月山东省小麦市场供需报告

山东地区小麦长势较好,麦价略降,弱势运行(表3-1)。

表3-1 2018年1月—2019年1月小麦价格情况　　　　单位:元/斤

时间	山东省	国内销区	时间	山东省	国内销区
2018年1月	1.26	1.49	8月	1.21	1.40
2月	1.26	1.49	9月	1.21	1.40
3月	1.26	1.49	10月	1.21	1.41
4月	1.21	1.49	11月	1.23	1.49
5月	1.19	1.46	12月	1.22	1.44
6月	1.14	1.36	2019年1月	1.21	1.313
7月	1.19	1.38			

春节前小麦价格将以稳为主。制粉企业将陆续停工停产,经销商节前面粉备货已基本结束。小麦市场供需结构性矛盾仍存在,麦市优质优价格局仍将延续。国家最低收购价继续下调的影响效应将在2019年逐步体现(图3-1)。

一、小麦生长情况

信息员普遍反映小麦长势较好,临沂地区偏旱。潍坊种植大户说,2018年秋季新麦26播种1 600亩,济麦22为1 100亩,目前小麦长势较好,土壤墒情好,亩分蘖90多万株,一类苗占六成,二类苗三成,三类苗占一成,总体比 2022 年好。

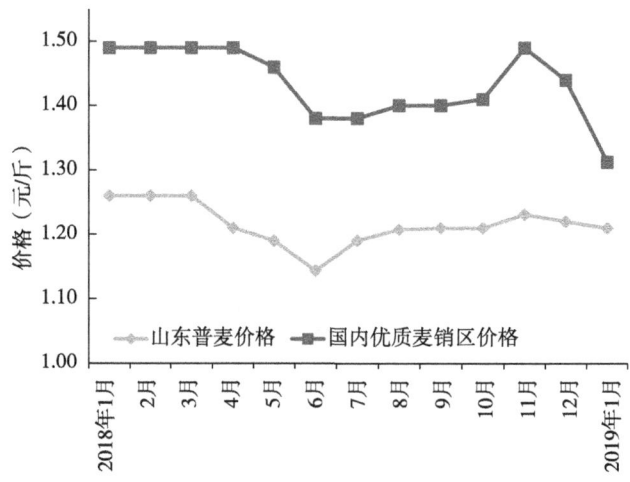

图 3-1　2018 年 1 月—2019 年 1 月小麦价格走势

（注：山东省价格为重点调查县市贸易商平均价格；国内销区价格为广州黄埔港优质麦到港价）

二、小麦市场情况

市场普通小麦价格趋弱运行，市场供需格局偏宽松。临近春节，贸易商和农户均有出库换现的心理。同时，粮商由于对年前麦价看涨预期减弱，为了规避库存风险，更愿意选择在年前销售余粮，因此市场流通粮源以及政策性供应总体充足，阻碍市场麦价上涨。

1. 贸易商方面

据山东省小麦产业信息员反映，1 月贸易商收购雨前麦在 1.2～1.22 元/斤，均价 1.21 元/斤，同比降 3.97%，环比降 0.85%，收购量很小。收购雨后麦 1.18 元/斤。经纪人反映，现在不敢大量收购，担心后期小麦价格继续下滑。

2. 加工企业方面

1 月山东地区小麦进厂均价 1.25 元/斤，同比降 2.19%，环比降 0.2%。雪花粉 1.68 元/斤，同比降 2.66%，环比降 0.82%。副产品麸皮价格略降，均价 0.72 元/斤，同比降 10.32%，环比增长 1.98%。临沂制粉企业信息员反映，收购小麦质量较好，交易活跃，到厂过筛价 1.24 元/斤，容重 770g/L 以上，水分 12% 左右，每天收在 10 万斤以上，当地临时储备粮出售，质量没保障，再者价格不低,他们没有采购,2019年面粉销售不如往年,开工率在六至七成,雪花粉1.67元/斤、特精粉1.58元/斤、二粉1.46元/斤、麸皮0.74元/斤。1月20日以来,部分制粉企业继续下调收购价格,中粮面业(德州)有限公司,1月24日小麦收购价为1.247元/斤,下调0.003元;禹城五得利1月21日小麦价格下调4厘,调整后白小麦为1.228元/斤,红小麦为1.208元/斤。

三、小麦后市分析

随着制粉企业采购需求持续萎缩,春节前小麦价格将以稳为主。制粉企业将陆续停工停产,经销商节前面粉备货已基本结束。小麦市场供需结构性矛盾仍存,麦市优质优价格局仍将延续。

2019年小麦市场随着粮食收储制度改革的不断深化,小麦市场化购销将进一步活跃,优质优价的市场特征也会进一步明显。小麦价格仍难出现反常表现,维持在合理区间运行将是大概率事件。市场供需平衡有余,供应依然相对宽松,国家最低收购价小麦价格继续下调的影响效应将在2019年逐步体现。后期应密切关注国家政策方面是否会对临储拍卖底价进行调整。小麦进口重在调剂品种余缺,对国内市场的影响不大。

第二节 2019年2月山东省小麦市场供需报告

2月,山东地区麦价基本平稳(表3-2)。

表3-2 2018年2月—2019年2月小麦价格情况 单位:元/斤

时间	山东省	国内销区	时间	山东省	国内销区
2018年2月	1.26	1.49	9月	1.21	1.40
3月	1.26	1.49	10月	1.21	1.41
4月	1.21	1.49	11月	1.23	1.49
5月	1.19	1.46	12月	1.22	1.44
6月	1.14	1.36	2019年1月	1.21	1.313
7月	1.19	1.38	2月	1.22	1.3
8月	1.21	1.40			

元宵节后，制粉企业陆续开机，以消化年前备货库存为主。贸易商收购有价无量，预计后期麦价不会有较大幅度变化（图3-2）。

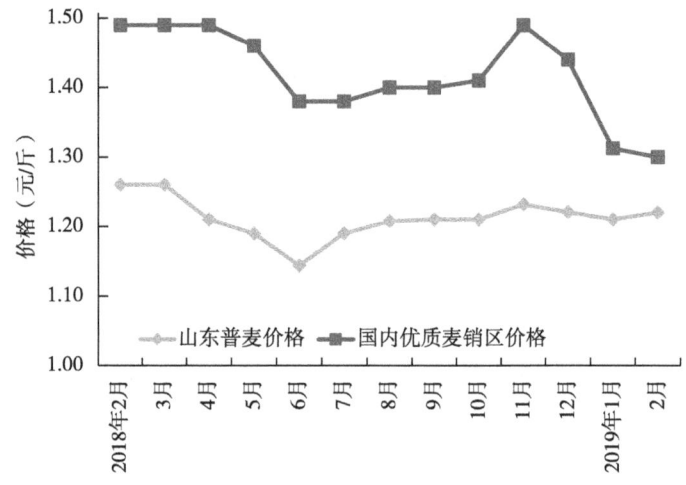

图3-2　2018年1月—2019年2月小麦价格走势

（注：山东省价格为重点调查县市贸易商平均价格；国内销区价格为广州黄埔港优质麦到港价）

一、小麦生长情况

2月，山东省小麦处于越冬—返青期，据监测，土壤墒情适宜。2月下旬，无明显冷空气过程，气温回升明显，有利于冬小麦返青。调查显示，春节前浇过水的小麦长势均较好，部分地区正在浇水。

二、小麦市场情况

2月，正好跨春节假期，春节期间的市场交易停滞，元宵节后市场在逐渐恢复，但市场购销十分低迷，小麦价格基本延续节前区间。一是因为雨雪、浓雾天气；二是工厂开工后，库存可满足目前生产需要，整体对小麦购销量少。

1. 贸易商方面

据山东省小麦产业信息员反映，2月贸易商收购均价1.22元/斤，同比降低3.17%，环比增长0.83%，基本无量。据调查，春节前后收购小麦价格没有变化，潍坊近期收购价格降1分，由上月的1.21元/斤，降到本月底的1.20元/斤。

2. 加工企业方面

元宵节过后，部分制粉企业虽陆续开机，但整体开机率未达到高位水平，多为执行前期订单，以消化年前备货库存为主。菏泽制粉企业信息员反映，每天收购小麦在400t左右，收购价格1.24元/斤，处于山东省平均价格水平。加工企业收购二等普通小麦均价1.24元/斤，同比降低3.13%，环比降低0.8%，济南17收购价格1.32元/斤。雪花粉1.70元/斤，特精粉1.57元/斤，特一粉1.54元/斤，同比降低1.28%、2.29%、0.65%，环比增长1.42%、1.73%、0.16%。麸皮均价0.70元/斤，同比降低12.75%，环比降低3.06%，制粉企业副产品价格回落，效益不佳。

三、小麦后市分析

进入3月后，小麦价格仍不会出现较大变化。节后小麦市场供给将会保持充足，尤其后期随着各级储备粮轮换出库逐步展开，加之政策性小麦高位投放、"去库存"加快，市场承受的压力较重，小麦市场行情预期看弱。但由于供给侧结构性矛盾依然存在，市场质优小麦粮源偏少，高质量普通小麦以及优质小麦价格短期内难以出现大幅度下跌。

其原因：一是尽管近年来国内优质小麦生产取得长足进展，但整体产需依然存在缺口；二是受宏观经济环境影响，国内面粉销售持续低迷，但专用粉市场销售却一直较好，企业开工率也较高，市场对优质小麦存在刚性需求；三是2018年小麦进口数量减少，外麦冲击相对减弱，市场环境利于国产优质小麦价格运行。建议有库存的农户、贸易商可趁着小麦价格相对较高时，及时处理库存中的小麦。

2018年11月15日，国家公布了2019年的小麦最低收购价，每斤1.12元，又下调了3分钱，调低的目的就是让小麦进行市场化收购，去库存。

第三节 2019年3月山东省小麦市场供需报告

3月，山东地区小麦长势较好，麦价稳中回落，麸皮"断崖式"下跌，制粉企业略调高面粉价格（表3-3）。

表3-3 2018年3月—2019年3月小麦价格情况　　　　　单位：元/斤

时间	山东省	国内销区	时间	山东省	国内销区
2018年3月	1.26	1.49	10月	1.21	1.41
4月	1.21	1.49	11月	1.23	1.49
5月	1.19	1.46	12月	1.22	1.44
6月	1.14	1.36	2019年1月	1.21	1.313
7月	1.19	1.38	2月	1.22	1.3
8月	1.21	1.40	3月	1.20	1.279
9月	1.21	1.40			

3月，山东省小麦苗情总体长势良好，明显好于上年和常年，墒情适宜，预计小麦病虫总体中等发生，接近常年略偏重。春节后麦价一直处于弱势，贸易商收购均价在1.2~1.22元/斤徘徊，因麸皮价格大幅回落和面粉涨价难度较大，加工企业采取降价采购原料的策略，收购普通小麦均价1.22元/斤，同比降5.43%，环比降1.61%，济南17收购均价1.28元/斤（图3-3）。

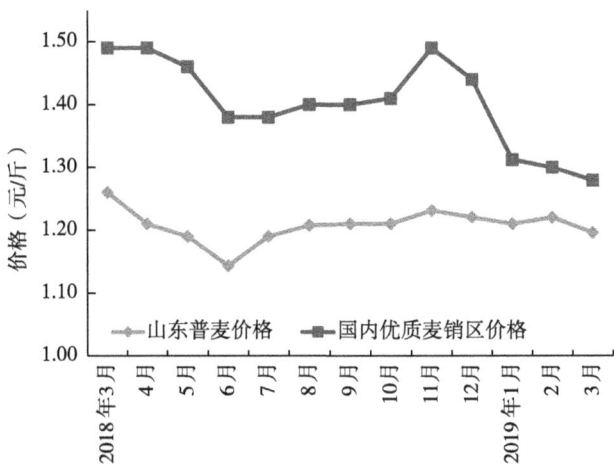

注：山东省价格为重点调查县市贸易商平均价格；国内销区价格为广州黄埔港优质麦到港价。

图3-3　2018年3月—2019年3月小麦价格走势

一、小麦生产情况

2019年山东省小麦种植面积6078.9万亩,比上年减少11.1万亩。截至2019年3月20日,鲁西南部分地区冬小麦处在起身期,较常年偏早2~6d,其他地区处在返青期。小麦苗情总体长势良好,明显好于往年,是近年来较好的一年,其中,一类苗占比52.83%,比2018年增加7.22%;二三类苗占比32.82%、9.03%,分别比2018年减少5.59%、4.3%;旺苗占比5.35%,比2018年增加2.57%。

山东省大部地区墒情较好,截至3月10日,根据29个县(市、区)农田土壤墒情监测点结果统计,山东省小麦已灌溉水浇地0~40cm土层相对含水量平均为75.74%,较2018年同期少2.76%;未灌溉水浇地0~40cm土层相对含水量平均为69.57%,较2018年同期少3.19%;旱地0~40cm土层相对含水量平均为66.36%,较2018年同期少2.50%,在临沂、泰安、烟台等地出现76万亩轻旱。

随着气温回升,小麦纹枯病、茎基腐病等根部病害侵染蔓延逐步加快,个别地块病株率较高。麦圆蜘蛛为害上升,部分地区达到防治指标。农户广泛开展麦田化学除草。

二、小麦市场情况

因小麦市场供给充足、需求偏弱,再加之近来麸皮价格暴跌引发的连锁反应加剧,本月小麦价格下跌态势较前期明显。

1. 贸易商方面

根据山东省小麦产业信息员监测统计,3月贸易商收购均价1.20元/斤,同比下降5.09%,环比下降1.98%,收购量很少。据菏泽信息员反映,目前本地农户手里尚有二成余粮,因麦价较低,不急于出货,再者对家庭收入影响也不大。

2. 加工企业方面

进入3月以来,加工企业收购普通小麦均价1.22元/斤,同比降低5.43%,环比降低1.61%,济南17收购1.28元/斤。由于麸皮价格持续大幅下跌,加工利润受到挤压,为缓和压力,制粉企业陆续调整面粉出厂价格,雪花粉1.71元/斤,同比降低0.78%,环比增长0.49%;特精粉1.62元/斤,同比增长2.82%,环比增长3.70%;特一粉1.54元/斤,同比降低0.94%,环比增长 0.09%；受非洲猪瘟疫情及玉米、豆粕价格下跌的影响，近来各地麸皮价格继续延续下跌态势，山东地区均价 0.53 元/斤，同比降低 30.07%，环比降低 23.86%，预计已基本跌至低点，再度深跌的空间已经不大。原因是制粉企业加工利润下降，大部分企业主动下调开机率，麸皮整体供给量的下降将会对市场形成支撑。另外，水产养殖需求会逐步恢复，麸皮需求也将会有所好转。部分企业为保证利润，下调开工率，大型企业开工率 80% 以上，中小企业开工率在 40%~60%，平均开工率 55.83%。

三、小麦后市分析

进入 3 月以后，经过前期的消耗，制粉企业阶段性补库，但小麦市场购销持续清淡低迷，小麦价格走向偏弱，市场对后市小麦价格形成看弱的现实预期，2019 年各地储备企业小麦轮换普遍感觉压力较大，出库积极性较高，同时相应下调轮换小麦出库价格。临储小麦拍卖成交持续低迷，分析原因：一是由于小麦市场价格持续下跌，当前拍卖粮到厂成本已无优势；二是近期各级储备企业小麦轮换出库积极，且价格不断下调；三是 2018 年上半年连续两次下调政策性小麦销售底价，2019 年市场的这种预期一直存在，制粉企业对政策性小麦采购谨慎。预计 2019 年储备小麦轮换对市场的影响强度较往年同期偏重。

预计后期小麦价格稳中偏弱走势。主要原因：一是麸皮价格止跌企稳，对于加工企业来讲，经营利润压力依然很大；二是随着气温的逐渐升高，面粉终端消费呈现趋弱的态势，下调开工率，采购小麦会采取稳中下调的策略为主；三是供应环节依然比较充足，其中既有每周 300 万 t 的托市小麦拍卖，还有各级储备小麦轮出压力较大，给市场带来的供应增加，再加上贸易商对后市看空也在加快出售自己手中的库存；最后还要关注托市小麦拍卖底价是否会继续下调，以及后期即将出台的 2019 年小麦最低收购价执行预案中是否有更多的市场化规定。

第四节　2019 年 4 月山东省小麦市场供需报告

一、山东省小麦 4 月价格走势

进入 4 月以来，小麦市场行情弱势运行，购销活跃度不高。贸易商收购价 1.16~1.2 元/斤，均价 1.19 元/斤，每斤同比降低 0.02 元，环比每斤降低 0.01 元。制粉企业收购均价 1.21 元/斤，同比每斤降低 0.04 元，环比降低

0.01元。从市场运行走势可以看出,普通小麦价格持续走弱,优质麦价格相对平稳(表3-4)。

表3-4 2019年4月小麦及其产品价格

品种	价格(元/斤)	同比(元/斤)	环比(元/斤)
山东省	1.19	-0.02	-0.01
优质麦(济南17)	1.325	0.035	0.027
特一粉	1.53	-0.01	-0.0105
麸皮	0.54	-0.187	0.011

二、山东省小麦4月加工情况

从阶段性来看,面粉销售处于季节性消费淡季,短期内面粉价格还将保持稳定,走货维持刚需,4月面粉价格基本稳定。监测的特一粉价格1.53元/斤,同比和环比每斤降低1分钱左右,同比降幅0.68%,环比降幅0.56%。目前麸皮价格整体坚挺,主要是企业整体开机率低,货源紧,猪饲料需求减少,4月麸皮价格0.54元/斤,同比每斤降低0.187元,降幅为25.7%;环比增0.011元,增幅为2.08%。

三、4月山东地区小麦竞价交易结果

在国家政策性小麦拍卖成交略有增加、近2周交易连续出现回暖情况下,截至4月23日,山东地区地方储备粮进行竞价交易结果显示,计划销售59 139.623 t,实际成交34 061.093 t,成交率42.41%。进口和最低收购价小麦拍卖成交率较低,分别为1.39%和0.04%(表3-5)。

表3-5 2019年4月小麦交易价格及成交率

交易时间	小麦年份	地方储备粮竞价销售					
		计划销售(t)	销售底价(元/t)	最低价(元/t)	最高价(元/t)	交易量(t)	成交率(%)
2019年4月1日	2014年	2 500	2 325			流拍	
2019年4月1日	2017年	6 000	2 400			6 000	100
2019年4月1日	2016年	3 000	2 360			流拍	
2019年4月3日	2015年	1 467.216	2 320			1 467.216	100

（续表）

交易时间	小麦年份	地方储备粮竞价销售					
		计划销售(t)	销售底价(元/t)	最低价(元/t)	最高价(元/t)	交易量(t)	成交率(%)
2019年4月4日	2018年	6 092.396	2 456			流拍	
2019年4月4日	2017年	5 420	2340			流拍	
2019年4月4日	2015年	4 066.134	2 360			流拍	
2019年4月4日	2018年	2 725.474	2 360			2 725.474	100
2019年4月9日	2018年	5 155	2 370			5 155	100
2019年4月10日	2016年	4 000	2 360			流拍	
2019年4月15日	2017年	548.145	2 310			548.145	100
2019年4月16日	2015年、2016年	8 765.258	2 398.74	2 390	2 410	8 765.258	100
2019年4月17日	2017年	4 000	2 370	2 360	2 385	4 000	100
2019年4月17日	2017年	5 400	2 363.52	2 355	2 375	5 400	100
4月合计		59 139.623				34 061.093	42.41
进口小麦竞价销售结果							
		计划数量(t)	成交数量(t)	成交率(%)	最高价(元/t)	最低价(元/t)	
2019年4月17日	2016年白小麦	38 625	487	1.48	2 430	2 430	
	2017年白小麦	86 779					
2019年4月16日	2013年美2号软红冬	13 400	1 448	10.8	2 210		
合计		138 804	1 935	1.39			
最低收购价小麦拍卖结果							
		计划数量(t)	成交数量(t)	成交率(%)	最高价(元/t)	最低价(元/t)	
2019年4月3日	2016年白小麦	32 744	50	0.18	2 390	2350	
	2017年白小麦	86 779					
合计		119 523	50	0.04			

四、山东省小麦生产形势

4月，山东鲁西南、鲁南地区小麦已开始进入抽穗期，预计4月23日左右山东省小麦从南至北将陆续进入扬花期。山东省小麦、玉米常年连作，因主栽的小麦品种如济麦 22、鲁原 502、良星 77 以及山农系列等均易感赤霉病，目前是小麦赤霉病侵染的敏感时期。4 月 22 日—4 月 24 日鲁南、鲁西南地区有降水，预报 4 月 25 日山东省大部分地区将有降水，降水结束后气温回升，对小麦赤霉病发生较为有利。预测山东省小麦赤霉病在鲁西南、鲁南中度流行风险较大，其他地区偏轻发生。因此，要密切关注天气变化，坚持"科学监测，主动出击，见花打药，防病保产"的策略，抓住小麦齐穗到扬花初期的关键防治期，及早进行预防，降低其流行风险，避免出现大面积流行危害。

小麦其他病虫害也表现出侵染蔓延明显加快。纹枯病山东省普遍发生，济南总体发病程度接近常年同期、略重于 2022 年同期。威海平均病株率 18.59%，较 2022 年同期偏高 7.45%，较常年同期偏高 1.86%。聊城平均病株率 5.76%，最高 49%。泰安平均病株率 13.02%，最高病株率 40%。德州齐河发病地块病株率 11.5%，夏津 3.7%。济宁一般病株率 5%~20%，最高 32%。滨州平均病株率 8.6%。菏泽总体发生和 2022 年同期持平。潍坊比 2022 年略重，水浇田一般病株率为 5%，最高为 10%。

茎基腐病在山东省呈点片式发生。病株率济阳 0.5%，商河发病地块 29.96%，章丘与邹平交界处个别地块 5%，商河最高 100%。德州夏津发病田一般病株率 5%~10%，极个别严重的点片病株率达 60%。菏泽一般病株率 5%~17%，平均 9.8%。潍坊一般病株率 13.5%，最高 28%。

红蜘蛛为害有所降低。济南总体虫口密度略高于 2022 年同期，接近常年同期。济宁每尺单行有虫 20~40 头，最高 386 头。威海平均每尺①单行有虫 25.71 头，较 2022 年同期少 64.66 头，较常年同期少 20.64 头。德州齐河每尺单行 120 头，未防治地块 1 500 头，夏津防治后每尺单行有虫 30~50 头。菏泽一般地块每尺单行有虫 10~50 头，平均 26.5 头，个别重发生地块每尺单行 200 头以上，最高 400 头。

麦蚜山东省普遍发生，处于繁殖盛期，随温度回升数量将明显增加。济南各县（区）田间均已见蚜，虫口密度接近 2022 年同期。麦叶蜂以低龄期幼虫为主，虫量接近常年。小麦根腐病零星发生。小麦白粉病普遍发生，菏泽早于、轻于 2022 年同期。针对小麦各类病虫害，部分地区已展开防治。

五、小麦市场展望

4 月，受下游产品影响，麦市购销"量缓价弱"。还有一个月时间，新麦

---

① 1 尺约为 33cm，全书同。

即将上市，市场对 2019 年新麦上市价格预期不高，预计后期在需求乏力、供给充裕施压下，小麦市场行情整体仍将稳中向弱。

第五节　2019 年 5 月山东省小麦市场供需报告

一、山东省小麦 5 月价格走势

进入 5 月，小麦市场行情仍弱势运行，购销活跃度不高。贸易商收购普通小麦价 1.12~1.23 元/斤，均价 1.18 元/斤，每斤同比降 0.02 元，环比每斤降低 0.02 元；优质麦济南 17 收购价 1.27~1.31 元/斤，均价 1.285 元/斤，同比每斤降低 0.01 元/斤，环比降低 0.04 元/斤。面粉加工企业收购普通小麦均价 1.201 元/斤，同比每斤降低 0.02 元，环比持平（表 3-6）。

表 3-6　2019 年 5 月小麦及其产品价格

品种	价格（元/斤）	同比（元/斤）	环比（元/斤）
山东省	1.18	-0.02	-0.02
优质麦（济南 17）	1.285	0.01	0.04
特一粉	1.54	-0.0433	-0.0071
麸皮	0.59	-0.14	0.048

二、山东省小麦 5 月加工情况

近期国内面粉走货较慢，由于新季小麦还未全面上市，且下游需求低迷，工厂继续降价刺激成交的意愿降低，多以观望市场为主。短期内来看，面粉走货好转的迹象不明显，短期内新麦集中上市使用量增加后，面粉价格稳中下调是必然。目前制粉企业整体开机率较低，在 50%~60%，普遍反映生存压力大。5 月监测的特一粉价格 1.54 元/斤，同比和环比增长 0.04 元/斤和 0.01 元/斤，同比增幅 2.9%，环比降幅 0.47%。目前麸皮价格整体坚挺，主要是企业整体开机率低，货源紧，猪饲料需求减少，5 月麸皮价格 0.59 元/斤，同比每斤降低 0.14 元，降幅为 19.18%；环比增长 0.048 元，增幅为 8.78%。

三、山东省小麦产量预测

山东省农情调度 36 个县 103 个监测点数据显示结果如表 3-7 所示。

表 3-7 2019 年山东冬小麦产量预计表

项 目	当年实际	上年同期	增减数	常年同期	增减（%）
实播面积（万亩）	1 998.93	2 003.4	-4.47	2 001.16	-0.22
亩穗数（穗/亩）	366 320.84	35 0574.45	15 746.39	358 447.65	4.49
穗粒数（粒/穗）	33.46	33.05	0.41	33.25	1.24
千粒重（g）	41.75	40.95	0.8	41.35	1.95
预计单产（kg/亩）	434.97	403.3	31.67	419.13	7.85
预计总产量（万 kg）	869 474.58	807 971.22	61 503.36	838 722.9	7.61

总体上，2018—2019 年小麦种植面积减少 0.22%，小麦苗情总体长势良好，明显好于上年和常年，是近年来较好的一年，与 2018 年小麦长势比较，一类苗占比 52.83%，比 2017/2018 年度增加 7.22%；二三类苗占比 32.82%、9.03%，分别比 2017/2018 年度减少 5.59%、4.3%；旺苗占比 5.35%，比 2017/2018 年度增加 2.57%。预计亩穗数和穗粒数分别增加 4.49% 和 1.24%，预计单产增加 7.85%，达到 434.97kg/亩，比上年同期预测增加 31.67kg/亩。

虽然山东省小麦总体长势良好，但由于近日的高温，预计小麦干热风风险较大。山东省气候中心通过卫星影像监测到 5 月 23 日小麦干热风分布区域如图 3-4 所示。预计山东发生干热风面积为 3 368.4 万亩，其中重干热风 923.1 万亩，轻干热风 2 445.3 万亩。

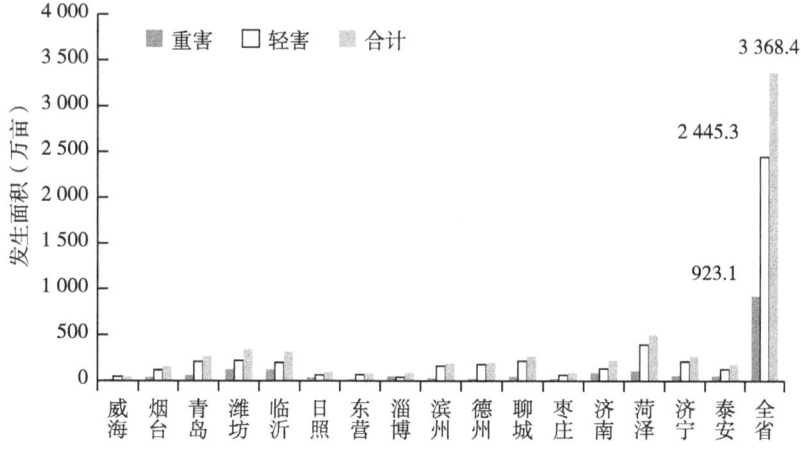

图 3-4 2019 年 5 月 23 日监测的山东省小麦干热风情况

四、小麦市场展望

由于面粉需求疲软，走货不佳，制粉企业开机压力大，对小麦的采购需求减少，企业对陈麦收购积极性有所降低。近期部分制粉企业到湖北等新麦上市地方考察小麦品质情况，对后期小麦收购做规划。小麦市场基层粮源见底，制粉企业收购难度加大，陈粮市场余量有限或能限制跌价空间。预计短期小麦价格或继续以偏弱运行为主。

政策面目前利空小麦市场，自2019年5月21日开始最低收购价小麦的销售底价调整为2014—2018年小麦2290元/t，下调60~120元/t不等，最低收购价的下调，对于小麦市场造成了一定的压力，甚至后期在新麦收购高峰期维持托市收购底价附近运行的可能性较大。小麦价格走势的不确定风险仍然较大，首先是收获前后的天气变化对于小麦最终产量和质量的影响。其次，2019年托市收购启动后各收储主体的收购心态也需要观望。

第六节　2019年6月山东省小麦市场供需报告

一、山东省小麦6月价格走势

5月底至6月中旬，是山东省小麦集中收获上市时期。贸易商开秤收购混麦价1.08~1.12元/斤，均价1.118元/斤，每斤同比降低0.02元，环比降低0.05元/斤；优质麦济南17收购价1.18元/斤，同比每斤降低0.04元/斤，环比降低0.105元/斤。2019年新麦收购特点：一是小麦品质普遍较好，但开秤价相对较低，主要参考标准是国家托市最低收购价，新陈麦同价时间比往年提前；二是前期各收购主体积极性较高，但没有出现抢收现象，截至目前大部分贸易商仓容已满；三是收购进度前期快，后期平缓；四是因价格较2022年低，天气晴好，农民对价格不认可，部分农户惜售；五是加工厂价格透明，2019年粮质麦好多为达标麦，贸易商利润空间被压缩；六是小麦托市底价和拍卖底价下调后价差缩小，再加上新麦质量较好使得区域间的价差也缩小了，贸易小麦的流动和收购明显下降（表3-8）。

表3-8　2019年6月小麦及其产品价格

品种	价格(元/斤)	同比(元/斤)	环比(元/斤)
山东省	1.118	-0.02	-0.05
优质麦(济南17)	1.18	0.04	0.105
特一粉	1.497	-0.063	-0.02
麸皮	0.55	-0.017	0.04

二、山东省小麦收获情况

截至目前，山东省小麦机收结束，完成小麦机收6 053万亩、机收率99.58%。麦收期间，天气总体良好，实现了小麦适时收获、颗粒归仓。据调查的13位信息员反映，2019年小麦收获时间比2022年提前2~3d，小麦产量和品质均较2022年好。浇过水的单产都在1 000斤以上。品质明显比常年好，容重大多在780g/L，水分14%以内。山农30创下了历史新高，达到828.7 kg/亩；山东29攻关田亩产835.2kg；烟农1212在莱州小麦高产攻关田亩产达到840.7kg/亩，刷新全国冬小麦小面积单产最高纪录。山东省小麦连续3次打破高产纪录，说明了山东省小麦产业的实力。

三、小麦加工情况

面粉价格整体趋弱，市场走货情况一般。目前经销商备货谨慎，整体对行情看跌，且学校马上进入暑期，需求萎缩，工厂陆续已开始降价销售，特一粉同比降低0.063元/斤，环比降低0.02元/斤。麸皮价格0.55元/斤，同比降低0.017元/斤，环比降低0.04元/斤。企业开机率低，在调查的信息员中，开机率在32%~50%，短期内局部地区面粉价格还将有小幅向下调整的可能。

四、小麦收购情况

据山东省粮食和物资储备局统计，截至6月20日，山东省共收购小麦211.42万t，同比增加51.1万t，其中国有企业收购90.33万t，同比增加30.65万t。山东省小麦收购价格（中等）为1.136元/斤。贸易商和加工企业收购量与2022年同期持平。

五、小麦市场展望

近期各主产区小麦大量上市，加之2019年新麦整体质量较好，受小麦粮源较多、粮库企业及面粉加工企业库容受限影响，普通小麦价格稳中有降，部分前期收购量较大的收购主体，有后悔心理。制粉企业处于淡季，厂家消化能力有限，小麦短期供大于求矛盾突出，农户及贸易商仍惜售观望，对价格不太满意。6月26日开始，潍坊高密贸易商降价收购普通小麦1.1元/斤，敞开收购。预计后期随着新麦收购的进行，市场购销和价格对托市收购的依赖会逐渐加大，山东的西南部可能会陆续启动托市收购。受此支撑，小麦市场价格也将逐渐回升至托市收购底价附近运行。而7月小麦价格能不能上涨，需重点关注市场活跃的程度及制粉企业的收购动态，以及是否启动托市和何时启动托市等有直接关系。

六、建议

当前小麦市场供应充足，需求不旺，因此不建议贸易商高价做库存，毕竟2019年新麦整体丰产，市场上不缺粮，小麦价格不会有大幅度波动。

第七节　2019年7月山东省小麦市场供需报告

一、山东省小麦7月价格走势

7月，山东省小麦整体平稳弱势运行。贸易商对后市看空，不敢长期储存小麦，见利即卖。7月收购均价1.102元/斤，同比降低0.09元/斤，环比降低0.02元/斤；制粉企业收购均价1.129元/斤，同比降低7.46%，环比降低1.4%；优质小麦济南17收购均价1.17元/斤，同比降低0.099元/斤，降幅7.8%，环比降低0.01元/斤，降幅0.85%。特一粉均价1.513元/斤，同比降低0.047元/斤，降幅2.35%，环比增长0.02/斤，增幅0.8%。麸皮均价0.628元/斤，同比降低0.117元/斤，环比增长0.078元/斤，麸皮价格略涨主要是因制粉企业开工率降低，产量低所致（表3-9）。

表 3-9　2019 年 7 月小麦及其产品价格

品种	价格（元/斤）	同比(元/斤)	环比（元/斤）
山东省	1.102	-0.09	-0.02
优质麦（济南 17）	1.17	0.099	0.01
特一粉	1.513	-0.047	-0.02
麸皮	0.628	-0.117	0.078

二、山东省小麦收获情况

2019 年山东省夏粮实现丰收，夏粮播种面积 6 004.05 万亩，比 2018 年减少 85.88 万亩，减少 1.4%；亩产 425.26kg，比 2018 年增加 19.31kg，增长 4.8%；总产量 510.66 亿斤，比 2018 年增加 16.21 亿斤，增长 3.3%。

三、2019 年新麦收购特点

1. 2019 年新麦收购特点

一是小麦收获时间较往年提前 2～3d，且小麦品质普遍较好。二是受国家最低收购价影响，小麦开秤价较低，且新陈麦同价时间比往年提前。贸易商开秤收购混麦价 1.08～1.12 元/斤，均价 1.118 元/斤，同比降低 0.02 元/斤，环比降低 0.05 元/斤；优质麦济南 17 收购价 1.18 元/斤，同比降低 0.04 元/斤，环比降低 0.105 元/斤。三是小麦前期收购进度快，后期逐渐平缓。四是部分农户存惜售心理，因价格较 2022 年低，再加之收获时天气晴好，农户想"放一放"。五是制粉企业价格透明，贸易商利润空间被压缩，区域间的价差缩小。2019 年贸易商收购小麦行为相对谨慎。一方面，2019 年全国各地小麦普遍丰产，在供给压力面前，贸易商普遍预计远期小麦价格上涨幅度有限，长期存储小麦的意愿不强；另一方面，由于 2019 年主产区各地区域价差较小，小麦贸易利润微薄，跨省调运现象明显少于 2022 年，多以当地消化为主，贸易商操作空间缩窄；再者 2019 年小麦托市底价和拍卖底价下调后价差缩小，再加上小麦主产区新麦质量均较好，区域间的价差缩小，使得贸易小麦的流动和收购明显下降。

2. 小麦收购情况

小麦收购进度快于 2018 年同期。据山东省粮食和物资储备局统计，截至 7 月 16 日，山东省共收购小麦 467.2 万 t，同比增加 55.5 万 t。其中，国有企业收购 175 万 t，同比增加 22 万 t，非国有企业收购 292.2 万 t，同比增加 34.5 万 t。6 月监测区间内收购量较多（表 3-10）。

表 3-10 2019 年 6—7 月小麦收购量情况

时间	区间内收购量（万 t）	累计收购量（万 t）	同比增加量（万 t）	国有企业收购量（万 t）	同比增加量（万 t）	收购均价（元/斤）
6 月 11—15 日	118.6	118.6	30.21	54.06	19.84	1.136
6 月 16—20 日	92.82	211.42	51.1	90.33	30.65	1.136
6 月 21—25 日	75.25	286.67	47	119.41	23.37	1.134
6 月 26—30 日	61.21	347.88	47	141.37	37.36	1.134
7 月 1—5 日	39.62	387.5	44.7	154.4	24	1.135
7 月 6—10 日	35.3	422.8	42.7	163.6	20.4	1.139
7 月 11—16 日	44.4	467.2	55.5	175	22	1.138

四、后期小麦市场研判

由于 2019 年小麦最低收购价继续下调，加之新麦丰收，供应压力增加，市场对后期小麦价格看涨信心不足。预计最低收购价小麦收购数量将会高于上年，市场购销将呈现"市场为主、托市为辅"二者并行的局面。

山东省小麦价格仍然是相对高价区，进入 7 月以来，新小麦收购价格整体呈现趋稳态势。为缓解夏收小麦压力，于 7 月 12 日山东省在符合条件的地区启动最低收购价执行预案，但政策的支撑力度相比以往不断减弱，后期小麦价格有望稳中回暖，但空间不大，其主流价格很难脱离国家最低收购价这一轴心，期望麦价出现大幅上涨并不现实。

2019 年夏粮品种结构进一步优化，预计全国优质强筋弱筋小麦种植面积占比达 33%，比上年提高 3%，近几年优质小麦价格比普通小麦高出 10% 以上，而 2019 年优质小麦价格并不十分理想。由于优质小麦价格主要靠市场调节，后期随着上市量不断增加，优质小麦价格或继续呈现偏弱态势。预计下半年小麦进口量也会有所减少。

五、对策建议

1. 建议贸易商理性收购

随着山东省小麦启动托市收购,一定程度上缓解了基层贸易商紧张的心理,小麦在上有顶、下有底、箱体透明的市场中,麦价波动空间受到限制,贸易商囤粮待涨面临较大的市场风险。

2. 需关注优质小麦价格走势

由于供给侧结构性改革的推进,预计2019年优质小麦产量可达到550万~600万t,同比增加100万~200万t,随着产量的增加,优质小麦价格优势将逐渐降低,如何保证农户种植优质麦的积极性,需要探讨。

第八节 2019年8月山东省小麦市场供需报告

一、山东省小麦8月价格走势

8月,山东省小麦市场价格开始逐渐表现出止跌趋稳态势,部分地区制粉企业略上调小麦收购价格。据小麦信息员反映,贸易商收购价在1.10~1.11元/斤,基本无量,8月收购均价1.104元/斤,同比降低0.01元/斤,环比持平;制粉企业收购均价1.147元/斤,同比降低7.87%,环比增长1.59%;优质小麦济南17收购均价1.18元/斤,同比降低0.10元/斤,降幅7.81%,环比增长0.01元/斤,增幅0.85%。特一粉均价1.52元/斤,同比持平,环比增长0.01元/斤,增幅0.66%。麸皮均价0.56元/斤,同比降低0.14元/斤,环比降低0.068元/斤(表3-11)。

表3-11 2019年8月小麦及其产品价格

品种	价格(元/斤)	同比(元/斤)	环比(元/斤)
山东省	1.104	-0.1	0
优质麦(济南17)	1.8	0.01	0.01
特一粉	1.52	持平	-0.01
麸皮	0.56	-0.14	0.068

二、小麦收购情况

山东省托市收购启动区域不断扩大，自 7 月 14 日起，在符合条件的相关地区启动了 2019 年小麦最低收购价执行预案。截至目前，已有枣庄、济宁、菏泽、东营、泰安、临沂、德州、聊城、滨州 9 市启动托市收购，委托收储库点 129 个，仓容 176 万 t，基本覆盖了山东省主产县。小麦收购进度及政策性收购量明显高于 2018 年同期。据山东省粮食和物资储备局统计，截至 8 月 20 日，山东省共收购小麦 637 万 t，同比增加 55 万 t，其中国有企业收购 196 万 t，同比增加 15 万 t；非国有企业收购 441 万 t，同比增加 40 万 t。

三、小麦加工情况

进入 8 月后，天气逐渐凉爽，再加上大中专院校开学临近，以及中秋、国庆"双节"的假日需求推动，面粉需求回暖，但是受限于当下小麦市场供应宽松、利润率低、需求拉动有限等因素，对行情仍不能预期过高。受非洲猪瘟疫情影响，麸皮消耗量下降，在产出量增加的背景下，价格开始下滑，企业为了保利润，不得不力挺面粉价格，但在原粮供给充足的情况下，面粉价格上涨空间十分有限。近期制粉企业的开机率有所提高，大型企业开机率 80% 左右。

四、后期小麦市场研判

目前小麦需求转好，价格有上涨趋势，但由于小麦供应十分充裕，再加上面粉行情大体稳定，小麦集中收购结束后，托市收购也随之停止，预计小麦后期或将随着面粉需求量增加而小幅上涨，但在库存高企、丰产丰收，质量较好的背景下，麦价阶段性回暖的概率较大，短期上涨幅度有限。

第九节 2019 年 9 月山东省小麦市场供需报告

一、山东省小麦 9 月价格走势

9 月，山东省小麦市场价格持续平稳弱势运行。贸易商收购均价 1.102 元/斤，同比降低 0.108 元/斤，降幅 8.93%，环比降低 0.02 元/斤，降幅 0.18%；制粉企业收购均价 1.142 元/斤，同比降低 0.106 元/斤，降幅 8.49%，环比降低 0.005 元/斤，降幅 0.44%；优质小麦济南 17 收购均价 1.17 元/斤，同比降低 0.114 元/斤，降幅 8.88%，环比持平。特一粉均价 1.52 元/斤，同比降低 0.02 元/斤，降幅 1.3%，环比持平。麸皮均价 0.599 元/斤，同比降低 0.121 元/斤，降幅 16.81%，环比增长 0.039 元/斤，增幅 6.96%。山东省小麦监测周的数据显示，小麦价格呈平稳态势，国有粮食企业收购均价 1.124 元/斤，个体粮商收购价 1.10 元/斤（表 3-12）。

表 3-12　2019 年 9 月小麦及其产品价格

品种	价格（元/斤）	同比（元/斤）	环比（元/斤）
山东省	1.102	-0.108	-0.002
优质麦（济南 17）	1.17	0.114	0
特一粉	1.52	-0.02	0
麸皮	0.599	-0.121	0.039

二、小麦收购情况

据山东省粮食和物资储备局统计，截至 9 月 15 日，山东省共收购小麦 745 万 t，同比增加 34 万 t，其中国有企业收购 199 万 t，同比增加 6 万 t，个体粮商收购 546 万 t，同比增加 39 万 t。小麦托市收购已接近尾声，预计收购量至月底前不会有太大的变化（图 3-5）。

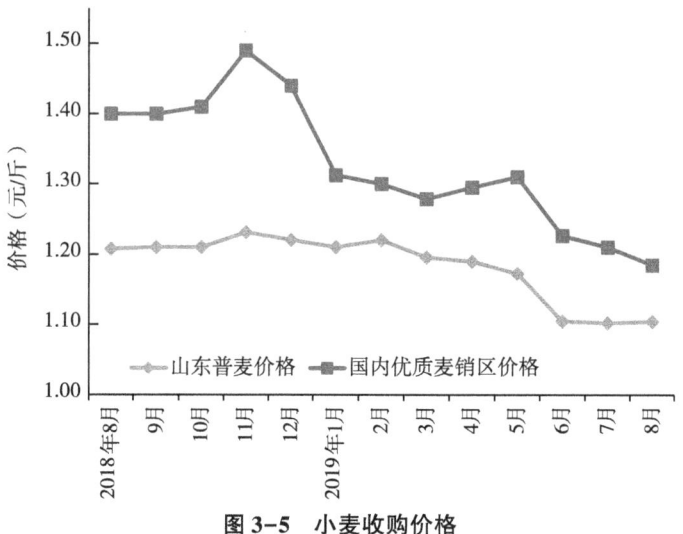

图 3-5　小麦收购价格

三、小麦加工情况

进入 9 月之后，在天气转凉、学生开学及中秋、国庆"双节"备货需求的刺激下，据信息员反映，面粉阶段性走货增加，制粉企业上调了部分面粉价格，面粉价格全面走强的旺季行情并未出现。主要原因是面粉走货以维系老客户为主，在供给充裕、市场竞争激烈、面粉加工能力整体过剩的背景下，厂家对面粉提价十分谨慎。制粉企业开机率略有提升，大型制粉企业开机率在 80% 以上。由于部分饲料企业调整配方，采购麸皮的积极性提升，麸皮价格在经历前期连续回落之后止跌反弹。但受生猪存栏量影响，饲料消费市场需求空间仍受抑，加之当前开机率下麸皮供应充裕，预计后期麸皮价格仍呈稳中偏弱态势。

四、后期小麦市场研判

9 月，小麦市场依旧不温不火，随着小麦托市工作进入尾声，麦市将步入政策敏感期，同时临储小麦也将再次择期启动，市场购销主体收购心态谨慎。目前秋粮收购工作已逐渐展开，贸易商已开始腾仓、腾资金，为新季玉米上市做准备。后期麦价走势将更多以政策价为方向标，不会有太大的涨跌变化，主要原因：一是麦市供需格局宽松以及政策性粮源库存数量高企；二是连续 2 年的托市收购价格下调，使得市场看涨心态不强；三是小麦去库存的步伐仍在继续，托市收购结束后，库存小麦拍卖底价的调整也将会影响后期价格走势。

第十节 2019 年 10 月山东省小麦市场供需报告

一、山东省小麦 10 月价格走势

10 月，山东省小麦市场价格上半月平稳，下半月开启上涨模式。因农户多忙于收获秋粮及冬小麦的播种，而贸易商存在惜售情绪，认为还有 2~3 分钱的上涨空间，导致小麦市场散粮流通量下降，下游制粉企业到货量偏低，且 10 月 12 日国家公布 2020 年生产的小麦（三等）最低收购价并未调整，继续给市场麦价带来支撑，为了刺激增加市场流通量，企业不断上调收购价格。贸易商月收购均价 1.13 元/斤，同比降低 0.08 元/斤，降幅 6.61%，环比增长 0.028 元/斤，增幅 2.54%，目前贸易商反应基本无量；优质麦济南 17 贸易商个体收购均价 1.19 元/斤，同比降低 7.54%，环比增长 1.71%。10 月制粉企

业收购价由月初的 1.14~1.16 元/斤提高到近日的 1.21~1.23 元/斤，月均价 1.16 元/斤，同比降低 6.60%，环比增长 1.58%。近日制粉企业调整面粉出厂价，每袋提高 0.5 元，在麸皮价格相对高位的情况下，制粉企业利润有所改善（表 3-13）。

表 3-13　2019 年 10 月小麦及其产品价格

品种	价格（元/斤）	同比（元/斤）	环比（元/斤）
山东省	1.13	-0.08	-0.028
优质麦（济南 17）	1.19	-0.097	0.02
特一粉	1.506	-0.027	0
麸皮	0.69	0.012	0.091

麸皮均价 0.69 元/斤，同比增长 0.012 元/斤，增幅 1.77%，环比增长 0.091 元/斤，增幅 15.19%。本月麸皮价格上涨幅度较大，主要是因制粉企业整体开机率不高，麸皮市场货源相对紧张，加之天气转凉后，麸皮存放时间也相对延长，支撑麸皮价格上涨，但受生猪存栏量少的影响，需求疲软，随着麸皮价格涨至高位，下游拿货谨慎也给麸皮市场增添了利空氛围。总之，近期麸皮价格或稳中偏强为主。

二、2019 年山东新收获小麦质量调查情况

2019 年 9 月 25 日，国家粮食和物资储备局发布数据显示，山东省小麦整体质量为近年来最好。共采集质量会检样品 410 份，涉及 16 市。容重平均值 795g/L，较 2018 年增加 13g/L，变幅 717~835g/L。一等至五等小麦比例分别为 66.3%、25.1%、6.9%、1.5%、0.2%，无等外品，三等以上的占 98.3%；与 2018 年相比，一等比例增加 28.7 个百分点，三等以上比例增加 5.3 个百分点。千粒重平均值 41.1g，较上年增加 1.0g，变幅 23.6~49.6g。不完善粒率平均值 3.2%，较 2018 年降低 0.8 个百分点，变幅 0.2%~12.2%；其中，不完善粒率在 8% 以内的比例为 97.1%。硬度指数平均值 64.8，与上年持平，变幅 43.0~71.0。降落数值平均值 350s，较上年增加 36s，变幅 301~464s。

三、后期小麦市场研判

当前市场粮源供给主要来自 2019 年新产小麦，国家临储小麦虽投放市场，但成交呈低迷态势。近日小麦价格持续表现强势，一是明年最低保护价稳定不

变，巩固了市场信心；二是受秋收农忙、国庆假期、大面积下雨等影响，制粉企业小麦到货量不足，为保证企业生产需求，实行提价收购。但小麦市场整体供给充足，小麦价格仍然缺乏持续上涨基础。后期国家会加大政策性小麦去库存力度，预计后期麦价顶部在拍卖到厂价。建议后期关注托市小麦销售成交情况及底价是否调整、制粉和饲料等用粮企业的需求及下游消费情况。

第十一节 2019年11月山东省小麦市场供需报告

一、山东省小麦11月价格走势

国庆之后，山东麦价开始上扬，11月第一周，贸易商收购二等普通小麦均价为1.168元/斤，第二周1.178元/斤。截至11月20日，11月普通小麦收购均价1.175元/斤，同比跌0.056元/斤，跌幅4.55%，环比涨0.045元/斤，涨幅3.98%。优质专用小麦济南17收购均价1.19元/斤，同比降低10.53%，环比持平。11月特一粉均价1.512元/斤，同比增幅0.63%，环比增幅0.40%。11月麸皮均价0.711元/斤，同比降低2.60%，环比增长3.04%。麸皮涨价原因：一方面是企业开工率不高，供应量受限；另一方面是小麦价格持续上涨，生产成本增加，制粉企业为保证利润，不得不调高副产品价格；三是受国内生猪养殖复养影响，近期高蛋白饲料价格居高不下，也对麸皮价格形成支撑（表3-14）。

表3-14 2019年11月小麦及其产品价格

品种	价格（元/斤）	同比（元/斤）	环比（元/斤）
山东省	1.175	-0.056	-0.045
优质麦（济南17）	1.19	0.14	0
特一粉	1.512	-0.008	-0.006
麸皮	0.711	-0.019	0.021

二、11月麦价上涨原因分析

一是托市价格公布，利好小麦市场。2020年小麦最低收购价政策公布后，市场看空心态有所减少，而拍卖市场自10月9日开始后，由于销售底价未进行调整,起初成交率不乐观,企业更倾向于收购新麦,新小麦价格顺势上涨,本月中下旬以来,成交率有所提高。11 月 15 日,计划销售鲁粮集团贸易粮(2019 年产)优质麦 1 078.707 t,全部成交,成交价格为 2 595 元/t。计划销售东明县地方储备(2018 年产)白小麦 2 643.825 t,全部成交,成交价格为 2 400 元/t。11 月 11 日,计划销售滕州市地方储备(2016 年、2017 年产)小麦 4 266.384 t,实际成交数量为 3 275.464 t,成交率 76.77%,成交最高价格为 2 375 元/t,成交最低价格为 2 360 元/t,成交平均价格为 2 369.22 元/t。

二是企业上量少,支撑麦价上涨。农忙时节,农户多忙于收购秋粮及冬小麦的播种,且贸易商因前期收购成本较高,惜售心理较重,小麦市场流通量不多,随着生产的不断进行,企业库存明显减少,为了确保流通量,企业不得不上调小麦价格。

三、小麦后市研判

受阶段性供应偏紧支撑,近期小麦价格强势运行,但由于 2019 年小麦质量好,产量高,国家临储小麦剩余库存数量高企,或制约小麦继续上涨空间。

主要原因分析:一是近期贸易商为规避市场风险,售粮积极性有所提高,担心政策性库存降价销售,一旦拍卖底价再次出现下调,势必对小麦市场价格产生较大压力。二是新小麦相对于拍卖小麦的价格优势在逐渐缩小。随着流通市场小麦价格不断走高,新小麦价格与政策性小麦进厂成本将会逐步接轨,政策的"天花板"效应将会抑制小麦价格进一步走高。三是后期各地储备小麦也将会陆续进入轮换销售期,将会增加市场的供给,增加市场压力。

四、对完善粮食收购政策的建议

一是加大粮食市场价格监测预警力度。及时宣传国家粮食行业改革相关政策,发布市场供求和价格信息,做好分析的基础工作,及时发现粮食收购价格波动中的苗头性问题,合理引导市场预期。

二是完善粮食收储体制机制。鼓励粮食加工和流通企业参与粮食储备。可通过政府购买服务的方式,逐步建立适应我国粮食市场特点的社会化粮食储备服务机制,引导和支持具备条件的多元化市场主体参与粮食储备和流通,以分散储备成本,激发市场活力。

三是推动粮食流通能力现代化建设。发展"互联网+粮食"。加快推进信息化和粮食行业发展深度融合,广泛运用大数据、云计算、物联网等现代信息技术手段改造传统粮食行业。鼓励粮食经营企业创新营销方式，加强"线上线下"融合的电商平台建设，有效拓宽粮食营销渠道，提高供给效率。

四是合理确定托底价格水平。充分发挥市场机制作用，进一步完善种粮补贴政策。加大对家庭农场、专业大户、农民合作社等新型经营主体的扶持政策、补贴力度，广泛推行农业保险政策，增强粮食生产的抵御风险能力，充分调动农民种粮的积极性。

五是积极鼓励农企对接。充分发挥市场价格对生产的反馈引导作用，促进种植结构调整优化，增加绿色优质安全产品供给，保证"优粮优价"。

第十二节 2019年12月山东省小麦市场供需报告

一、山东省小麦12月价格走势

12月，受市场供给充足、需求不旺影响，小麦价格稳中略下调。贸易商收购普通小麦均价1.164元/斤，同比跌0.057元/斤，跌幅4.67%，环比跌0.011元/斤，跌幅0.94%；优质专用小麦济南17收购均价1.22元/斤，同比降低5.65%，环比增长2.52%。按往年规律，一般在元旦前后麦价会出现一个小高峰，但2019年贸易商看到市场小麦价格上涨乏力，加之临近年底有还贷压力，出售小麦积极性较高，市场粮源充足，加之需求不旺是此次麦价调整的主要原因。12月特一粉均价1.512元/斤，同比增幅2.61%，环比持平；12月麸皮均价0.702元/斤，同比降低0.57%，环比降低1.27%。近期麸皮等副产品价格下滑，制粉企业利润缩减，企业对面粉涨价意愿较高，但面粉行业整体生产能力过剩，市场竞争激烈，面粉调价区间受限。随着元旦、春节传统备货季的节日带动，加之冬季气温低，有利于经销商备货储存，面粉市场或能迎来一波备货小高潮，届时下游走货加快，给面粉市场带来利好支撑（表3-15）。

表3-15 2019年12月小麦及其产品价格

品种	价格（元/斤）	同比（元/斤）	环比（元/斤）
山东省	1.164	-0.057	-0.011
优质麦（济南17）	1.22	-0.073	0.03
特一粉	1.512	-0.041	0
麸皮	0.702	-0.004	0.009

二、小麦后市研判

12月初,由于市场对小麦后市看涨预期减弱,贸易商出售小麦积极性提升,市场呈现阶段性供大于求格局,使得小麦价格稳中趋弱调整,但近期部分用粮企业上调收购价,因临近年底,贸易商出售小麦积极性提高,市场基本不缺粮,价格上涨幅度也有限,总体上预计节前小麦价格以稳为主的市场态势,随着两节的临近,节前备货季将陆续启动,接下来的近一个月时间,预计节前小麦价格将高位坚挺,面粉行情将以稳中有涨为主,个别企业或根据自身库存量来小幅调整面粉价格。

第十三节 2019年山东省第一季度小麦市场供需报告

第一季度小麦市场供给整体充裕,价格稳中趋弱(表3-16)。

表3-16 山东省小麦季度价格   单位:元/斤

年度	季度	山东省价格	同比	环比
2017年	第一季度	1.310	0.130	0.050
	第二季度	1.280	0.083	-0.030
	第三季度	1.197	0.030	-0.083
	第四季度	1.255	-0.005	0.058
2018年	第一季度	1.260	-0.050	0.005
	第二季度	1.181	-0.099	-0.079
	第三季度	1.203	0.006	0.021
	第四季度	1.221	-0.034	0.018
2019年	第一季度	1.209	-0.051	-0.012

注:山东省价格为重点调查县市贸易商平均价格;国内价格为广州黄埔港优质麦到港价。

第一季度山东省小麦价格弱势运行,均价为1.209元/斤,同期降低0.051元/斤,环比降低0.012元/斤,幅度为-4.04%和-0.98%;济南17同比降低0.051元/斤,环比增长0.002元/斤,幅度为-3.8%和0.14%;特一粉均价为1.54元/斤,同比降低0.012元/斤,环比增长0.01元/斤,幅度为-0.8%和0.68%;麸皮均价为0.65元/斤,同比降低0.228元/斤,环比降低

0.166元/斤，降幅为17.44%和7.14%；开工率为63.8%，同比和环比分别降低5.5%和7.83%，幅度为-7.93%和-10.93%。预计后期小麦价格依然是稳中偏弱走势（图3-6、表3-17）。

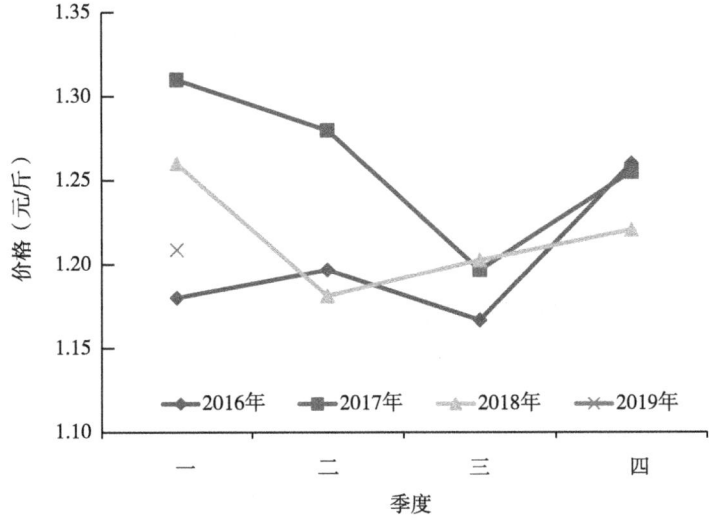

图3-6　2016—2019年度四个季度小麦价格趋势

表3-17　山东省小麦及产品价格、开工率情况

时间	山东省（元/斤）	济南17（元/斤）	特一粉（元/斤）	麸皮（元/斤）	开工率（%）
2019年1月	1.21	1.31	1.54	0.72	65
2019年2月	1.22	1.31	1.54	0.70	64
2019年3月	1.20	1.30	1.54	0.53	63
第一季度	1.21	1.31	1.54	0.65	63.83
同比	-0.051	-0.051	-0.012	-0.228	-5.50
环比	-0.012	0.002	0.010	-0.166	-7.83

一、小麦生产情况

在第一季度，山东地区小麦经历了越冬期—返青期—拔节期等过程。目前山东省小麦正由南往北、从西到东陆续进入拔节期，小麦拔节后即进入中后期生长阶

段，植株生长由营养生长和生殖生长并进逐步转化为以生殖生长为主。据山东省农业农村厅统计，山东省小麦种植面积 6 078.9 万亩，比 2018 年减少 11.1 万亩。小麦苗情总体长势良好，明显好于 2018 年和常年，是近年来较好的一年。其中，一类苗占比 52.83%，比 2018 年增加 7.22%；二三类苗占比 32.82%、9.03%，分别比 2018 年减少 5.59%、4.3%；旺苗占比 5.35%，比 2018 年增加 2.57%。

根据病虫基数、气象条件、作物布局及长势等情况，结合历史资料，省植保总站组织专家对 2019 年上半年小麦主要病虫发生趋势预报：小麦病虫总体中等发生，接近常年略偏重。虫害主要有麦蚜、麦蜘蛛、地下害虫、吸浆虫等；病害主要有纹枯病、白粉病、叶锈病、茎基腐、赤霉病、条锈病等。预计发生面积 1.6 亿亩次以上。

二、小麦市场情况

第一季度经历了重要节假日——春节。受市场供给充足、需求不旺的影响，主产区小麦价格整体趋弱，小麦市场旺季不旺特征明显。贸易商收购小麦季度价格 1.2~1.22 元/斤，均价 1.21 元/斤，同期降低 0.051 元/斤，环比降低 0.012 元/斤，幅度为-4.08%和-0.98%；济南 17 同比降低 0.051 元/斤，环比增长 0.002 元/斤，幅度为-3.8%和+0.14%。政策性小麦高位投放，成交低迷，去库存难度大。

三、面粉、麸皮、开工率情况

面粉季节性消费趋弱，市场竞争激烈，价格上涨乏力，第一季度特一粉出厂价 1.54 元/斤，同比降低 0.012 元/斤，环比增长 0.01 元/斤，幅度为-0.8%和 0.68%，近期面粉此轮涨价或告一段落。由于麸皮价格已基本跌至低点，再跌空间受限，麸皮均价 0.65 元/斤，同比降低 0.228 元/斤，环比降低 0.166 元/斤，降幅为 17.44%和 7.14%。麸皮整体供给量下降将对市场形成支撑；水产养殖需求将逐步恢复，麸皮需求将有所好转。由于加工利润下降，大部分制粉企业开机率随之下滑，平均开工率为 63.83%，开工率为 63.8%，同比和环比分别降低 5.5%和 7.83%，幅度为-7.93%和-10.93%。

四、后市展望

预计后期小麦价格稳中偏弱走势。主要原因：一是麸皮价格止跌企稳，对于加工企业来讲，经营利润压力依然很大；二是随着气温的逐渐升高，面粉终端消费呈现趋弱的态势，下调开工率，采购小麦会采取稳中下调的策略为主；三是供应环节依然比较充足，其中既有托市小麦拍卖，还有各级储备小麦轮出，再加上贸易商对后市看空，也在加快出售自己手中的库存，给市场带来供应增加。后期需关注托市小麦拍卖底价是否会继续下调。

五、建议

加强小麦田间管理。目前小麦生长进入产量形成的关键时期，也是病虫害防治和肥水运筹的关键时期。按照"水肥调节，控旺促弱；绿色植保，提高防效；预防倒伏和早衰，增粒增重"的思想，各地要因地因苗制宜，突出分类管理。

第十四节　2019年山东省第二季度小麦市场供需报告

2019年第二季度，小麦市场流通粮源以及政策性小麦供应总体充足，因受需求不旺的影响，小麦价格整体平稳趋弱运行。分阶段看，春节前贸易商和农户均有出库换现的心理，且对年前麦价看涨预期减弱，为规避库存风险，更愿意选择在年前销售余粮。元宵节后市场逐渐恢复，小麦价格基本延续节前区间。3月以来，因麸皮价格暴跌引发的连锁反应及面粉涨价难度较大，加工企业采取降价采购原料的策略，同时最低收购价小麦的销售底价下调，对小麦市场均造成一定的压力。预计后期麦市运行空间收窄。

一、第二季度小麦价格走势

2019年第二季度，普通小麦均价为1.18元/斤，比2022年减少0.04元/斤；优质小麦济南17均价为1.28元/斤，比2022年减少0.03元/斤。普通小麦价格从3月开始下滑，到新麦收获时，普通小麦价格降到了国家最低收购价格水平，与年初比较，降幅达7.43%。同期优质麦下降的绝对值与普通小麦相当。

表3-18　2018年与2019年第二季度普通小麦和优质小麦价格比较

时间	普通小麦（元/斤）			济南17（元/斤）		
	2018年	2019年	增减数	2018年	2019年	增减数
4月	1.21	1.190	-0.02	1.29	1.325	0.035

(续表)

时间	普通小麦（元/斤）			济南 17（元/斤）		
	2018 年	2019 年	增减数	2018 年	2019 年	增减数
5 月	1.19	1.173	-0.02	1.295	1.285	-0.01
6 月	1.14	1.12	-0.02	1.22	1.18	-0.04

二、2019 年新麦收购特点

1. 2019 年新麦收购特点

一是小麦收获时间较往年提前 2~3d，且小麦品质普遍较好。二是受国家最低收购价影响，小麦开秤价较低，且新陈麦同价时间比往年提前。贸易商开秤收购混麦价 1.08~1.12 元/斤，均价 1.118 元/斤，同比降低 0.02 元/斤，环比降低 0.05 元/斤；优质麦济南 17 收购价 1.18 元/斤，同比降低 0.04 元/斤，环比降低 0.105 元/斤。三是小麦前期收购进度快，后期逐渐平缓。四是部分农户存惜售心理，因价格较 2018 年低，再加之收获时天气晴好，农户想"放一放"。五是制粉企业价格透明，贸易商利润空间被压缩，区域间的价差缩小。2019 年贸易商收购小麦行为相对谨慎。一方面，2019 年全国各地小麦普遍丰产，在供给压力面前，贸易商普遍预计远期小麦价格上涨幅度有限，长期存储小麦的意愿不强；另一方面，由于 2019 年主产区各地区域价差较小，小麦贸易利润微薄，跨省调运现象明显少于 2018 年，多以当地消化为主，贸易商操作空间缩窄；再者 2019 年小麦托市底价和拍卖底价下调后价差缩小，再加上小麦主产区新麦质量均较好，区域间的价差缩小，使得贸易小麦的流动和收购明显下降。

2. 小麦收购情况

小麦收购进度快于 2018 年同期。据山东省粮食和物资储备局统计，截至 7 月 16 日，山东省共收购小麦 467.2 万 t，同比增加 55.5 万 t。其中，国有企业收购 175 万 t，同比增加 22 万 t，非国有企业收购 292.2 万 t，同比增加 34.5 万 t。6 月监测区间内收购量较多（表 3-19）。

表 3-19 2019 年 6—7 月收购量情况

时间	区间收购量（万 t）	累计收购量（万 t）	同比增加量（万 t）	国有企业收购量（万 t）	同比增加量（万 t）	收购均价（元/斤）
6 月 11—15 日	118.6	118.6	30.21	54.06	19.84	1.136

（续表）

时间	区间收购量（万t）	累计收购量（万t）	同比增加量（万t）	国有企业收购量（万t）	同比增加量（万t）	收购均价（元/斤）
6月16—20日	92.82	211.42	51.1	90.33	30.65	1.136
6月21—25日	75.25	286.67	47	119.41	23.37	1.134
6月26—30日	61.21	347.88	47	141.37	37.36	1.134
7月1—5日	39.62	387.5	44.7	154.4	24	1.135
7月6—10日	35.3	422.8	42.7	163.6	20.4	1.139
7月11—16日	44.4	467.2	55.5	175	22	1.138

三、小麦产品情况

1. 特一粉

面粉市场季节性销售较明显，但从近几年的市场情况看，呈现旺季不旺的特征。从面粉走势分析，2019年特一粉价格走势与2018年的趋势基本一致。1—6月特一粉均价为1.53元/斤，比2018年减少0.0064元/斤，同期降幅达0.42%；与年初比较，降幅达2.63%。面粉的价格总体上呈现旺季不旺的特征（图3-7）。

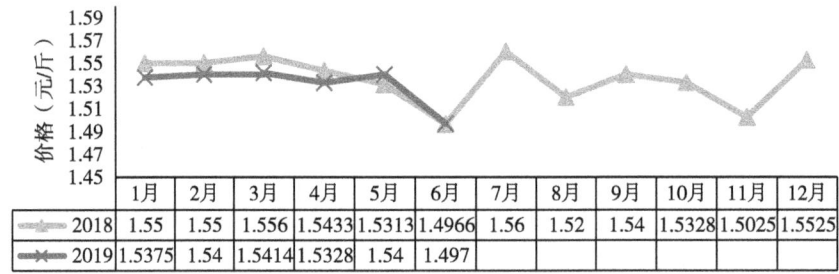

图3-7　2018年1月—2019年6月特一粉价格

2. 麸皮

从近几年的麸皮价格走势分析，2019年麸皮价格明显低于2017年和2018年。1—6月麸皮均价为0.61元/斤，比2018年减少0.15元/斤，同期降幅达19.74%；与年初比较，降幅达23.61%。主要是受非洲猪瘟疫情的影响，猪的存栏量大量降低，对饲料原料麸皮的需要减少（图3-8）。

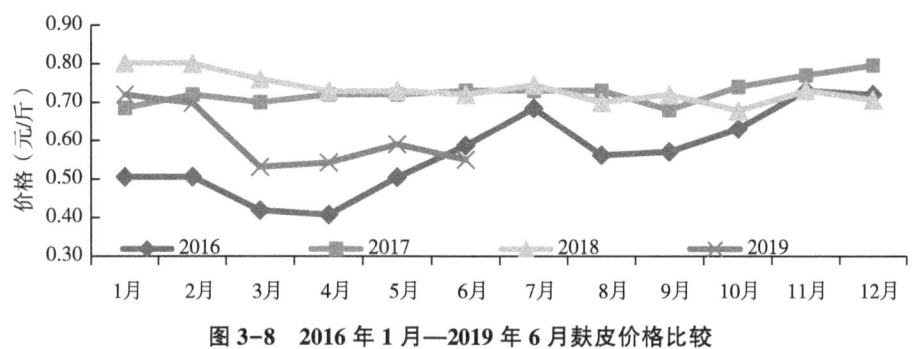

图 3-8　2016 年 1 月—2019 年 6 月麸皮价格比较

四、后期小麦市场研判

由于 2019 年小麦最低收购价继续下调，加之新麦丰收，供应压力增加，市场对后期小麦价格看涨信心不足。预计最低收购价小麦收购数量将会高于 2018 年，市场购销将呈现"市场为主、托市为辅"二者并行的局面。

山东省小麦价格仍然是相对高价区，进入 7 月以来，新小麦收购价格整体呈现趋稳态势。为缓解夏收小麦压力，于 7 月 12 日山东省在符合条件的地区启动最低收购价执行预案，但政策的支撑力度相比以往不断减弱，后期小麦价格有望稳中回暖，但空间不大，其主流价格很难脱离国家最低收购价这一轴心，麦价出现大幅上涨的可能性小。

2019 年夏粮品种结构进一步优化，预计全国优质强筋弱筋小麦种植面积占比达 33%，比 2018 年提高 3%，近几年优质小麦价格比普通小麦高出 10%以上，而 2019 年优质小麦价格并不十分理想。由于优质小麦价格主要靠市场调节，后期随着上市量不断增加，优质小麦价格或继续呈现偏弱态势。预计下半年小麦进口量也会有所减少。

五、对策建议

1. 建议贸易商理性收购

山东省小麦启动托市收购，在一定程度上缓解了基层贸易商紧张的心理，小麦在上有顶、下有底、箱体透明的市场中，麦价波动空间受到限制，贸易商囤粮待涨面临较大的市场风险。

2. 需关注优质小麦价格走势

由于供给侧结构性改革的推进，预计 2019 年优质小麦产量可达到 550

万~600万t，同比增加100万~200万t，随着产量的增加，优质小麦价格优势将逐渐缩小，如何保证农户种植优质麦的积极性，需要探讨。

第十五节 2019年山东省第三季度小麦市场供需报告

一、第三季度山东省小麦市场走势

在第三季度，山东省小麦贸易商收购均价1.103元/斤，同比降低0.1元/斤，降幅8.3%，环比降低0.058元/斤，降幅5.00%。济南17均价1.170元/斤，同比和环比均降低0.093元/斤，降幅为7.36%。本季度优普通小麦价差平均为0.067元/斤，2018年同期为0.075元/斤，优普通小麦价差在缩小（表3-20）。每年6月是山东地区小麦集中上市时间，所以价格基本是全年最低水平，但2019年小麦价格走势与往年不同，从6月开始价格略降后一直平稳的走势，分析原因：一是受2019年小麦托市收购价下调的影响，因每年新麦上市价格基本是参考托市收购价；二是2019年全国小麦丰产，之前山东河北的价格在国内基本最高，但2019年体现得不明显，各地价差缩小；三是国内小麦库存高企，市场粮源充足；四是因非洲猪瘟影响，下游需求减少，导致麸皮价格持续下滑，加工企业为保利润，压低小麦价格。图3-9是山东省小麦市场价格比较。

表3-20 2018年与2019年前3季度小麦价格　　　　　　单位：元/斤

年度	季度	山东省	同比	环比	济南17	同比	环比
2018	第一季度	1.260	-0.050	0.005	1.357	—	—
	第二季度	1.181	-0.099	-0.079	1.268	—	-0.088
	第三季度	1.203	0.006	0.021	1.278	—	0.009
	第四季度	1.221	-0.034	0.018	1.303	0.026	0.026
2019	第一季度	1.209	-0.051	-0.012	1.305	0.002	0.002
	第二季度	1.161	-0.020	-0.048	1.263	-0.042	-0.042
	第三季度	1.103	-0.100	-0.058	1.170	-0.093	-0.093

二、小麦收购情况

据山东省粮食和物资储备局统计,截至 9 月 20 日,山东省共收购小麦 763 万 t,同比增加 27 万 t,其中国有企业收购 200 万 t,同比增加 6 万 t,个体粮商收购 563 万 t,同比增加 21 万 t。小麦托市收购已接近尾声,预计收购量至月底前不会有太大的变化(图 3-9)。

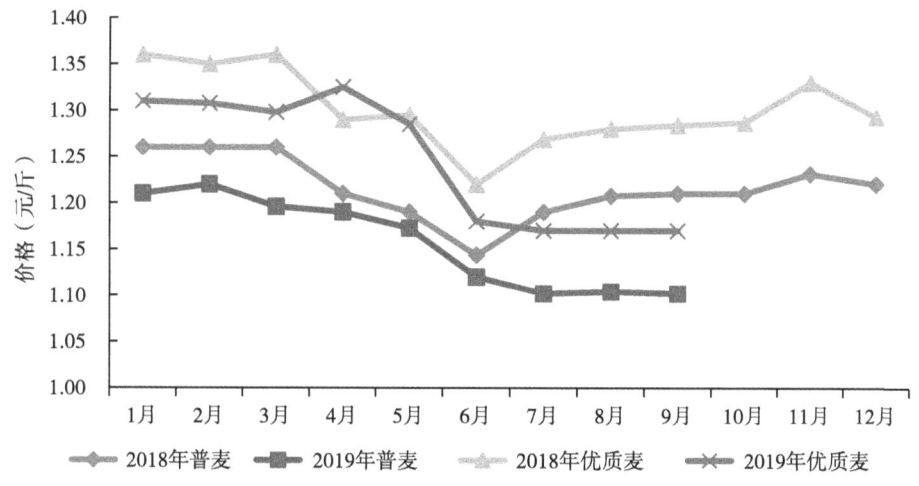

图 3-9 2018 年 1 月—2019 年 9 月普通小麦和优质小麦价格比较

三、小麦加工情况

第三季度特一粉均价为 1.518 元/斤,同比降低 0.022 元/斤,降幅 1.45%,环比增长 0.003 元/斤,增幅 0.179%。总体上面粉价格比较平稳。麸皮均价 0.596 元/斤,同比降低 17.269%,环比增长 6.217%,麸皮价格同比下滑的主要原因是下游市场需求减少所致,目前国家在生猪养殖等方面出台了很多政策,短期内对麸皮价格拉动不明显,但从长期来看,随着下游市场需求恢复,预计麸皮价格反弹会明显(表 3-21)。

表 3-21 2018 年与 2019 年前 3 季度特一粉和麸皮价格

年度	季度	特一粉(元/斤)	同比(元/斤)	环比(元/斤)	同比(%)	环比(%)	麸皮(元/斤)	同比(%)	环比(%)
2018	第一季度	1.552	-0.088	0.007	-5.380	0.453	0.787	7.854	4.283
	第二季度	1.524	-0.073	-0.028	-4.565	-1.818	0.730	1.389	-7.282

（续表）

年度	季度	特一粉（元/斤）	同比（元/斤）	环比（元/斤）	同比（%）	环比（%）	麸皮（元/斤）	同比（%）	环比（%）
2018	第三季度	1.540	0.007	0.016	0.435	1.065	0.720	1.408	-1.370
	第四季度	1.529	-0.016	-0.011	-1.017	-0.696	0.700	-7.285	-2.778
2019	第一季度	1.540	-0.012	0.010	-0.796	0.678	0.650	-17.443	-7.143
	第二季度	1.515	-0.009	-0.025	-0.579	-1.604	0.561	-23.178	-13.723
	第三季度	1.518	-0.022	0.003	-1.450	0.179	0.596	-17.269	6.217

四、后期小麦市场研判

在第三季度，山东省小麦市场总体上平稳弱势运行，没有出现往年麦价持续走高的态势。目前小麦托市收购已进入尾声，麦市也将步入政策敏感期，同时临储小麦也将再次启动，临储拍卖是否调价，是收购主体关注的焦点。目前秋粮收购工作已逐渐展开，贸易商已做好了腾仓、腾资金收购新季玉米的准备。后期麦价走势将更多以政策价为方向标，不会有太大的涨跌变化，主要原因：一是麦市供需格局宽松以及政策性粮源库存数量高企；二是连续2年的托市收购价格下调，使得市场看涨心态不强；三是小麦去库存的步伐仍在继续，托市收购结束后，库存小麦拍卖底价的调整也将会影响后期价格走势。

第十六节 2019年山东省第四季度小麦市场供需报告

一、山东第四季度小麦市场走势

在第四季度，山东省小麦贸易商收购均价1.156元/斤，同比降低0.064元/斤，降幅5.27%，环比增长0.054元/斤，增幅4.86%。优质专用小麦济南17均价1.181元/斤，同比降低0.122元/斤，降幅9.39%，环比增长0.011元/斤，增幅0.94%。本季度优普通小麦价差平均为0.044元/斤，2018年同期为0.083元/斤，优普通小麦价差在缩小（图3-10、表3-22）。

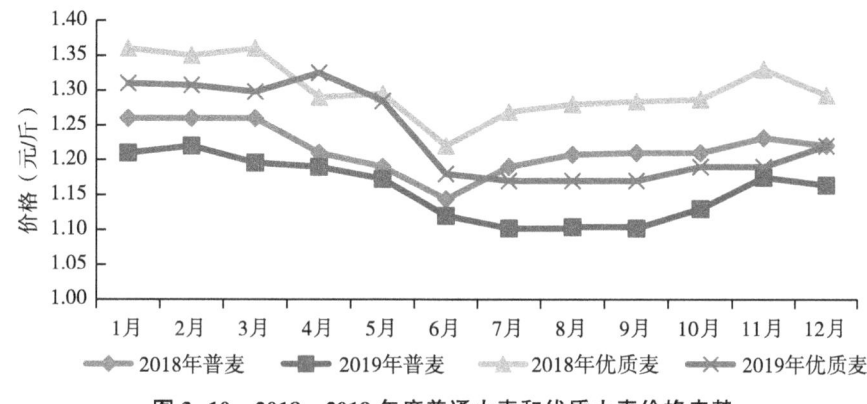

图 3-10 2018—2019 年度普通小麦和优质小麦价格走势

表 3-22 2018—2019 年四个季度优质小麦与普通小麦价格　　单位：元/斤

年度	季度	山东省	同比	环比	济南 17	同比	环比
2018	第一季度	1.260	-0.050	0.005	1.357	—	—
	第二季度	1.181	-0.099	-0.079	1.268	—	-0.088
	第三季度	1.203	0.006	0.021	1.278	—	0.009
	第四季度	1.221	-0.034	0.018	1.303	—	0.026
2019	第一季度	1.209	-0.051	-0.012	1.305	-0.051	0.002
	第二季度	1.161	-0.020	-0.048	1.263	-0.005	-0.042
	第三季度	1.103	-0.100	-0.058	1.170	-0.108	-0.093
	第四季度	1.156	-0.064	0.054	1.181	-0.122	0.011

从优质小麦与普通小麦价差图上可以看出（图 3-11），在本季度的 11 月，价差达到最低点，12 月因普通小麦价格略有下滑，优质专用小麦变化幅度小，所以价差又有所反弹。但总体情况是 2019 年收购新麦的优普通小麦价差低于 2018 年。

二、小麦加工情况

在第四季度，特一粉均价为 1.510 元/斤，同比降低 0.019 元/斤，降幅 1.261%，环比降低 0.008 元/斤，降幅 0.505%。麸皮均价 0.701 元/斤，同比增长 0.143%，环比增 17.68%，麸皮价格同比上涨的主要原因是受国内生猪养殖复养影响，同时因高蛋白饲料价格居高不下，也对麸皮价格形成支撑（表 3-23）。

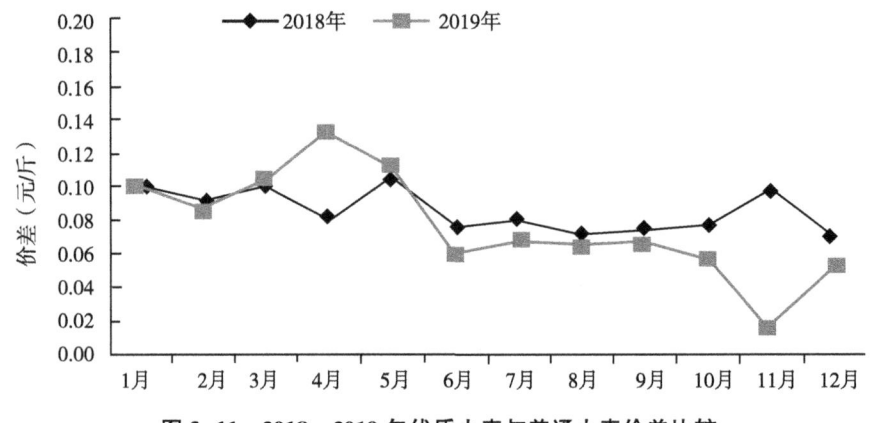

图 3-11 2018—2019 年优质小麦与普通小麦价差比较

表 3-23 2018—2019 年四个季度特一粉和麸皮价格

年度	季度	特一粉（元/斤）	同比（元/斤）	环比（元/斤）	同比（%）	环比（%）	麸皮（元/斤）	同比（%）	环比（%）
2018	第一季度	1.552	-0.088	0.007	-5.380	0.453	0.787	7.854	4.283
	第二季度	1.524	-0.073	-0.028	-4.565	-1.818	0.730	1.389	-7.282
	第三季度	1.540	0.007	0.016	0.435	1.065	0.720	1.408	-1.370
	第四季度	1.529	-0.016	-0.011	-1.017	-0.696	0.700	-7.285	-2.778
2019	第一季度	1.540	-0.012	0.010	-0.796	0.678	0.650	-17.443	-7.143
	第二季度	1.515	-0.009	-0.025	-0.579	-1.604	0.561	-23.178	-13.723
	第三季度	1.518	-0.022	0.003	-1.450	0.179	0.596	-17.269	6.217
	第四季度	1.510	-0.019	-0.008	-1.261	-0.505	0.701	0.143	17.683

三、后期小麦市场研判

元旦将至，制粉企业整体备货量有所增加，市场供需仍呈宽松态势，小麦行情虽略有波动，但未影响整体平稳的局势。在本季度末，因市场对小麦后市看涨预期减弱，贸易商出售小麦积极性提升，使得小麦价格稳中趋弱调整。总体上预计节前小麦价格仍是以稳为主的市场态势。

第十七节 2019年上半年山东省小麦市场供需报告

2019年1—6月,小麦市场流通粮源以及政策性麦供应总体充足,因受需求不旺的影响,小麦价格整体平稳趋弱运行。分阶段分析,春节前贸易商和农户均有出库换现的心理,且对年前麦价看涨预期减弱,为规避库存风险,更愿意选择在年前销售余粮。元宵节后市场逐渐恢复,小麦价格基本延续节前区间。3月以来,因麸皮价格暴跌引发的连锁反应及面粉涨价难度较大,加工企业采取降价采购原料的策略,同时最低收购价小麦的销售底价下调,对小麦市场均造成一定的压力。预计后期麦市运行空间收窄。

一、上半年小麦价格走势

2019年上半年,山东普通小麦均价为1.18元/斤,比2018年减少0.04元/斤;优质小麦济南17均价为1.28元/斤,比2018年减少0.03元/斤。普通小麦价格从3月开始下滑,到新麦收获时,普通小麦价格降到了国家最低收购价格水平,与年初比较,降幅达7.43%。同期优质麦下降的绝对值与普通小麦相当(表3-24)。

表3-24 2019年上半年山东省小麦市场价格情况

时间	普通小麦			济南17		
	2018年(元/斤)	2019年(元/斤)	同比(%)	2018年(元/斤)	2019年(元/斤)	同比(%)
1月	1.26	1.210	-3.97	1.36	1.310	-3.68
2月	1.26	1.220	-3.17	1.35	1.308	-3.15
3月	1.26	1.196	-5.08	1.36	1.298	-4.56
4月	1.21	1.190	-1.65	1.29	1.325	2.71
5月	1.19	1.173	-1.43	1.30	1.285	-0.77
6月	1.14	1.120	-1.75	1.22	1.180	-3.28
1—6月均价	1.22	1.180	-3.28	1.31	1.280	-2.29

二、2019年新麦收购特点和收购情况

1. 2019年新麦收购特点

一是小麦收获时间较往年提前2~3d，且小麦品质普遍较好。二是受国家最低收购价影响，小麦开秤价较低，且新陈麦同价时间比往年提前。贸易商开秤收购混麦价1.08~1.12元/斤，均价1.118元/斤，同比降低0.02元/斤，环比降低0.05元/斤；优质麦济南17收购价1.18元/斤，同比降低0.04元/斤，环比降低0.105元/斤。三是小麦前期收购进度快，后期逐渐平缓。四是部分农户存惜售心理，因价格较2018年低，再加之收获时天气晴好，农户想"放一放"。五是制粉企业价格透明，贸易商利润空间被压缩，区域间的价差缩小。2019年贸易商收购小麦行为相对谨慎。一方面，全国各地小麦普遍丰产，在供给压力面前，贸易商普遍预计远期小麦价格上涨幅度有限，长期存储小麦的意愿不强；另一方面，由于主产区各地区域价差较小，小麦贸易利润微薄，跨省调运现象明显少于2018年，多以当地消化为主，贸易商操作空间缩窄；再者小麦托市底价和拍卖底价下调后价差缩小，再加上小麦主产区新麦质量均较好，区域间的价差缩小，使得贸易小麦的流动和收购明显下降。

2. 小麦收购情况

小麦收购进度快于2018年同期。据山东省粮食和物资储备局统计，截至7月16日，山东省共收购小麦467.2万t，同比增加55.5万t。其中，国有企业收购175万t，同比增加22万t，非国有企业收购292.2万t，同比增加34.5万t。6月监测区间内收购量较多（表3-25）。

表3-25 小麦收购情况

时间	区间收购量（万t）	累计收购量（万t）	同比增加量（万t）	国有企业累计收购量（万t）	同比增加量（万t）	收购均价（元/斤）
6月11—15日	118.6	118.6	30.21	54.06	19.84	1.136
6月16—20日	92.82	211.42	51.1	90.33	30.65	1.136
6月21—25日	75.25	286.67	47	119.41	23.37	1.134
6月26—30日	61.21	347.88	47	141.37	37.36	1.134
7月1—5日	39.62	387.5	44.7	154.4	24	1.135
7月6—10日	35.3	422.8	42.7	163.6	20.4	1.139
7月11—16日	44.4	467.2	55.5	175	22	1.138

三、小麦加工情况

上半年受小麦原粮价格持续走弱，面粉需求不旺的影响，制粉企业开工率呈稳步下降的趋势，符合季节性规律变化。上半年平均开工率62.3%，同比低4.87%。面粉市场呈现"旺季不旺"的特征，麸皮价格降幅较大。

1. 特一粉

面粉市场季节性销售较明显，但从近几年的市场分析，呈现旺季不旺的特征。从面粉走势分析，2019年特一粉价格走势与2018年的趋势基本一致。1—6月特一粉均价为1.53元/斤，比2018年减少0.0064元/斤，同期降幅达0.42%；与年初比较，降幅达2.63%。面粉的价格总体上呈现"旺季不旺"的特征。

2. 麸皮

从近几年的麸皮价格走势分析，2019年麸皮的价格明显低于2017年和2018年。1—6月麸皮均价为0.61元/斤，比2018年减少0.15元/斤，同期降幅达19.74%；与年初比较，降幅达23.61%。主要是受非洲猪瘟疫情的影响，猪的存栏量大量降低，对饲料原料麸皮的需要减少的缘故（图3-12）。

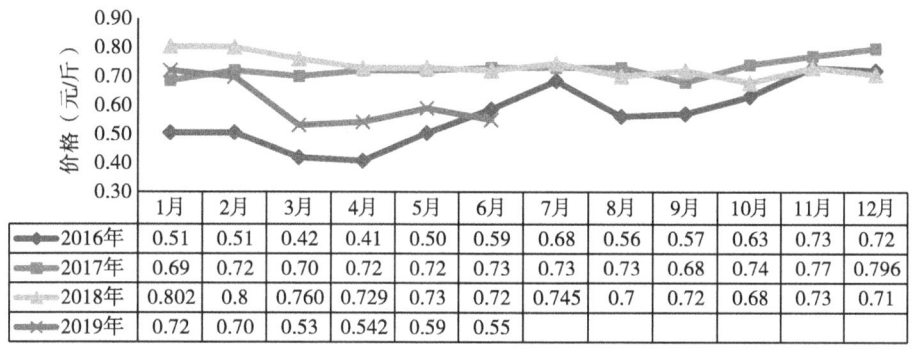

图3-12　2016年1月—2019年6月麸皮价格走势

四、后期小麦市场形势研判

由于2019年小麦最低收购价继续下调，加之新麦丰收，供应压力增加，市场对后期小麦价格看涨信心不足。预计最低收购价小麦收购数量将会高于上年，市场购销将呈现"市场为主、托市为辅"二者并行的局面。

山东省小麦价格仍然是相对高价区，进入7月以来，新小麦收购价格整体呈现趋稳态势。为缓解夏收小麦压力，于7月12日山东省在符合条件的地区启动最低收购价执行预案，但政策的支撑力度相比以往不断减弱，后期小麦价格有望稳中回暖，但空间不大，其主流价格很难脱离国家最低收购价这一轴心，期望麦价出现大幅上涨并不现实。

2019年夏粮品种结构进一步优化，预计全国优质强筋弱筋小麦种植面积占比达33%，比2018年提高3%，近几年优质小麦价格比普通小麦高出10%以上，而2019年优质小麦价格并不十分理想。由于优质小麦价格主要靠市场调节，后期随着上市量不断增加，优质小麦价格或继续呈现偏弱态势。预计下半年小麦进口量也会有所减少。

五、对策建议

1. 建议贸易商理性收购

随着山东省小麦启动托市收购，一定程度上缓解了基层贸易商紧张的心理，小麦在上有顶、下有底、箱体透明的市场中，麦价波动空间受到限制，贸易商囤粮待涨面临较大的市场风险。

2. 需关注优质小麦价格走势

由于供给侧结构性改革的推进，预计2019年优质小麦产量可达到550万~600万t，同比增加100万~200万t，随着产量的增加，优质小麦价格优势将逐渐缩小，如何保证农户种植优质麦的积极性，需要探讨。

第十八节　2019年度山东省小麦市场供需报告

一、2019年山东省小麦生产方面

2019年夏粮播种面积6 004.05万亩，比2019年减少85.88万亩，减少1.4%；平均亩产425.26kg，比2019年增加19.31kg，增4.8%；总产量510.66亿斤，比2019年增加16.21亿斤，增3.3%。

二、2019年山东省小麦及产品行情分析

1. 普通小麦行情分析

2019年普通小麦平均价格1.157元/斤，比2019年减少0.06元/斤，降幅为4.93%。从图3-13上可以看出，2018年和2019年上半年价格曲线比较相

似，2019年麦价低于上年，1—3月价格缓慢下降，4—6月麦价直线下降，6月达到最低。从6月开始，2019年山东麦价走出了跟往年不一样的曲线，7—9月的麦价反而略低于6月新麦的开秤价，主要原因是2019年是第一年下调小麦最低收购价，新麦集中上市初期，各收购主体入市收购积极，在贸易商仓容和资金基本用完时，在全国小麦产量高、质量好的情况下，市场上仍有大量小麦出售，各收购主体出现谨慎收购心理，麦价开始略下行，此状态一直延续到国庆。有贸易商反馈说前期价格收高了！

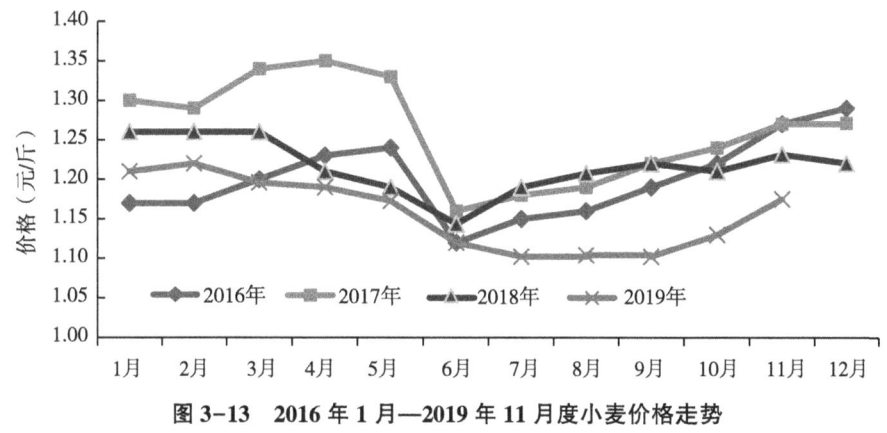

图3-13　2016年1月—2019年11月度小麦价格走势

国庆之后麦价开始上扬，特别是10月12日国家公布了2020年生产的小麦（三等）最低收购价保持不变，给市场麦价带来支撑，为了刺激增加市场流通量，企业不断上调收购价格。一是托市价格公布，利好小麦市场。2020年小麦最低收购价政策公布后，市场看空心态有所减少，而拍卖市场自10月9日开始，由于销售底价未进行调整，起初成交率不乐观，企业更倾向于收购新麦，新小麦价格顺势上涨，近期成交率有所提高。二是企业增加市场流通量少，支撑麦价上涨。农忙时节，农户多忙于收购秋粮及冬小麦的播种，且贸易商因前期收购成本较高，惜售心理较重，小麦市场流通量不多，随着生产的不断进行，企业库存明显减少，为了吸引小麦增加市场流通量，企业不得不上调小麦价格（图3-14）。

2. 优质专用小麦行情分析

2019年优质专用小麦平均价格为1.236元/斤，比2018年降低0.066元/斤，降幅为5.092%。从图3-15中可以看出，2019年1—6月，优质专用小麦济南17价格趋势与上年相似，总体上略低于上年；6—9月，优质小麦价格平稳弱势运行，国庆之后略有上扬。从优质专用小麦与普通小麦价差分析，除 4 月，2019 年 1—9 月优普通小麦价差与 2018 年基本一致，其中 6—9 月，价差略小于 2018 年，从 10 月开始，价差由原来的 0.10 元/斤到目前的 0.02 元/斤，这对于种植优质专用小麦的农户来说，收益方面受到了严重影响。价差缩窄的主要原因是 2019 年普通小麦的质量，已经满足了加工专用粉的需求，所以在同等条件下，加工企业更愿意采购普通小麦，以增加利润空间。另外，由于近年在种植优质专用小麦方面，国家给予补贴和扶持政策，使种植面积迅速

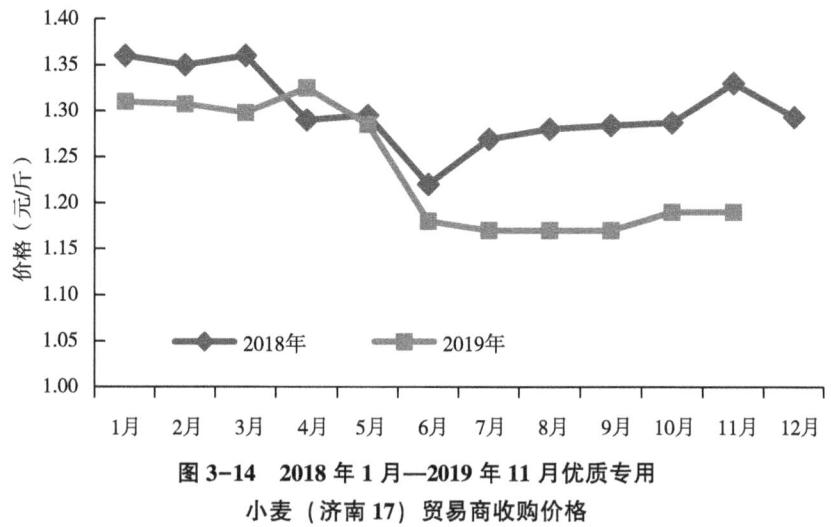

图 3-14　2018 年 1 月—2019 年 11 月优质专用小麦（济南 17）贸易商收购价格

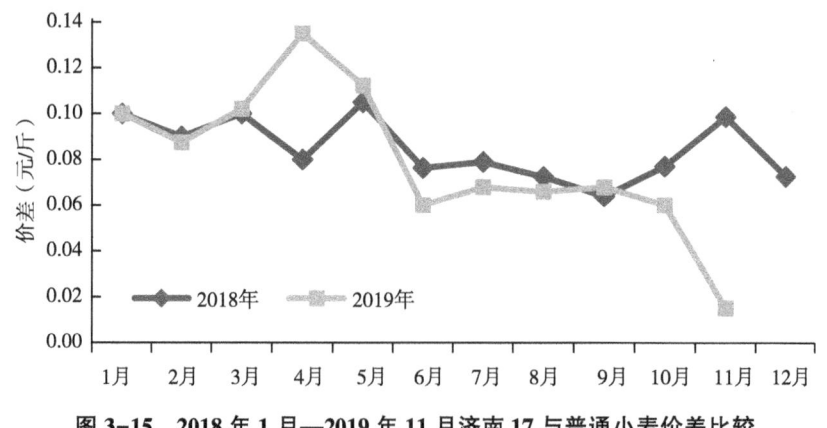

图 3-15　2018 年 1 月—2019 年 11 月济南 17 与普通小麦价差比较

扩大，也是造成价格下行的重要原因。

3. 面粉及麸皮行情分析

通过对近几年特一粉价格比较，总体上 2019 年的价格走势相对平缓，价格没有出现大的波动，但也是较低的一年。2019 年特一粉均价为 1.522 元/斤，比 2018 年降低 0.013 元/斤，降幅 0.847%（图 3-16）。

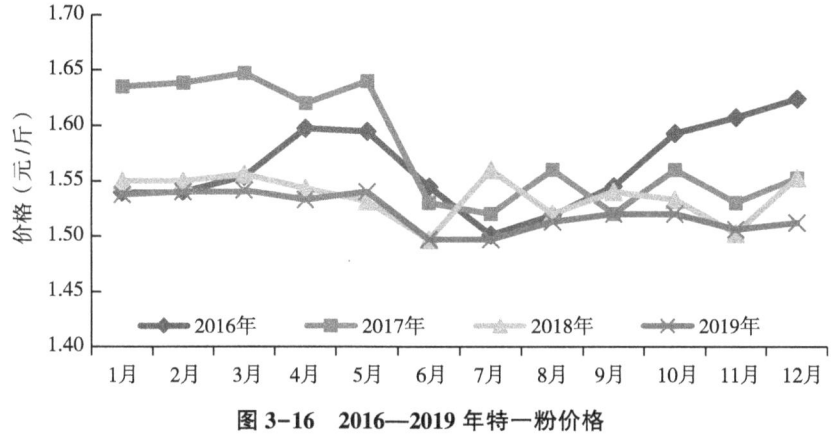

图 3-16　2016—2019 年特一粉价格

2019 年麸皮均值 0.62 元/斤，比上年降低 0.118 元/斤，降幅 15.99%。3 月以来，麸皮价格一直处于低位运行，总体趋势与 2016 年相似，与 2017 年和 2018 年相对平稳的态势相比，下降的幅度较大。从 8 月开始，麸皮价格开始上扬。2019 年麸皮价格的变化主要受下游需求的影响，因非洲猪瘟影响，需求下降，麸皮价格也随之下跌，从 8 月之后，受国内生猪养殖复养影响，同时因高蛋白饲料价格居高不下，也对麸皮价格形成支撑（图 3-17）。

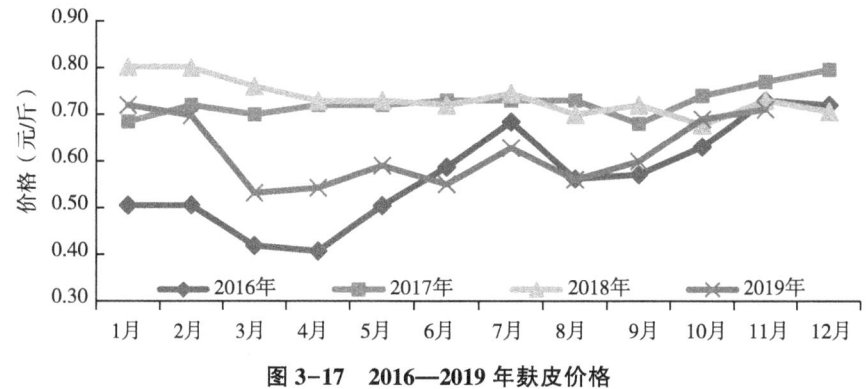

图 3-17　2016—2019 年麸皮价格

三、2019年山东新麦收购特点

2019年新麦收购特点：一是小麦品质普遍较好，因受国家小麦最低收购价下调影响，开秤价同比较低，主要参考标准是国家托市最低收购价，新陈麦同价时间比往年提前；二是收购进度前期快，后期平缓，前期各收购主体积极性较高，6月中下旬麦价下降后，收购积极性也随之下降，观望心理增强；三是因价格较2018年低，加之天气晴好，可自行存放一段时间，部分农户惜售；四是加工厂价格透明，粮质好，麦多为达标麦，贸易商利润空间被压缩；五是各地价差较小，跨省收购量较往年少。小麦托市底价和拍卖底价下调后价差缩小，再加上新麦质量较好，使得区域间的价差也缩小了，贸易小麦的流动和收购明显下降。

四、2019年山东新收获小麦质量为近年来最好

国家粮食和物资储备局发布数据显示，共采集质量会检样品410份，涉及16市。容重平均值795g/L，较2018年增加13g/L，变幅717~835g/L。一等至五等小麦比例分别为66.3%、25.1%、6.9%、1.5%、0.2%，无等外品，三等以上的占98.3%；与2018年相比，一等比例增加28.7个百分点，三等以上比例增加5.3个百分点。千粒重平均值41.1g，较2018年增加1.0g，变幅23.6~49.6g。不完善粒率平均值3.2%，较2018年降低0.8个百分点，变幅0.2%~12.2%；其中，不完善粒率在8%以内的比例为97.1%。硬度指数平均值64.8，与2018年持平，变幅43.0~71.0。降落数值平均值350s，较上年增加36s，变幅301~464s。

五、小麦市场展望

后期麦价继续上涨的压力增大，原因是消费端对面粉需求没有明显的增加，同时小麦玉米价差制约饲用替代空间，需求端对麦价的提振效应不足。面粉加工企业受成本压力影响，原粮采购采取"以产订购"策略。

当前距离国内传统节假日日趋临近，面粉加工企业或迎来短暂的备货阶段，因近年来国内面粉市场消费节假日提振效应弱化，在国家临储小麦周度投放量保持高位，且后期持粮主体加大库存小麦销售力度的情况下，流通市场小麦供给面临的压力或将加大。

建议后期密切关注持粮主体库存小麦销售力度以及大型制粉企业市场采购动态。

第十九节　2019年度山东省小麦市场会商报告

一、2019年小麦价格、收购特点及进度

1. 近期小麦收购价格及行情分析

2019年山东新麦开秤均价1.118元/斤，在合理的预期范围。7—9月山东麦价一直处于平稳态势。国庆之后麦价开始上扬，特别是10月12日国家公布了2020年生产的小麦（三等）最低收购价保持不变，给市场麦价带来支撑，为了刺激上量，企业不断上调收购价格。10月贸易商月收购均价1.13元/斤，同比降低0.08元/斤，降幅6.61%，环比增长0.028元/斤，增幅2.54%。截至11月第一周，贸易商收购二等普通小麦均价为1.168元/斤，第二周1.178元/斤，目前济南17收购价1.19元/斤，麦价持续上涨。10月麸皮价格上涨，均价0.69元/斤，同比增长0.012元/斤，增幅1.75%，环比增长0.091元/斤，增幅15.19%。11月第一周，麸皮价格0.701元/斤，第二周0.73元/斤，麸皮涨价原因：一是企业开工率不高，供应量受限；二是小麦价格持续上涨，生产成本增加，制粉企业为保证利润，不得不调高副产品价格；三是受国内生猪养殖复养影响，近期高蛋白饲料价格居高不下，也对麸皮价格形成支撑。

麦价上涨原因分析如下。

一是托市价格公布，利好小麦市场。2020年小麦最低收购价政策公布后，市场看空心态有所减少，而拍卖市场自10月9日开始，由于销售底价未进行调整，起初成交率不乐观，企业更倾向于收购新麦，新小麦价格顺势上涨，近期成交率有所提高。11月15日，计划销售鲁粮集团贸易粮（2019年产）优质麦1 078.707 t，全部成交，成交价格为2 595元/t。计划销售东明县地方储备（2018年产）白小麦2 643.825 t，全部成交，成交价格为2 400元/t。11月11日，计划销售滕州市地方储备（2016年、2017年产）小麦4 266.384 t，实际成交数量为3 275.464 t，成交率76.77%，成交最高价格为2 375元/t，成交最低价格为2 360元/t，成交平均价格为2 369.22元/t。

二是企业市场投放量少，支撑麦价上涨。农忙时节，农户多忙于收购秋粮及冬小麦的播种，且贸易商因前期收购成本较高，惜售心理较重，小麦市场流通量不多，随着生产的不断进行，企业库存明显减少，为了吸引小麦上量，企业不得不上调小麦价格。

2. 2019 年山东新麦收购特点

一是小麦品质普遍较好，因受国家小麦最低收购价下调影响，开秤价同比较低，主要参考标准是国家托市最低收购价，新陈麦同价时间比往年提前；二是收购进度前期快，后期平缓，前期各收购主体积极性较高，6 月中下旬麦价下降后，收购积极性也随之下降，观望心理增强；三是因价格较 2018 年低，加之天气晴好，可自行存放一段时间，部分农户惜售；四是加工厂价格透明，小麦粮质好，麦多为达标麦，贸易商利润空间被压缩；五是各地价差较小，跨省收购量较往年少。小麦托市底价和拍卖底价下调后价差缩小，再加上新麦质量较好使得区域间的价差也缩小了，贸易小麦的流动和收购明显下降。

3. 小麦收购进度情况

据山东省粮食和物资储备局统计，截至 9 月 30 日，山东省共收购小麦 809.3 万 t，同比增加 4.67 万 t，增幅 0.58%，其中国有企业收购 200.2 万 t，同比减少 4.69 万 t，减幅 2.29%；非国有企业收购 609.08 万 t，同比增加 9.36 万 t，增幅 1.56%。收购量增加部分，主要体现在青岛、枣庄、潍坊和济宁等市。

山东地区大部分农户的习惯是收完麦子后大多在地头就卖给粮贩了，自家基本不留，有存放条件的种植大户，可能会留一部分待涨价，一般年底前也会出售完毕。收购主体主要是粮贩、粮企、制粉企业和粮库。小粮贩是随收随卖，目前部分有储存条件且经济条件好的较大贸易商，还没出售手中小麦，等待元旦前后涨价后再出手。

4. 2019 年山东新收获小麦质量调查情况

2019 年 9 月 25 日，国家粮食和物资储备局发布数据显示，山东省小麦整体质量为近年来最好。共采集质量会检样品 410 份，涉及 16 市。容重平均值 795g/L，较 2018 年增加 13g/L，变幅 717~835g/L。一等至五等小麦比例分别为 66.3%、25.1%、6.9%、1.5%、0.2%，无等外品，三等以上的占 98.3%；与 2018 年相比，一等比例增加 28.7 个百分点，三等以上比例增加 5.3 个百分点。千粒重平均值 41.1g，较 2018 年增加 1.0g，变幅 23.6~49.6g。不完善粒率平均值 3.2%，较 2018 年降低 0.8 个百分点，变幅 0.2%~12.2%；其中，不完善粒率在 8% 以内的比例为 97.1%。硬度指数平均值 64.8，与 2018 年持平，变幅 43.0~71.0。降落数值平均值 350s，较 2018 年增加 36s，变幅 301~464s。

二、小麦种植成本收益及种植意向

2019 年山东省夏粮实现丰收，夏粮播种面积 6 004.05 万亩，比 2018 年减少 85.88 万亩，减 1.4%；平均亩产 425.26kg，比 2018 年增加 19.31kg，增 4.8%；总产量 510.66 亿斤，比 2018 年增加 16.21 亿斤，增 3.3%。

调查样本数据显示，2019 年的亩种植总成本为 910.88 元，比 2018 年增加了 12.7 元，主要是 2019 年的浇水、喷药和土地流转费用高于 2018 年造成的。亩纯收益 312.5 元，比 2018 年增加了 201.91 元，纯收益增加的主要原因是 2019 年小麦单产增加。因山东地区是小麦玉米连作模式，一年种植两季。信息员普遍反映，小麦季挣得少，玉米季会稍微多一些，一亩地一年收入也好几百元，外加一些扶持政策，收入空间还是有的（表 3-26）。

表 3-26　小麦生产成本及收益统计

指标	调查样本 2018 年	统计局数据 2018 年	调查样本 2019 年	调查样本比较 2019 年与 2018 年	统计局数据比较 2019 年与 2018 年
单产（斤/亩）	863.67	905.36	1057	193.33	151.64
用种量（斤/亩）	33.29		30.13	-3.16	
种子价格（元/斤）	1.48		1.5	0.02	
种子费用（元）	49.26		45.27	-0.07	
底肥（元/亩）	107.38		94.14	-13.23	
追肥（元/亩）	60.17		45	-15.17	
整地机械费（元/亩）	60		59.38	-0.63	
播种机械费（元/亩）	27.86		26.25	-1.61	
收获机械费（元/亩）	57.14		50.63	-6.52	
秸秆还田费（元/亩）	33.33		30	-3.33	
喷药（元/亩）	28.57		44.38	15.8	
浇水（元/亩）	25.71		64.29	38.57	
土地流转费（元/亩）	393.75		456	62.25	
出售单价（元/斤）	1.17	1.19	1.13	-0.04	-0.06
总成本（元/亩）	898.17	992.72	910.88	12.7	-81.85
纯利润（元/亩）	110.59	116.66	312.5	201.91	195.84

种植意向方面，据潍坊的种植大户反映，潍坊高密市某乡镇，大户弃租现

象明显，农户小麦种植面积略有减少，她本人弃租 1 500 亩，另外还有三个大户弃租，一个弃租 9 000 亩，两个 1 000 多亩的，退租的原因主要是因干旱浇水次数增加，造成生产成本高，小麦价格低，缺乏针对大户的扶持！对个别制粉企业来说，为确保自己企业优质原料供给，企业还会继续扩大种植规模。

三、小麦市场展望

受阶段性供应偏紧支撑，近期小麦价格强势运行，但由于 2019 年小麦质量好，产量高，国家临储小麦剩余库存数量高［有资料显示，截至 2019 年 11 月初，国家临储小麦（不含 2019 年产）剩余库存数量 7 109 万 t，其中，山东 305 万 t］等因素影响，或制约小麦继续上涨。

主要原因分析：一是近期贸易商为规避市场风险，售粮积极性有所提高，担心政策性库存降价销售，一旦拍卖底价再次出现下调，势必对小麦市场价格产生较大压力；二是新小麦相对于拍卖小麦的价格优势在逐渐缩小，随着流通市场小麦价格的不断走高，新小麦价格与政策性小麦进厂成本将会逐步接轨，政策的"天花板"效应将会抑制小麦价格进一步走高；三是后期各地储备小麦也将会陆续进入轮换销售期，将会增加市场的供给，增加市场压力。

当前优普小麦之间差价已处于较低水平的情况下，中后期优质小麦相对于普通小麦或仍有补涨的空间，优普小麦之间的差价也将会适当有所拉开。后期需密切关注国家临储小麦拍卖政策，以及随着价格变化所引发的市场主体购销心理博弈情况。建议持粮主体把握库存小麦市场销售节奏，规避后期政策调整所带来的市场风险。

四、2019 年小麦最低收购价格政策落实情况及生产销售出现的积极变化

7 月 12 日，国家粮食和物资储备局下发通知，同意自 7 月 14 日起在山东省内符合条件的相关地区启动 2019 年小麦最低收购价执行预案。7 月 15 日，中储粮集团公司公布了山东两批托市库点名单 83 个，济宁 22 个、菏泽 18 个、枣庄 13 个、德州 7 个、聊城 6 个、威海 6 个、东营 4 个、济南 3 个、临沂 2 个、滨州 2 个。启动托市后，麦价依旧平稳运行，没有出现大幅波动情况。在粮食收购方面，采取了如下措施。

一是加强粮食流通基础设施建设。山东省地方粮食企业完好仓容达到 4 127 万 t，以济南、枣庄、滨州、日照等地为重要节点的现代粮食物流网络初

具规模，粮食流通现代化水平进一步提高。2018年，山东省粮食产业总产值达到4 016亿元，排名全国第一，产业经济发展势头良好。

二是坚决筑牢粮食安全基础。山东省粮食和物资储备局数据显示，山东省地方储备粮规模从2012年末的337万t增至2018年末的492万t。建立健全库存管理长效机制，全面推行"双随机、一公开"监管，确保粮食储备数量实、质量好、调得动、用得上。深入推进信息化建设，在全国率先建成省市县三级一体化综合性粮食电子政务平台，率先完成国有粮库的智能化升级改造，率先实现省级平台与国家级平台和地方各粮库信息系统的互联互通，粮食储备实现信息化管理。

三是切实增强粮食流通能力。鼓励引导多元市场主体积极入市收购，大力开展粮食产销协作，山东省粮食收购量从2012年的6 548万t增至2018年的8 578万t，销售量从2012年的3 995万t增至2018年的5 732万t，粮食购销总量位居全国前列。

五、对完善粮食收购政策的建议

一是加大粮食市场价格监测预警力度。及时宣传国家粮食行业改革相关政策，发布市场供求和价格信息，做好分析的基础工作，及时发现粮食收购价格波动中的苗头性问题，合理引导市场预期。

二是完善粮食收储体制机制。鼓励粮食加工和流通企业参与粮食储备。可通过政府购买服务的方式，逐步建立适应我国粮食市场特点的社会化粮食储备服务机制，引导和支持具备条件的多元化市场主体参与粮食储备和流通，以分散储备成本，激发市场活力。

三是推动粮食流通能力现代化建设。发展"互联网+粮食"。加快推进信息化和粮食行业发展深度融合，广泛运用大数据、云计算、物联网等现代信息技术手段改造传统粮食行业。鼓励粮食经营企业创新营销方式，加强"线上线下"融合的电商平台建设，有效拓宽粮食营销渠道，提高供给效率。

四是合理确定托底价格水平，充分发挥市场机制作用，进一步完善种粮补贴政策。加大对家庭农场、专业大户、农民合作社等新型经营主体的扶持政策、补贴力度，广泛推行农业保险政策，增强粮食的生产抵御风险能力，充分调动农民种粮的积极性。

五是积极鼓励农企对接，充分发挥市场价格对生产的反馈引导作用，促进种植结构调整优化，增加绿色优质安全产品供给，保证"优粮优价"。

第四章 2020年山东省小麦市场动态分析与未来展望

第一节 2020年1月山东省小麦市场供需报告

一、山东省小麦1月价格走势

1月1—20日,当时还未公布新冠疫情,21—30日进入春节假期,市场基本没有交易,所以,新冠疫情并未对1月的小麦市场价格产生影响。1月受市场供给充足、需求不旺影响,小麦价格稳中坚挺。贸易商收购普通小麦均价1.172元/斤,同比跌0.038元/斤,跌幅3.14%,环比涨0.008元/斤,涨幅0.69%;优质专用小麦济南17收购均价1.191元/斤,同比降低8.17%,环比降低1.39%。据贸易商反映,一般在元旦前后麦价会出现一个小高峰,但2019年小麦市场价格走势与往年明显不同,贸易商看到市场小麦价格上涨乏力,加之临近年底有还贷压力,出售小麦积极性较高,制粉企业也积极备货,是此次麦价调整的主要原因。特一粉均价1.501元/斤,同比降低2.37%,环比降低0.73%;麸皮均价0.727元/斤,同比增长0.93%,环比增长3.51%。临近年底,开机率降低导致麸皮产量降低,而生猪复养和蘑菇生产企业对麸皮的需求量增长使麸皮价格有所提振(表4-1)。

表4-1 2020年1月小麦及其产品价格　　　　　　单位:元/斤

品种	价格	同比	环比
山东省	1.172	-0.038	0.008
优质麦(济南17)	1.203	-0.107	-0.017
特一粉	1.501	-0.036	-0.011
麸皮	0.727	-0.07	0.025

二、山东省小麦长势情况

2020年山东省大部分地区小麦秋种期间土壤墒情适宜，适期播种面积大，播种质量较好。但鲁东、鲁中等部分地区受干旱影响较大，小麦播种困难，导致播期延迟，冬前苗情普遍偏弱。从总体上看，山东省小麦冬前个体、群体状况虽然不如2019年，但与常年相当。据农技部门调查，山东省小麦平均亩茎数64.2万株，比2019年减少4.2万株，单株分蘖和单株次生根分别为3.26个、4.43条，分别比2019年减少0.22个、0.49条。山东省一类苗面积占到总播种面积的45.69%，比2019年减少5.78%；二三类苗面积分别占到37.2%和14.31%，分别比2019年增加3.62%和4.68%；旺苗面积占2.8%，比2019年减少2.52%。一二类苗占比达82.9%，苗情较为理想。

目前存在的主要问题：一是部分地区因干旱导致播期偏晚，群体不足，三类苗面积较大；二是由于小麦播种以来，山东省气温偏高，平均积温较常年多80℃以上，导致部分播种较早和播量偏大地块小麦出现旺长，存在遭受低温冻害、后期倒伏和熟前早衰的风险；三是个别地块由于没有进行冬前化学除草和病虫防治，春季发生病虫草害的隐患较大。针对目前山东省小麦苗情、墒情和病虫草特点，山东省农业农村厅出台了《关于印发2020年山东省小麦春季管理技术意见的通知》，春季麦田管理要以保墒抗旱为基础，肥水调控为关键，病虫草害防控为保障，提高麦苗群个体质量，搭好丰产架子，奠定夏粮丰收基础。

三、强降温雨雪天气对小麦"倒春寒"预警

根据2月12日16时山东省气象台天气预报，山东省将有大范围雨雪和寒潮天气。受强冷空气影响，预计14—15日，山东省自西向东将有一次明显雨雪天气，14日开始山东省气温明显下降，将出现寒潮天气，低温天气持续到18日。预计最低气温降幅10～12℃，最高气温降幅可达16～20℃。

由于入冬以来，山东省气温持续偏高，山东省平均气温较常年偏高1.9℃。冬小麦返青期较常年略偏早，济宁、潍坊等地小麦已返青，鲁南部分地区小麦带绿越冬。受此次降温的影响，已返青冬小麦存在冻害风险，风险区域主要分布在聊城、滨州、德州、济南、潍坊、泰安等地。

四、小麦后市研判

当前是新冠疫情防控关键时期，除新冠疫情外，H5N1亚型高致病性禽流

感也值得关注。疫情对农产品的生产端、流通端和销售端都存在影响。在各地严防严控下，交通物流运输将会受到影响，市场购销复苏较往年推迟，交易活跃度也下滑，终端需求比往年同期大幅萎缩。从目前的防控力度看，疫情会在一段时间后解除，对市场的影响也会消失，这次的疫情对市场的影响是暂时的、阶段性的，不会改变市场的供需格局及价格运行的大趋势。短期市场价格将继续维持相对稳定，长远来看，市场压力依旧较大。

建议持粮主体把握库存小麦市场销售时机，降低小麦销售心理价格预期，规避阶段性集中销售所带来的市场价格下行风险。后期需密切关注国内疫情动态以及对麦市购销的影响。

第二节 2020年2月山东省小麦市场供需报告

一、山东省小麦2月价格走势

2月处于春节假期期间，按一般年份元宵节后小麦市场就开始活跃了，但2020年受新冠疫情的影响，粮食运输受限，大多贸易商未入市，小麦市场购销较为清淡，贸易商收购普通小麦均价1.18元/斤，同比跌0.04元/斤，跌幅3.28%，环比涨0.008元/斤，涨幅0.68%。制粉企业小麦上量不多，大多是消耗现有库存和采购拍卖粮为主，随着企业库存不断降低，企业补库意愿增强，为刺激市场，企业上调小麦价格，收购均价为1.208元/斤，同比降幅2.58%，环比增幅1.43%。因近期高速路免费，使得运输成本有所降低，再加上各地鼓励复工以及物流运输环节逐渐恢复通畅，制粉企业运麦车辆有所增加，小麦上量增加，企业继续追涨意愿不高，因此价格随之回落（表4-2）。

表4-2 2020年2月小麦及其产品价格

品种	价格（元/斤）	同比（元/斤）	环比（元/斤）
山东省	1.18	-0.04	-0.008
优质麦（济南17）	—	—	—
特一粉	1.508	-0.032	0.007
麸皮	0.756	-0.058	0.03

随着各地陆续恢复生产，面粉市场购销逐渐恢复，因为面粉供应一般都是以老客户为主，企业对于面粉调价相对谨慎，再加上学生开学推迟以及各地食品厂、饭店等延迟营业，面粉市场整体产能严重过剩和制粉企业竞争继续给面粉市场带来压力，2月特一粉均价1.508元/斤，同比降幅2.08%，环比增幅0.47%。2月麸皮均价0.756元/斤，同比增8.38%，环比增4.10%。受新冠疫情影响，仍有部分企业未开机，麸皮供应相对有限，且小麦价格上涨，原粮成本增加，下游生猪养殖企业补栏备货需求增加，均支撑麸皮价格继续上涨。

二、小麦长势情况

2月，山东省小麦逐渐从越冬期进入返青、起身期。2月上旬，鲁中东部与鲁西南部分地区冬小麦已进入返青期，较常年偏早15~29d。据2月10日自动土壤水分观测站资料分析，鲁中与鲁西南等地的大部地区20cm农田土壤相对湿度在60%~90%。2月13—15日、24—25日，山东地区下过雨或雪，大部分地区冬小麦地温与土壤墒情适宜度较上年同期偏好，有利于已返青的冬小麦生长发育。

三、小麦后市研判

目前主产区疫情有所好转，粮食运输情况也逐步恢复，制粉企业逐渐恢复生产，随着小麦购销逐渐恢复，小麦上货量也有增加，上货量也是影响小麦价格走势的关键因素。因贸易商手中还有部分余粮，加之后期拍卖和粮库轮换等，待疫情结束后可能会出现集中售粮情况，预计小麦价格以稳为主，但仍有回落空间，后期需关注国家政策及新冠疫情进展情况。

因当前气温低，面粉便于储存，支撑面粉市场，近期面粉价格或整体以稳为主，局部根据自身情况小幅调整。随着麸皮价格不断上涨，下游饲料企业备货积极，再加上玉米价格回落，随着物流逐渐恢复通畅，以及制粉企业的陆续开工，麸皮市场供应量将不断增加，预计麸皮价格有下滑的可能。

第三节 2020年3月山东省小麦市场供需报告

一、山东省小麦3月价格走势

进入3月以来，随着疫情防控形势的进一步巩固，小麦市场购销恢复加快，市场供给量增加，小麦价格整体弱势运行。3月贸易商收购均价1.179元/斤，同比降低1.41%，环比降低0.08%，收购有价无量；制粉企业收购均价1.191元/斤，同比降低2.38%，环比降低1.41%。据信息员反映，目前制粉企业收购小麦主要来源是粮库，由于前期购买的拍卖粮及储备轮换粮大量到货，制粉企业小麦采购有所放缓。山东龙凤面业近日从江苏收购原粮到厂价1.22~1.23元/斤。拍卖粮品质较差，需要添加一定比例的2019年产新麦，才能保证面粉品质的稳定性。制粉企业开工率50%左右，主要是夜间电费最低的时段生产，日平均开工时间8~10h，在面粉价格难以上调的情况下，制粉企业在面粉种类开发和外包装上做了适当调整，改进了部分高端粉的外包装，同时延长了产业链条，增加了面制食品及配餐业务，调整后制粉企业利润有所提高。那么针对小型加工企业来说，如果只生产大众型的面粉，利润及生存空间缩窄。目前学校食堂、餐饮业都是停工状态，导致终端需求大幅萎缩。近年来，制粉企业不断加大投产力度，市场整体产能严重过剩，竞争压力巨大，制粉企业进入整合阶段，面粉行情更加悲观，厂家生存环境也更为艰难，因此，近期部分工厂为了增加销量、抢占市场，被迫下调面粉价格，同时采取了网络直播、秒杀等销售手段，增加人气。预计在疫情结束前，面粉都是一个需求相对清淡期。麸皮均价0.737元/斤，同比增幅38.66%，环比降低2.58%，厂家开工率低使麸皮供应量较少，麸皮基本上处于产销紧平衡状态，库存销售压力在可控范围之内。受玉米价格仍然存在承压走跌的影响，部分饲料企业或会在配方中缩减麸皮用量，这将抑制麸皮价格走高（表4-3）。

表4-3 2020年3月小麦及其产品价格　　　　　　　　　　单位：元/斤

品种	价格	同比	环比
山东省	1.179	-0.017	-0.001
优质麦（济南17）	1.207	-0.091	-0.013
特一粉	1.49	-0.051	-0.018
麸皮	0.737	0.205	-0.019

二、山东省小麦长势情况

2020年3月山东省内86个监测点108个信息员监测的数据显示，2020年基本苗比2019年增加0.37万株/亩，比常年增加0.18万株/亩；平均亩茎数比上年增加 1.06 万株/亩，比常年增加 0.53 万株/亩；单株分蘖数比上年减少 0.15 个/株，比常年减少 0.08 个/株。一类面积比上年减少 127.85 万亩，减幅 4.8%，比常年减少 63.93 万亩，减幅 2.4%；二类苗比上年增加 58.37 万亩，增幅 3.36%，比常年增加 29.18 万亩，增幅 1.68%；三类苗比上年减少 78.47 万亩，增幅 3.88%，比常年增加 39.23 万亩，增幅 1.94%；旺苗面积比上年减少 53.38 万亩，减幅 2.43%，比常年减少 26.69 万亩，减幅 1.22%。

当前，山东省小麦长势总体较好，受越冬病虫基数偏高、气象条件适宜等因素影响，病虫发生形势严峻复杂，预测总体中等偏重发生。特别是小麦条锈病在冬繁区快速扩散，菌源异常丰富，威胁显著加大；赤霉病田间菌源充足，一旦气候适宜，极易蔓延流行；茎基腐病、纹枯病等根茎部病害蔓延加速；穗蚜预计大发生；草地贪夜蛾将提早入侵山东省，有为害小麦风险。总体上土壤墒情适宜，有水浇条件的地块正在或已经完成浇水施肥，部分地块已经展开"一喷三防"（图 4-1、表 4-4）。

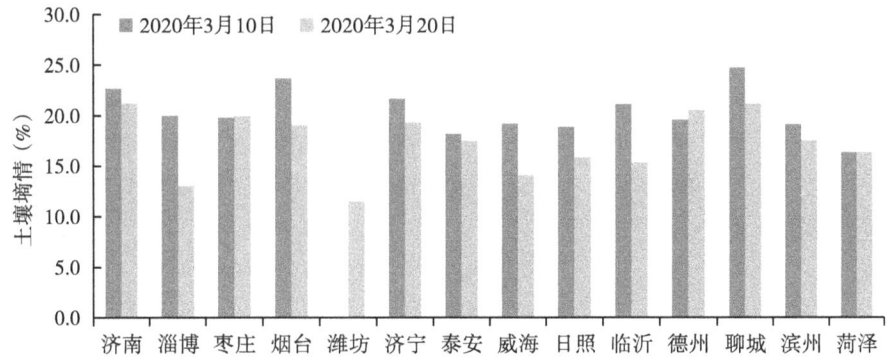

图 4-1　0~20cm 土壤墒情情况

表 4-4　小麦长势指标比较

指标	2020 年	2019 年	增减绝对数	常年同期	2020 年与常年比较
基本苗（万株/亩）	20.47	20.1	0.37	20.29	0.18
其叶龄（片）	6.43	6.44	-0.01	6.44	-0.01
平均亩总茎数（万株/亩）	84.58	83.52	1.06	84.05	0.53
平均单株分蘖数（个/株）	4.6	4.75	-0.15	4.68	-0.08
实播面积（万亩）	2 093.74	2 138.13	-44.39	2 115.94	-22.2
一类面积（万亩）	1 191.94	1 319.79	-127.85	1 255.87	-63.93
一类苗比例（%）	56.93	61.73	-4.8	59.33	-2.4

（续表）

指标	2020年	2019年	增减绝对数	常年同期	2020年与常年比较
二类苗面积（万亩）	634.74	576.37	58.37	605.56	29.18
二类苗比例（%）	30.32	26.96	3.36	28.64	1.68
三类苗面积（万亩）	206.41	127.94	78.47	167.18	39.23
三类苗比例（%）	9.86	5.98	3.88	7.92	1.94
旺长苗面积（万亩）	60.65	114.03	-53.38	87.34	-26.69
旺长苗比例（%）	2.9	5.33	-2.43	4.12	-1.22

三、小麦后市研判

进入3月以后，新冠疫情得到了有效控制，物流逐渐顺畅，制粉企业小麦供应大部分小麦从粮库所得，那么粮库出库价必将影响小麦后期的价格，预计后期麦价仍以平稳弱势的走势。后期需重点关注学校、餐饮业复工情况及工厂开机调整情况。

在面粉行情处于弱势运行的背景下，麸皮价格继续下跌的可能性也不大，因制粉企业需要通过麸皮来平衡利润。分析认为，在麸皮库存量维持低位、面粉价格也难有涨势的情况下，预计麸皮行情会稳中有涨，但受当前玉米价格及饲料市场需求影响，上涨空间有限。

第四节　2020年4月山东省小麦市场供需报告

一、山东省小麦4月价格走势

4月，贸易商收购小麦均价1.193元/斤，同比增长0.23%，环比增长1.16%，收购量很少；制粉企业收购原粮均价1.216元/斤，同比增长0.84%，环比增长2.08%。3月底至4月初，受疫情影响及国际贸易方面，国人对粮食安全问题比较关注，小麦价格有个快速上涨阶段，后来随着国家调控力度加大，拍卖粮增加，市场粮源充足，麦价逐渐"降温"，目前麦价维稳坚挺。4月中旬后，随着餐饮业的恢复加快，学校高三年级开学，终端面粉需求量增加明显，企业挺价心理较强，部分企业为缓解成本压力，小幅提高面粉出厂价格，特一粉均价1.5元/斤，同比降低2.14%，环比增长0.67%。因开工率的提升，麸皮生产量增大，4月麸皮均价0.727元/斤，同比增幅33.97%，环比降低1.40%（表4-5）。

表4-5 2020年4月小麦及其产品价格　　　　　　　　　单位：元/斤

品种	价格	同比	环比
山东省	1.193	0.003	0.014
优质麦（济南17）	1.216	-0.095	0.023
特一粉	1.5	-0.033	0.01
麸皮	0.727	0.184	-0.01

二、山东省小麦长势情况

目前山东省小麦处在拔节期—抽穗期，鲁中局部，鲁西南、鲁东南大部地区进入抽穗期，发育期较常年偏早6~16d。截至2020年4月23日，山东省内86个监测点的数据显示，亩总茎数为77.499万株，比2019年减少2.372%，单株分蘖数4.313个/株，比2019年减少12.581%，单株次生根13.025条/株，比2019年减少0.822%。据信息员反映，4—5日潍坊高密地区旱地小麦由于墒情较差或长势弱的小麦地块轻微受冻，叶尖颜色变淡。8—10日的气温骤降造成鲁中、鲁南、半岛局部出现降雪，由于先降水后降温，降温过程对小麦生长影响不大。

4月初，根据上游菌源地小麦条锈病发生情况及近期调查情况，结合小麦品种及气象条件综合分析，预计2020年山东省小麦条锈病大范围扩散流行的风险明显加大，尤其是鲁西南、鲁南局部地块可能重度流行，为严防该病大面积流行成灾，力保夏粮丰产丰收，4月10日省农业农村厅成立山东省小麦条锈病防控工作组，进行分片包干抓好小麦锈病发生流行风险较大市的防控指导工作。

三、小麦后市研判

3月底至4月上旬，小麦价格受疫情、国际贸易及舆情影响，有小幅上涨，一方面是全球疫情蔓延、国际粮价动荡影响消费者心理，下游面粉需求增加，企业开工率回升，小麦库存消化速度加快，面粉厂家阶段性补库心态增强；另一方面，当时流通市场剩余小麦已经有限，再加之贸易商在小麦涨价之际持货待沽，高质量小麦供需矛盾增加，内外因素叠加，导致了小麦价格阶段性走强。

由于小麦市场供给充裕而需求不旺，再加之政策出手调控市场，预计接新前小麦市场价格将以平稳坚挺运行为主，小麦市场再度上涨的空间有限。主要原因：一是库存充足，根据有关机构的不完全统计，截至4月中旬国家临储小麦库存量仍高达8 980万t，其中2014—2016年产的达到4 380万t，占比达到48.8%，这部分小麦因存储时间长、品质相对较差，后期有可能降价拍卖；二是新麦即将上市，预计山东地区2020年的收获时间会比常年提前一些，往年6月上旬就大面积收获了，供应上再增"底气"；三是麦价即将进入每年的最低点，每年新小麦收获期都是山东省小麦市场价格最低的阶段。基于以上原因，预计麦收前市场上麦价上涨动力不足。

第五节　2020年5月山东省小麦市场供需报告

一、山东省小麦5月价格

5月，贸易商收购陈小麦均价1.195元/斤，同比增长1.90%，环比增长0.19%，收购量很少；制粉企业收购陈麦均价1.232元/斤，同比增长2.55%，环比增长1.34%。陈麦市场余粮有限、价格暂且维持稳定外，河北、山东部分地区由于市场质优小麦供应紧俏价格延续偏强运行。随着小麦政策粮持续投放，特别是南方新麦上市后，5月下旬山东省小麦也出现下跌迹象。基层余粮正在腾仓出库，下游面粉厂家也开始消化前期库存。调研发现，2020年本地制粉企业跨省收购新麦的意愿并不强烈。为了保证供应，有制粉企业前期进口了一批优质小麦，近期入库消化的基本是从粮库拍卖粮。随着气温升高，制粉企业市场面粉销售多以维持老客户为主，价格基本维持稳定，特一粉1.546元/斤，同比涨幅2.05%，环比涨3.07%。山东大中型制粉企业开工率在70%以上，麸皮均价0.668元/斤，同比涨13.22%，环比跌8.07%，由于气温升高，麸皮不易储存，所以出现了下滑现象，但随着开机率下调，再加之面粉走货节奏趋缓，为保利润空间，厂家对于麸皮挺价心态会增强（表4-6）。

表4-6　2020年5月小麦及其产品价格　　　　　　　单位：元/斤

品种	价格	同比	环比
山东省	1.195	0.022	0.002
优质麦（济南17）	1.25	-0.035	0.02

(续表)

品种	价格	同比	环比
特一粉	1.546	0.031	0.046
麸皮	0.668	0.078	-0.059

二、山东省小麦长势情况

山东省36个县（市、区）108个点的监测数据显示，2020年实际播种面积比2019年减少2.542%，比常年减少1.302%。从5月10日的产量构成因素分析，亩穗数比2019年增加1.305%，比常年增加0.648%；穗粒数比2019年减少0.887%，比常年减少0.445%；千粒重比2019年增加0.698%，比常年增加0.336%；预计单产为473.23kg/亩，比2019年增加1.109%，比常年增加0.552%；预计山东省总产量比2019年减少1.492%，比常年减少0.751%。

山东省小麦正处于灌浆期，也是决定小麦产量、质量的关键时期。目前，山东省小麦条锈病防控成效显著，为害较轻，小麦前期遭遇倒春寒、干热风等不利天气，5月17日又出现了狂风、冰雹等极端天气，局部地区小麦出现倒伏现象，2020年小麦产量和质量面临较大压力，如后期没有大的自然灾害，总体上虽不如2019年，小麦生产还是有望丰收（表4-7）。

表4-7 2020年5月冬小麦预计产量

项目	当年实际	上年同期	增减数	常年同期	与上年的比较（%）	与常年比较（%）
实播面积（万亩）	1 558.83	1 599.98	-41.15	1 579.4	-2.572	-1.302
亩穗数（穗/亩）	396 658.01	391 549.4	5 108.61	394 103.71	1.305	0.648
穗粒数（粒/穗）	33.53	33.83	-0.3	33.68	-0.887	-0.445
千粒重（g）	41.86	41.57	0.29	41.72	0.698	0.336
预计单产（kg/亩）	473.23	468.04	5.19	470.63	1.109	0.552
预计总产量（万kg）	737 685.12	748 854.64	-11 169.52	743 269.88	-1.492	-0.751

5月下旬，针对农户开展的"山东省小麦生产与购销"线上调查的111份有效问卷显示，调查范围包括山东10个地市40个县（市、区），涵盖山东省小麦主产区，填报的61.26%是家庭农场（包括种植大户）。具体调查发现：一是关于小麦长势和产量质量方面，2020年小麦总体长势与2019年相比，差

不多或好于 2019 年的占 59.46%，68.47%认为小麦病虫害发生率比 2019 年增加，预计 2020 年小麦产量减产 10%以上的占 36.94%，与 2019 年差不多的占 20.72%，预计增产的占 21.52%，预计小麦质量与 2019 年差不多的占 42.34%，比 2019 年好的占 20.72%；二是关于小麦价格方面，预计 2020 年小麦价格与 2019 年差不多或比 2019 年高的占 96.39%，51.35%农户认为下半年小麦价格走势小幅度缓慢上涨，36.94%认为价格会基本稳定；三是关于小麦成本收益方面，小麦的总投入比 2019 年增加的占 60.36%，与 2019 年差不多的占 35.14%，种植小麦的收益与 2019 年相比少的占 52.25%，与 2019 年差不多的占 32.43%，比 2019 年多的占 15.32%；四是关于小麦销售进度方面，2019 年新麦收获后一般 48.65%收完就卖了，7—8 月卖的占 27.93%，收玉米前卖的占 12.61%。2020 年新麦收获后 43.24%农户准备收完就卖，等价格上涨再卖的占 28.83%，2020 年收完就卖的比例减少了 5.41%，分析认为可能与 2020 年的疫情有关，农户自己有了存粮的想法，家中有粮心里不慌。64.86%农户小麦都卖给粮食经纪人，其次是面粉厂和国有粮库；五是疫情对小麦生产经营的影响方面，农资价格的上涨占比 45.95%，雇工困难和延误了浇水占比近 40%；六是关于国家收购政策方面，有 79.28%的农户期望国家小麦最低收购价高一点，51.35%的农户希望收购量大一些和收购点多一些。

三、小麦后市研判

当前小麦市场正处于辞旧迎新之际，湖北、河南南部小麦已上市，6 月上中旬山东省小麦也会大面积收获，从往年的山东省小麦价格走势分析，接新前小麦走势是逐渐下滑的，2020 年小麦市场应该也不会例外。由于新麦的使用要经过一定时间的后熟期，为维持生产正常进行，近期加工企业或会适量补充库存。6 月中旬随着新麦上市增多，厂家收购重心转向新麦，市场陈麦与新麦将出现衔接，厂家基本按照新、陈同价的方式收购，市场正式进入新季小麦行情。

预计 2020 年山东省小麦夏收形势较上年复杂。一是受不利天气的影响，山东地区小麦产量、质量面临较大压力，还有 10~15d 时间进入收获期，需关注最近收获前后的天气情况。二是经历了疫情的洗礼，人们的粮食安全意识提高，农户囤粮及售粮的心态是否会发生变化。三是 2020 年以来玉米价格持续走高，小麦、玉米之间的价差收窄，小麦进入饲用领域可能增加，饲料企业可能会加入抢粮阵营。四是自 2020 年起对最低收购价小麦首次实施总量限制和分段收购的办法，这项政策或对小麦收购有一定影响。据山东省粮食局反馈，

2020年粮食仓容基本能满足需要。

第六节 2020年6月山东省小麦市场供需报告

一、山东省小麦6月价格走势

6月,是山东省小麦集中收获上市期,收割期间,天气状况总体良好,收获质量较好。据小麦信息员反映,产量比2019年低两成左右,临沂和德州地区收获期提前3~5d。潍坊高密地区浇两遍水的地块,每亩1 000斤以上,浇一遍水的每亩800~900斤,旱地600~700斤/亩,2/3农户惜售,收购点仓容基本已满,送到面粉厂净粮价格1.18元/斤。济宁嘉祥农户种植400亩小麦,收获小麦200多t,计划待价格到1.2元/斤左右再出手。

6月,贸易商收购新麦价格1.12~1.18元/斤,月均价1.144元/斤,同比增长3.557%,环比降低4.268%,济宁嘉祥地区粮点收购价比2019年高0.1元/斤;优质专用小麦济南17(新)1.175元/斤,同比降低0.424%,环比降低6.00%。特一粉价格1.50元/斤,同比增长0.2%,环比降低2.975%。随着天气趋热,面粉消费需求下降,市场走货缓慢,制粉企业开工率整体下降。面粉加工企业逐步加大新麦使用比例使其加工成本下降,下调面粉出厂价格。麸皮市场价格呈现偏强运行态势,月均价0.758元/斤,同比增长13.473%,环比增长37.818%。自5月以来,麸皮价格保持温和上涨势头,主要原因是面粉进入消费淡季,近期面粉厂家持续在打价格战,不断下调面粉出厂价格,所以只得通过降低开机率,上调麸皮价格来保证利润(表4-8)。

表4-8 2020年6月小麦及其产品价格

品种	价格(元/斤)	同比(%)	环比(%)
山东省	1.144	3.557	-4.268
优质麦(济南17)	1.175	-0.424	-6
特一粉	1.5	0.2	-2.975
麸皮	0.758	13.473	37.818

二、山东新小麦收获及收购特点

山东省小麦在遭遇暖冬、极端天气和病虫害加重的背景下，获得了比较好的收成，据产业信息员反映，部分地区比2019年减产10%~20%，因2019年的产量非常可观，可谓近10年的高位，因此2020年与2019年相比产量整体虽有所下降，但总体还是属于正常年景，也算是丰产年。山东省36个县（市、区）108个监测点数据显示，2020年实际播种面积比2019年减少2.542%，比常年减少1.302%。产量构成三要素中，亩穗数和千粒重增加，穗粒数减少，山东省总产量比2019年减少1.492%，比常年减少0.751%。

2020年夏粮收购形势较为特殊，出现很多新情况。国内疫情向好，但短期内不会消失，国际疫情持续蔓延，不确定因素相对较多；同时随着粮食收储制度改革不断深化，"政策市"向"市场市"加速转变等新变化增多。2020年新麦收购特点：一是不同类型主体收购积极性高，农户"惜售"心理较强，受疫情影响，加之减产，部分农户和贸易商惜售心理较强，捂粮不卖，自6月15日开始，山东地区麦价上涨幅度加大，农户惜售，特别是有储存条件的种植大户，待价而沽的心理增强，同时也受上半年玉米价格的大幅上涨，导致农户认为存粮待售会有更好行情的心理预期，贸易商粮点抢收和建仓积极，收粮有做库存的准备；二是开秤价比2019年高，因存在阶段性供需矛盾，加上质量普遍较好，推升2020年小麦开秤价为1.12元/斤，同比上涨1.82%；三是麦价上涨速度比往年快，6月10日麦价开始上涨，6月10—25日小麦均价为1.151元/斤，比6月上旬上涨2.4%，6月中下旬上涨幅度比2019年同期增幅达5.37%；四是跨省收购数量减少，分析认为主要受疫情影响；五是小麦收获期比较集中，比往年缩短；六是小麦集中收购期拉长，受新冠疫情影响，新麦上市初期，基层农户惜售心理普遍和自存自用思想存在，导致售粮节奏较慢，粮库轮换期延长。

三、小麦后市研判

我国湖北、安徽、江苏在6月9日、6月10日和6月12日分别宣布符合条件的地区启动最低收购价小麦执行预案。山东二等及以上容重的小麦主流收购价格2 310~2 360元/t，高于托市收购价，开秤价比2019年同期高，且麦价上涨速度较快，所以2020年山东地区启动托市收购的预期降低。因农户惜售及各收购主体积极性高，导致市场流通粮源减少，推升小麦价格，后期走势会受最低收购价的启动和收购情况的影响,同时还要考虑国家尚有 8 700 多万 t 的政策性小麦待投放,这些都将对新麦产生影响,预计短期小麦价格会继续坚挺,长期看小麦价格维稳的趋势不会改变。这次疫情使得粮食安全的重要性进一步被提高。一是各级储备收购积极性较高,敞开收购充实库存,保障农民收入。二是国家调控空间大,仍将坚持"托底不托市"的原则。2020 年首次限定了 3 700 万 t 的收购总量,从近年的收购数量看,很难达到限定总量。疫情期间粮食市场出现了较大的波动和局部的"抢粮"现象,稳定价格将是 2020 年政策调控的重点之一。

面粉市场购销呈现"量缓价弱"格局,预计 8 月中旬前很难改变这种局面。5 月以来麸皮价格一路走高,原因是制粉企业开机率下调,麸皮产量降低,在生猪复养和玉米价格居高不下的双重因素影响下,麸皮的市场需求量会不断增加,预计短期内麸皮价格仍将保持坚挺,对于有库存的企业来说,近期是出货的好时机,毕竟市场仍然存在"买涨不买跌"的现象。

6 月中旬以来,北京本土新冠病例连续增加,防控工作迅速进入战时状态,后期需重点关注区域疫情防控进展,以及对农产品物流和粮面产品购销的影响。

第七节 2020 年 7 月山东省小麦市场供需报告

一、山东省小麦 7 月价格走势

2020 年新季小麦自上市以来价格一直表现比较坚挺,整体涨势比较温和。7 月,贸易商收购新麦价格 1.15~1.17 元/斤,月均价 1.155 元/斤,同比增长 4.809%,环比增长 0.962%。菏泽贸易商,7 月 1—22 日,收购价 1.15 元/斤,收购总量 50t,新麦上市以来一直没有出售;潍坊贸易商收购价 1.16 元/斤,收购量很少;德州贸易商,上半月收购价 1.15 元/斤,下半月 1.17 元/斤。优质专用小麦济南 17(新)1.21 元/斤,同比增长 3.419%,环比增长 2.979%。制粉企业收购普通小麦(过筛)价格 1.18~1.19 元/斤,月均价 1.185 元/斤。潍坊和菏泽制粉企业收购过筛小麦 1.18~1.19 元/斤,收购价比上月降低,面粉销售不快、价格降、麸皮涨、开工率低。临沂制粉企业收购过筛小麦 1.18~1.19 元/斤,比上月略降,面粉滞销、麸皮脱销,开工率 50%(表 4-9)。

表4-9　2020年7月小麦及其产品价格

品种	价格（元/斤）	同比（%）	环比（%）
山东省	1.155	4.809	0.962
优质麦（济南17）	1.21	3.419	2.979
特一粉	1.467	-3.04	-2.2
麸皮	0.929	47.93	22.559

特一粉价格1.467元/斤，同比降低3.04%，环比降低2.2%。面粉市场需求萎缩，2020年面粉淡季更淡现象突出，价格基本已落至低位，继续下调空间不大。随着原粮成本上涨，面粉销售节奏偏慢使得企业利润受限。麸皮市场价格呈现偏强运行态势，面粉厂月均价0.929元/斤，同比增长47.93%，环比增长22.56%，同一企业从月初到月末的涨幅在9.09%。饲料企业收购麸皮均价0.963元/斤。麸皮价格保持坚挺的主要原因：一是原粮收购价格高，造成加工成本提高，而面粉进入消费淡季，面粉厂家持续在打价格战，不断下调面粉出厂价格，所以只得通过降低开机率、上调麸皮价格来力保利润；二是生猪存栏回升，对麸皮的需求量也在增加，因此2020年麸皮价格水平较高。当前麸皮价格已处于高价位区间，继续上行空间受限，尤其是进入8月以后面粉需求将逐渐好转，届时开机上调，副产品供应量增加，麸皮将有回落风险。

二、小麦收购情况

据山东省粮食和物资储备局统计，截至7月21日，山东省共收购小麦493万t，同比减少3万t，其中国有企业收购183万t，同比增加3万t。近期小麦收购市场相对稳定，收购进度相对慢。随着各地的储备任务接近尾声，传统制粉企业也有了一定的库存，7月初，部分农户因达不到在长时间阴雨天气下储存小麦条件，不得不出手部分小麦以降低损耗，出现了高价位区小麦价格小幅回调，中旬以后麦价又开始缓慢上涨。

三、小麦后市研判

随着气温的升高，面粉不易储存，加之面粉消费进入淡季，在原粮成本高的情况下，制粉企业开始调低开工率，根据加工情况收购小麦；而持粮主体觉得现在小麦价格没有达到预期的心理价格，惜售挺价心理较强，纷纷不出粮，购销双方展开了博弈。

小麦后期走势主要看基层售粮进度、政策粮收购和出库节奏、下游面粉需求等方面的变化。进入8月中旬后,由于制粉企业为9月开学季做准备,厂家开工提升,带动小麦价格上涨。预期在9月中上旬,面粉厂家将达到1.20~1.22元/斤阶段性高位。长期看小麦偏强看涨,但是高点受到拍卖粮制约,预计与拍卖粮出库价持平或略高一点。

第八节 2020年8月山东省小麦市场供需报告

一、山东省小麦8月价格走势

受玉米价格上涨影响,8月小麦价格出现了跟涨局面,随着玉米价格的普遍回落,同时国家加大对山东地区的保供投放力度,目前价格基本稳定。8月贸易商收购二等新麦均价1.16~1.22元/斤,月均价1.185元/斤,同比增长7.337%,环比增长2.597%。其中,聊城贸易商收购价1.19~1.21元/斤。优质专用小麦济南17(新)均价1.223元/斤,同比增4.53%,环比增1.074%,优质小麦的增幅小于普通小麦。制粉企业收购普通小麦(过筛)价格1.20~1.24元/斤,月均价1.21元/斤,其中,聊城制粉企业收购价1.21~1.245元/斤,上涨幅度在0.02~0.035元/斤(表4-10)。

表4-10 2020年8月小麦及其产品价格

品种	价格(元/斤)	同比(%)	环比(%)
山东省	1.185	7.337	2.597
优质麦(济南17)	1.223	4.53	1.074
特一粉	1.49	-5.197	1.568
麸皮	0.881	57.398	-5.121

随着制粉企业粮源加工成本增加以及下游经销商陆续开始备货,面粉市场走货情况好转,面粉市场价格呈现稳中趋涨态势,特一粉价格1.490元/斤,同比降低5.197%,环比增长1.568%,需求好转提振面粉加工企业开工率。麸皮价格则随着其产出量增加呈现弱势运行态势,厂家走货压力加大,因高温天气不利于储存,不得不降价出售,麸皮均价0.881元/斤,同比增长

57.398%，环比降低 5.121%。

二、小麦收购进度

截至 8 月 20 日，山东省共收购小麦 642 万 t，同比减少 87 万 t，其中，国有企业收购 210 万 t，同比减少 78 万 t；非国有粮食企业收购 432 万 t，同比减少 9 万 t。其中，聊城市截至 8 月 10 日，共收购小麦 56.7 万 t，同期减少 7.9 万 t；德州收购量在 68.2 万 t，其中，国有粮食企业收购 8.92 万 t，非国有粮食企业收购 59.28 万 t，收购总量同比减购 14.04 万 t，收购进度慢于 2019 年。

三、农户存粮和出售情况

8 月 12—14 日，跟随山东省政府安排的第三工作组，深入聊城东昌府区、茌平区、德州禹城市、武城县入村入户入企业实地调研夏粮市场运行情况。调研地干部群众普遍反映，受疫情和国际粮食短缺等因素影响，2020 年小麦收储市场与往年有所不同，基层惜售等价心态较强，农户售粮积极性不高，农户家庭存粮、社会存粮较多，市场余粮仍在流通环节。在本次实地调查的 10 个农户中，种植 12 亩以下的 4 户，20~30 亩的 4 户，110 亩的 1 户，2 000 亩的 1 户，其中 50%农户小麦全部出售，50%留有余粮，有的作为口粮，有的留存 90%左右准备择机出售，小农户基本不存粮，存粮的大都是有存储条件的种植大户。

聊城市农户余粮占六成左右，贸易商存粮占三成左右。中间环节的粮食经纪人收购难度比往年大，且存粮量不高，粮食经纪人平均存粮 20 万~40 万斤。德州市粮食经纪人数量较多，人员构成以农民为主，约 80%的粮食经纪人为即收即卖，另有约 20%的粮食经纪人因存储条件较好，适当对收购的粮食进行短期存储，待市场价格上涨后再出售。就收购粮食流向看，为减轻运费成本，大部分粮食经纪人收购的粮食均销售给距离较近的粮食收购点，只有不到 20%的粮食经纪人与企业建立了稳定的合作关系。

四、小麦后市研判

进入 8 月以来，山东省小麦价格持续领涨市场，因此国家增大了调控力度，特别在山东地区增加了投放量，8 月 12 日投放 30 万 t，8 月 19 日增加了 2016 年、2017 年、2019 年最低收购价小麦投放量 20 万 t。中旬以来，随着国家政策调控力度加大、玉米市场降温，小麦市场看涨预期有所减弱，贸易商出货积极性增强，麦价基本趋稳，制粉企业根据到货量小幅调整收购价，短期内小麦价格再涨已经不易。随着面粉销售有所好转，整体开机率回升，对小麦的需求将会增加，尤其随着双节临近，将会支撑小麦价格阶段性坚挺，但随着新麦市场价格基本接轨甚至超过国家临储小麦采购成本，制粉企业及饲料企业或加大陈麦采购力度，新麦市场价格上行阻力加大，建议持粮主体抓住时机，见好就收。

制粉企业开机恢复，麸皮供应量增加，经销商提货心态谨慎，麸皮走货速度偏慢，随着产量增加，麸皮行情或继续震荡趋弱。

第九节 2020年9月山东省小麦市场供需报告

一、山东省小麦9月价格走势

9月贸易商收购新麦均价1.18~1.2元/斤，月均价1.192元/斤，同比增长8.167%，环比增长0.591%，收购量很少。调研显示，随着新玉米上市，贸易商为了腾出部分仓容，出售小麦积极性提高，在保证库存的情况下，随收随卖。菏泽郓城地区农户手里还有五至六成余粮，临沂地区农户留有一至二成余粮，暂时不会出手。制粉企业收购普通小麦（过筛）价格1.215~1.23元/斤，月均价1.224元/斤。面粉市场价格整体平稳，特一粉价格1.460元/斤，同比降3.95%，环比持平，制粉企业平均开工率为74%。麸皮价格随着其产出量增加呈现弱势运行态势，均价0.868元/斤，同比增长44.91%，环比降低1.52%（表4-11）。

表4-11 2020年1—9月小麦价格情况

时间	贸易商收购价（元/斤）	同比（%）	环比（%）
1月	1.172	-3.140	0.709
2月	1.18	-3.279	0.683
3月	1.179	-1.412	-0.085
4月	1.193	0.229	1.164
5月	1.195	1.899	0.191

（续表）

时间	贸易商收购价（元/斤）	同比（%）	环比（%）
6月	1.144	3.557	-4.268
7月	1.155	4.809	0.962
8月	1.185	7.337	2.597
9月	1.192	8.167	0.591

山东望乡食品有限公司，9月初到现在小麦平均价格1.215元/斤，比8月平均价格1.218元/斤降低0.003元/斤，面粉价格环比持平；麸皮价格由8月初1 900元/t降到月底的1 600元/t，一个月内降了300元/t，从9月价格开始反弹，截至9月23日为1 780元/t。9月开工率为88%，环比提高了21.3%。从苏北、豫北购进省外小麦占比15%。山东佳士博粮油有限公司，目前收购小麦1.22元/斤，雪花粉1.66元/斤，特精粉1.48元/斤，特一粉1.46元/斤，麸皮0.87元/斤，开工率为60%。9月收购小麦2 970 t，从省外收购1 600 t，从本地贸易商处收购1 370 t，9月省外收购量占总收购量的53.9%（图4-2）。

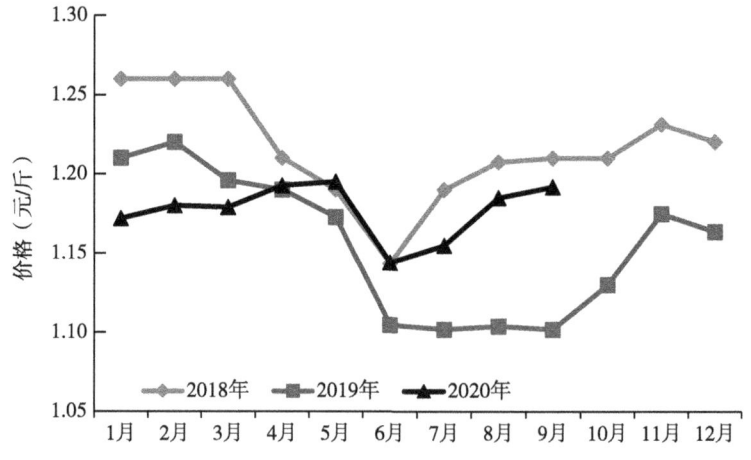

图4-2 2018年1月—2020年9月小麦价格走势

二、小麦收购进度

据山东粮食和物资储备局统计，截至9月10日，山东省共收购小麦744

万 t，同比减少 155 万 t，其中国有企业收购 223 万 t，同比减少 146 万 t，非国有企业收购 521 万 t，同比减少 9 万 t。

三、小麦后市研判

9月，即将进入玉米集中收获期，贸易商购销重心向玉米转移，为了收购新玉米，腾仓腾资金，同时受节前备货需求增加等因素影响，市场主体小麦出售量较前期有所增加，制粉企业采购积极。小麦作为主粮品种，国家稳价保供意图明显，因国家宏观政策调控作用，9月小麦价格平稳运行，预计短期内麦价仍将保持平稳运行为主。因此，建议优质粮源可适当持有待涨，加工企业可趁着价格平稳备一部分库存，毕竟新麦较陈麦仍有一定质量价格优势。

9月，国内面粉市场消费进入传统旺季，需求好转提振面粉加工企业开工率，加之双节临近，学生开学之际，市场刚性需求增加，走货较为顺畅，但随着制粉企业开机上调，市场供应十分充足，短期内面粉价格上涨乏力，整体平稳运行为主。麸皮随开工率提升，价格出现小幅回落，继续上涨空间很小，短期内麸皮很难涨回前期高点。

10月，冬小麦即将开始播种，要确保粮食播种面积只增不减，大家都在关注国家最低收购政策的出台！对种粮大户来说，价格波动几分钱，就是几千上万元的收益，足以影响其下一轮种植面积。

第十节 2020年10月山东省小麦市场供需报告

一、山东省小麦10月价格走势

10月贸易商收购新麦均价 1.18~1.23 元/斤，月均价 1.209 元/斤，同比增长 6.969%，环比增长 1.405%，收购量 300~500t/月。总体上，新麦上市以来麦价直线上涨，略低于 2018 年，远高于 2019 年，10月价格与 2018 年同期持平。制粉企业收购普通小麦均价 1.247 元/斤，同比增长 7.46%，环比增长 1.84%。面粉市场价格整体平稳，特一粉价格 1.452 元/斤，同比降低 3.58%，环比降低 0.54%，中型制粉企业平均开工率为 70%。麸皮价格随着玉米价格上涨呈现强势运行，均价 0.976 元/斤，同比增长 41.52%，环比增长 12.50%（表 4-12、图 4-3）。

表 4-12　2020 年 1—10 月小麦价格

时间	贸易商收购价（元/斤）	同比（%）	环比（%）
1 月	1.172	-3.140	0.709
2 月	1.180	-3.279	0.683
3 月	1.179	-1.412	-0.085
4 月	1.193	0.229	1.164
5 月	1.195	1.899	0.191
6 月	1.144	3.557	-4.268
7 月	1.155	4.809	0.962
8 月	1.185	7.337	2.597
9 月	1.192	8.167	0.591
10 月	1.209	6.969	1.405

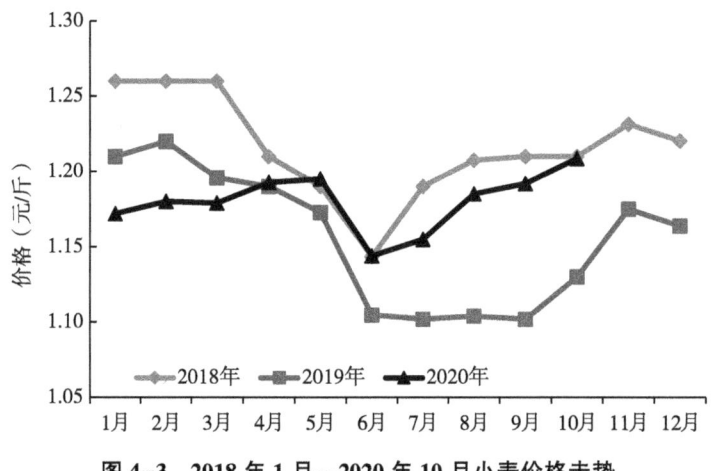

图 4-3　2018 年 1 月—2020 年 10 月小麦价格走势

二、农户及贸易商存粮情况调查

在调研的 14 个农户中，种植 12 亩以下的 4 户，20~30 亩的 4 户，100~700 亩的 3 户，1 000 亩以上的 3 户。截至目前，仅有种植面积在 20~30 亩的农户存粮未卖，占整个调查户的 14.3%。有农户 2020 年种植面积增加了 400~700 亩，另一户增加了 30~336 亩。调查的贸易商手中目前存有小麦数量占总收购量的 20%~50%。留存目的：一是因有储存条件；二是看好小麦价格未来走势，准备择机出售；三是销售部分已经保证了收益，剩下的储存量相对小，可以承受价格波动带来的影响。

关于小麦存储质量问题也进行了调研,在调查的农户中均没有出现生虫、发霉等情况。据聊城市东昌府区梁水镇苏堤口村苏庆云反映,当地存粮小农户比较多,预计10%左右农户有生虫现象,通过晾晒等方式,低于市场价0.05/斤卖给了面粉厂。德州临邑"全德益"制粉企业反映,个体粮点储存条件简陋,为了抢收,水分把关不严,不注意水分、防虫等,每年都造成了生虫、霉变、好粮变孬粮等现象发生,老百姓为了蝇头小利,对粮食造成重大损失。

三、小麦后市研判

最近一段时间,小麦价格呈现上涨态势,一是农户和贸易商忙于秋季播种,造成市场供需阶段性偏紧;二是受玉米持续上涨的影响,助推小麦价格偏高运行。此轮玉米价格大范围的上涨,一方面为小麦价格的上涨提供了动力;另一方面,小麦和玉米的比价关系发生变化,小麦饲用消费增加的预期也对价格提供有力支持。10月的上半月,制粉企业收购均价1.238元/斤,下半月为1.253元/斤,一个月内上调了0.015元/斤。10月,拍卖投放量和成交率均大幅提高,部分标底竞争激烈,溢价明显,主要是由于饲料企业采购积极性的提升。

随着集中收购期结束,市场粮源数量进一步减少,四季度通常是制粉企业开机率较高的时间段,消化小麦库存速度较快,而部分贸易商会把小麦留到元旦前后销售,所以市场粮源会进一步缩紧,预计小麦价格后期或以温和上涨为主。不过我国政策性小麦库存依旧高企,当前小麦价格已升至阶段性高位,部分已透支了后期的涨幅,政策调控力度不减,短期内小麦价格继续上涨空间有限。因生猪养殖和玉米价格的上涨,当前小麦麸皮价格涨幅较大,如果玉米价格居高不下,后期麸皮价格有望继续上涨。

后期需重点关注粮食政策出台及玉米市场的发展动态。

第十一节 2020年11月山东省小麦市场供需报告

一、山东省小麦11月价格走势

11月,贸易商收购新麦均价1.22元/斤,同比增长3.83%,环比增长0.93%,收购量很少。据菏泽郓城信息员反映,目前几乎收不到小麦,一是老百姓惜售，二是售粮季节还不到，一般元旦前后才出售；潍坊一粮贩，前段时间 1.24 元/斤的时候没卖，想冲击 1.25 元/斤，结果后来降价了，近期以 1.22 元/斤出售库存 200t，也是收购不到小麦。制粉企业收购普通小麦均价 1.254 元/斤，同比增长 4.67%，环比增长 0.60%，增长幅度低于上月。菏泽白雪面业反映，目前小麦进厂价格 1.245 元/斤，每天能收 200t，面粉价格下调，1.4 元/斤，麸皮价格 1 元/斤，开工率 65%；山东望乡食品有限公司反映，因目前有降价趋势，卖跌不卖涨，贸易商适机出货，小麦收购价 1.24~1.25 元/斤，30 粉 78.50 元/袋、特精粉 77.50 元/袋、特一粉 74.50 元/袋、70 粉 73.00 元/袋、3 号粉 65.00 元/袋，次粉 1.10 元/斤，麸皮 0.98 元/斤。面粉市场价格整体平稳略降，特一粉价格 1.448 元/斤，同比降低 4.23%，环比降低 0.28%。麸皮价格仍强势运行，均价 0.963 元/斤，同比增长 35.44%，环比降低 1.38%（表 4-13、图 4-4）。

表 4-13　2020 年 1—11 月小麦价格

时间	贸易商收购价（元/斤）	同比（%）	环比（%）
1 月	1.172	-3.140	0.709
2 月	1.18	-3.279	0.683
3 月	1.179	-1.412	-0.085
4 月	1.193	0.229	1.164
5 月	1.195	1.899	0.191
6 月	1.144	3.557	-4.268
7 月	1.155	4.809	0.962
8 月	1.185	7.337	2.597
9 月	1.192	8.167	0.591
10 月	1.209	6.969	1.405
11 月	1.220	3.830	0.931

二、小麦苗期长势

山东省小麦目前处于出苗期—分蘖期。据信息员反映，2020 年小麦长势很好，因 11 中旬下过雨，目前墒情很好，没有出现干旱情况。监测数据显示，0~20cm 土壤墒情在 16%~40%。

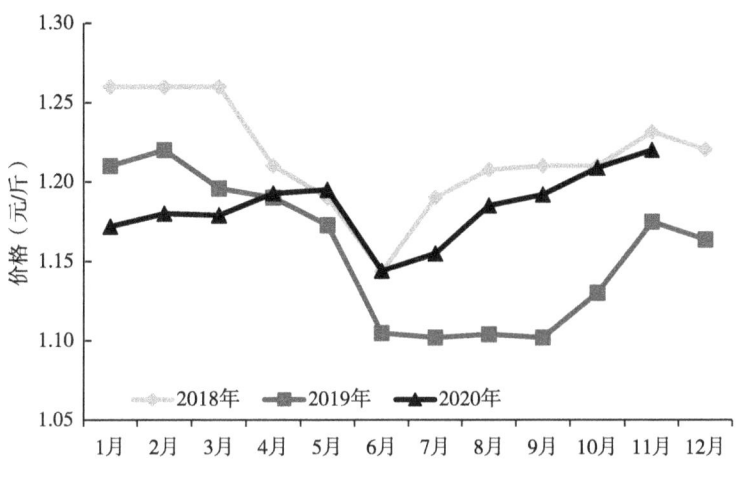

图 4-4 2018年1月—2020年9月小麦价格走势

三、小麦后市研判

10月之前，随着玉米价格的不断刷新，小麦看涨的声音接连不断，但小麦震荡波动后，价格也基本稳定运行，进入11月玉米价格下跌，小麦价格也跟着跌回到了波动前。目前小麦价格已基本运行于高位，玉米价格已出现回落态势，加之国家政策调控力度加强，预计后期小麦价格继续上涨空间有限。

一是国家政府调控力度加强，市场粮源供应充足。在我国确保"谷物基本自给、口粮绝对安全"的背景下，稳定粮食作物种植面积和产量，稳定粮价稳定供给是不变的方针，所以小麦价格上涨空间受限。国家临储小麦投放数量较大，成交率较高，市场粮源供应充足，进入10月以来，最低收购价小麦拍卖周度投放量增加至400万t，随着拍卖市场成交小麦的持续出库，以及基层贸易商惜售心理随着小麦价格上涨步伐放缓而有所松动，有的已陆续开始出一部分库存，市场供给增多，小麦市场从供应紧张逐渐转为宽松，面粉市场价格的上涨受到抑制，10月略下调价格，麸皮价格仍坚挺运行。

二是目前小麦价格已升至相对高位。10月制粉企业收购价在1.2~1.26元/斤，均价比2019年同期上涨4.74%。小麦在"下有底上有顶"的状态下，价格变化区间受限。

三是后期玉米价格对小麦的影响。2020年小麦出现两轮明显上涨，都是由玉米推动的，部分地区的玉米价格甚至超过了小麦价格，越来越多的饲料企业抢购小麦来替代玉米。在玉米市场价格下跌中小麦逐渐失去价格优势，饲料企业对饲料小麦的采购力度放缓，失去替代优势的小麦，对玉米的响应效应也会大大减弱，后期的麦价走势变化还需看玉米能否继续提振。

第十二节 2020年12月山东省小麦市场供需报告

一、山东省小麦12月价格走势

12月，贸易商收购新麦均价1.20元/斤，同比增长3.115%，环比降低1.639%，信息员普遍反映收购量少，每天3~10t。本月面粉市场价格整体平稳，特一粉价格1.458元/斤，同比降低3.545%，环比增长0.718%。麸皮价格仍强势运行，均价0.998元/斤，同比增长42.25%，环比增长3.697%（表4-14、图4-5）。

表4-14 2020年1—12月小麦价格

时间	贸易商收购价（元/斤）	同比（%）	环比（%）
1月	1.172	-3.140	0.709
2月	1.18	-3.279	0.683
3月	1.179	-1.412	-0.085
4月	1.193	0.229	1.164
5月	1.195	1.899	0.191
6月	1.144	3.557	-4.268
7月	1.155	4.809	0.962
8月	1.185	7.337	2.597
9月	1.192	8.167	0.591
10月	1.209	6.969	1.405
11月	1.220	3.830	0.931
12月	1.20	3.115	-1.639

其中，德州贸易商目前收购价1.2元/斤，收购量不大，农户手里小麦存量不多了，粮贩存量还不少；潍坊诸城贸易商收购小麦1.19元/斤，量不大；德州中兴农场12月23日出库济麦44（优质小麦）1.26元/斤。

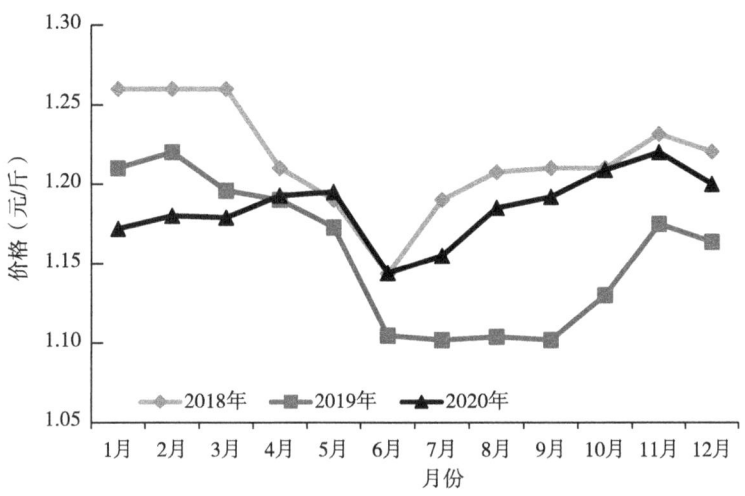

图 4-5 2018—2020 年小麦价格走势

山东望乡食品有限公司：小麦进厂价 1.23~1.24 元/斤，30 粉 1.57 元/斤、特精粉 1.55 元/斤、特一粉 1.49 元/斤、70 粉 1.46 元/斤、3 号粉 1.29 元/斤，次粉 1.11 元/斤，麸皮 0.99 元/斤，开机 16h，面粉出货还行。菏泽郓城白雪制粉企业：小麦进厂价 1.22 元/斤，特一粉 1.46 元/斤，麸皮价格是 1.05 元/斤，开工率 50%。发达面粉（德州）厂小麦收购价 1.225 元/斤，益海嘉里集团（德州）小麦收购价 1.235 元/斤。临沂郯城县亨源面粉有限公司：小麦入库价 1.23 元/斤，30 粉 1.50 元/斤，50 粉 1.45 元/斤；二粉 1.3 元/斤，麸皮 1.02 元/斤。受当地养殖业影响，麸皮销售很好，前路粉销售一般，当地板厂受环保影响致使后路粉销售平淡，开工占五成。德州振业面粉有限公司：现在小麦净粮收购价格 1.24 元/斤，面粉受发达、五得利大型企业促销影响有所回落，每袋下调 1 元，目前特一粉 1.4~1.42 元/斤，收购量还可以，面粉开机率 14h，麸皮维持高位运行 1.00~1.02 元/斤，往年正是春节备货时期，2020 年中小制粉企业开工率普遍较低。随着大企业规模不断扩张，中小制粉企业生存压力加大，同时人们消费饮食多元化，粗粮、杂粮需求增加，对面粉需求平稳略降。

二、12 月小麦长势

12 月，山东省小麦处于越冬期，从 12 月 10 日 81 个调查点数据分析，基本苗比 2019 年少 0.07 万株/亩，比常年少 0.04 万株/亩，平均亩茎数比上年少 1.39 万株/亩，比常年少 0.7 万株/亩，亩分蘖数比上年高 0.01 个/株，与常年持平。一类苗占比 49.9%，比 2019 年少 3.31%，比常年少 1.66%；二类苗占比 36.01%，比 2019 年增加 3.39%，比常年增加 1.69%；三类苗占比 11.18%，比 2019 年减少 0.31%，比常年减少 0.16%；旺苗占比 2.91%，比 2019 年增加 0.22%，比常年增加 0.11%。山东省平均土壤墒情 22.91%，最低点在淄博桓台地区 10.95%，最高点在青岛莱西地区 81.95%（表 4-15）。

表 4-15　2020 年 12 月 10 日小麦长势调查表

项目	2020 年	2019 年	比上年增减	常年同期	2020 年与常年比较
基本苗（万株/亩）	20.93	21	-0.07	20.97	-0.04
叶龄（片）	5	5.35	-0.35	5.18	-0.18
平均亩总茎数（万株/亩）	66.27	67.66	-1.39	66.97	-0.7
平均单株分蘖数（个/株）	3.24	3.23	0.01	3.24	0
实播面积（万亩）	1 780.86	1 743.13	37.73	1 762	18.86
一类苗面积（万亩）	888.68	927.5	-38.82	908.09	-19.41
一类苗比例（%）	49.9	53.21	-3.31	51.56	-1.66
二类苗面积（万亩）	641.34	568.57	72.77	604.96	36.38
二类苗比例（%）	36.01	32.62	3.39	34.32	1.69
三类苗面积（万亩）	199.08	200.23	-1.15	199.66	-0.58
三类苗比例（%）	11.18	11.49	-0.31	11.34	-0.16
旺长苗面积（万亩）	51.76	46.83	4.93	49.3	2.46
旺长苗比例（%）	2.91	2.69	0.22	2.8	0.11

三、小麦后市研判

经过近半年的市场消化，目前基层余粮已基本见底，尤其是中小型贸易商大部分库存已清空，剩余多集中在大型贸易商库中。12 月以来，小麦市场价格平稳略有回落。近期制粉企业前期拍卖的小麦正常入库之中，企业收粮积极性降低，而面粉旺季不旺，也使制粉企业无力涨价收麦。目前大型制粉企业如金沙河和五得利对小麦后市不看好，略调低小麦收购价，其他中小制粉企业也跟着调低价格。随着小麦拍卖投放市场，需求平淡，预计价格稳中趋弱，未来小麦价格上行空间依旧受限。下游对面粉的需求依旧偏弱，经销商采购积极性平淡，山东地区面粉受发达、五得利大型企业促销影响，每袋下调1元。面粉厂开机率普遍偏低，在50%~60%。元旦将至，未来面粉需求中长期向好而行，尤其是年前，下游备货需求较大，未来面粉走货速度预计将逐渐加快。

随着节日临近，生猪出栏增加，市场需求逐渐减弱，麸皮价格仍旧坚挺，主要是受低开机影响。预计元旦过后，下游面粉备货将逐渐展开，厂家开工将得到提升，麸皮预期有所回落。后期需关注玉米供需缺口，看涨玉米氛围较为浓厚，仍然可能出现小麦替代玉米的高峰期，届时小麦价格可能呈现阶段性偏强走势。

第十三节 2020年山东省第一季度小麦市场供需报告

一、第一季度山东省小麦市场走势

2020年第一季度跨春节，同时也经历了新冠疫情最严重的阶段，根据小麦市场活跃度来划分，此季度可分为三个阶段：第一阶段是元旦至春节前，即元旦至1月20日左右，新冠疫情还未大范围暴发，所以疫情并未对1月的小麦市场价格产生影响，当时小麦市场受市场供给充足、需求不旺影响，小麦价格稳中坚挺；第二阶段是春节假期至复工前，即1月24日—2月10日，这期间因春节假期，再加上疫情非常严重，小麦无交易，绝大部分制粉企业未开工，小麦市场处于停滞状态，受疫情影响，2020年制粉企业开工晚7~10d；第三阶段是2月11日—3月底，2月受新冠疫情影响，粮食运输受限，大多贸易商未入市，小麦市场购销较为清淡，制粉企业陆续复工，但小麦市场投放量不多，大多是消耗现有库存和采购拍卖粮为主。随着企业库存不断降低，补库意愿增强，为刺激上量，企业上调小麦价格，所以2月小麦价格略有上涨。从3月开始，因高速路免费，使得运输成本有所降低，再加上各地鼓励复工以及物流运输环节逐渐恢复通畅，制粉企业运麦车辆有所增加，小麦市场投放量增加，企业追涨意愿不高，3月小麦价格略有回落。

第一季度贸易商收购小麦均价1.17元/斤，同比降低2.62%，环比增长1.79%；济南17均价1.210元/斤，同比降低7.29%，环比增长2.46%。本季度小麦价格与2016年接近，低于前三年同期价格，分析认为主要是受新冠疫情影响，二是粮源总体供大于需所致（表4-16、图4-6）。

表 4-16 2020 年第一季度小麦价格　　　　　　　　　　单位：元/斤

年度	季度	山东省价格	同比	环比	济南 17 价格	同比	环比
2019	第一季度	1.209	-0.051	-0.012	1.305	-0.051	0.002
	第二季度	1.161	-0.020	-0.048	1.263	-0.005	-0.042
	第三季度	1.103	-0.100	-0.058	1.170	-0.108	-0.093
	第四季度	1.156	-0.064	0.054	1.181	-0.122	0.011
2020	第一季度	1.177	-0.032	0.021	1.210	-0.095	0.029

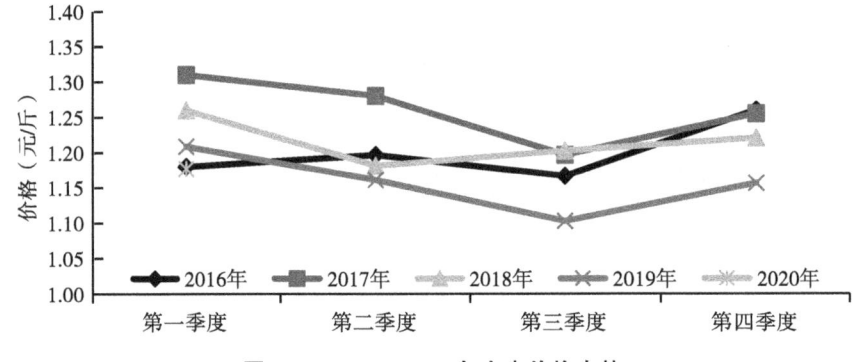

图 4-6 2018—2020 年小麦价格走势

二、小麦生产情况

山东省大部分地区小麦秋种期间土壤墒情适宜，适期播种面积大，播种质量较好。鲁东、鲁中等部分地区受干旱影响，导致播期延迟，冬前苗情普遍偏弱。从目前来看，山东省小麦长势总体较好，2020 年 3 月山东省内 86 个监测点 108 个信息员监测的数据显示，2020 年基本苗比 2019 年增加 0.37 万株/亩，比常年增加 0.18 万株/亩；平均亩茎数比 2019 年增加 1.06 万株/亩，比常年增加 0.53 万株/亩；单株分蘖数比 2019 年减少 0.15 个/株，比常年减少 0.08 个/株。一类苗面积比 2019 年减少 127.85 万亩，减幅 4.8%，比常年减少 63.93 万亩，减幅 2.4%；二类苗比 2019 年增加 58.37 万亩，增幅 3.36%，比常年增加 29.18 万亩，增幅 1.68%；三类苗比 2019 年减少 78.47 万亩，增幅 3.88%，比常年增加 39.23 万亩，增幅 1.94%；旺苗面积比上年减少 53.38 万亩，减幅 2.43%，比常年减少 26.69 万亩，减幅 1.22%。

由于入冬以来,山东省气温持续偏高,山东省平均气温较常年偏高1.9℃。受越冬病虫基数偏高、气象条件适宜等因素影响,病虫发生形势严峻复杂,预测总体中等偏重发生。特别是小麦条锈病在冬繁区快速扩散,菌源异常丰富,威胁显著加大;赤霉病田间菌源充足,一旦气候适宜,极易蔓延流行;茎基腐病、纹枯病等根茎部病害蔓延加速;穗蚜预计大发生;草地贪夜蛾将提早入侵山东省,有为害小麦风险。目前总体上土壤墒情适宜,有水浇条件的地块正在或已经完成浇水施肥,部分地块已经展开"一喷三防"。

三、小麦加工情况

第一季度特一粉均价1.5元/斤,同比降2.6%,环比降0.68%;麸皮均价0.74元/斤,同比增长13.85%,环比增长5.57%。除1月上中旬企业开工未受影响外,其余时间受春节假期和疫情的影响,学校停学和餐饮行业停业,面粉需求清淡,春节后制粉企业延迟了开工时间,开工率也下调。致使麸皮产量降低,在2月麸皮有一个明显的上涨过程,不过随着疫情缓解,3月中下旬麸皮价格又缓慢回落。

四、后市展望

受新冠疫情影响,春节后小麦市场购销恢复同比缓慢,基层市场购销基本停滞,进入3月中下旬以后,贸易商小麦收购缓慢恢复。由于制粉企业粮源采购基本依赖于政策性粮源,国家小麦拍卖成交明显好转。但随着疫情防控稳定向好,阶段性供需偏紧局面缓和,由于新麦上市时间越来越近,加之市场对小麦价格看弱的心理有增无减,估计4月各地储备小麦轮换出库将处于高峰期,短期政策性小麦拍卖成交或受到储备轮换出库的冲击。

由于国内小麦市场供给充裕而需求不旺,后市麦价延续稳中偏弱运行的概率较大。近期制粉企业购买的储备轮换粮和拍卖粮大量到厂,库存水平有所上升。而需求端由于面粉销售不畅,企业整体开工率有所下滑,导致小麦库存消化速度较慢。小麦价格稳中略有小幅回落。后期需重点关注学校、餐饮业复工情况及工厂开机调整情况。

第十四节　2020年上半年山东省小麦市场供需报告

一、1—5月山东省小麦价格及加工情况

2020年1—5月普通小麦平均价格1.184元/斤，同比降低1.167%，环比增长4.803%；济南17均价1.222元/斤，同比降低6.367%，环比增长3.122%。普通小麦价格与前两年趋势不同，往年1—5月价格都是逐渐下降的，而2020年却是平稳略上涨的趋势，可能与2020年突发的新冠疫情有关，由此导致的3月底到4月中旬的"粮食危机"舆论，致使当时麦价出现了小幅走高（表4-17、图4-7）。

表4-17　2020年1—5月小麦及其产品价格　　　　　　　单位：元/斤

品种	价格	同比	环比
山东省	1.184	-0.014	0.054
优质麦（济南17）	1.222	-0.083	0.037
特一粉	1.509	-0.029	-0.002
麸皮	0.723	0.107	0.075

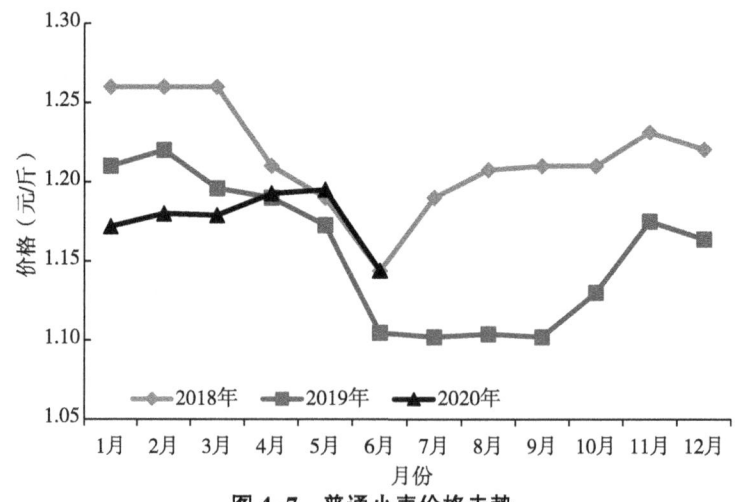

图4-7　普通小麦价格走势

从优质小麦与普通小麦价差可以看出，2020年1—5月价差与前两年比最低，主要原因是2019年小麦无论产量还是质量都是近年来最好的一年，有些普通小麦质量甚至与优质专用麦相当，再加上近几年优质专用麦面积的扩大，一定程度上缓解了专用麦短缺的局面，所以导致了优质小麦与普通小麦价差的缩小。从3月开始，价差走高，随着优质专用麦的消耗，供应量逐渐减少，优质专用小麦显示出了价格优势（图4-8）。

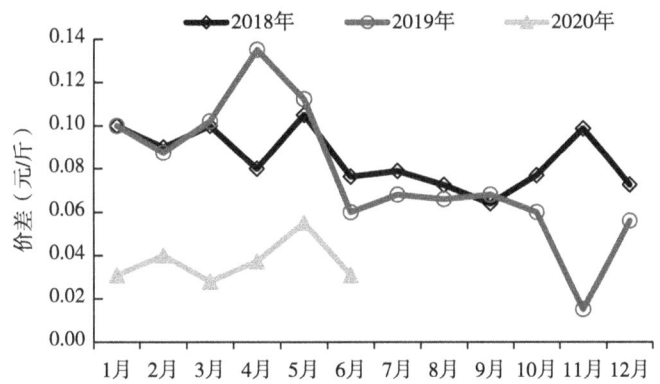

图4-8　2018年1月—2020年6月优质小麦与普通小麦价差比较

2020年1—5月特一粉均价1.509元/斤，同比降低1.909%，环比降低0.154%。从特一粉价格走势可以看出，2020年1—5月的价格明显低于前两年，进入5月后，同比持平（图4-9）。

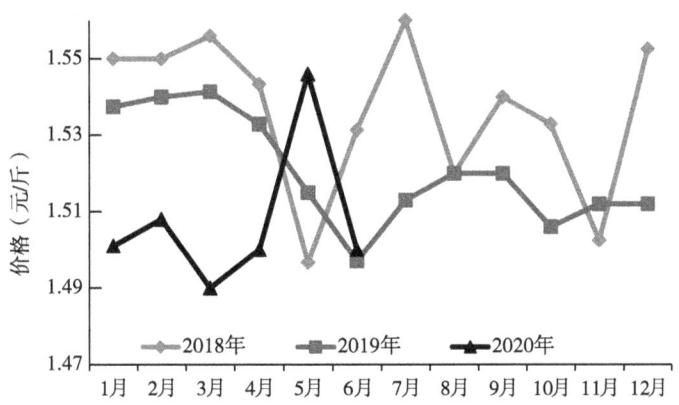

图4-9　2018年1月—2020年6月特一粉价格走势

1—5月麸皮价格0.723元/斤，同比增长17.292%，环比增长11.511%，从整体看，1—5月走势是稳步下降的，低于2018年，但显著高于2019年，2019年因受非洲猪瘟疫情，麸皮供应量大于需求量所致。而2020年养猪产业逐渐恢复，需求量也在缓慢恢复之中（图4-10）。

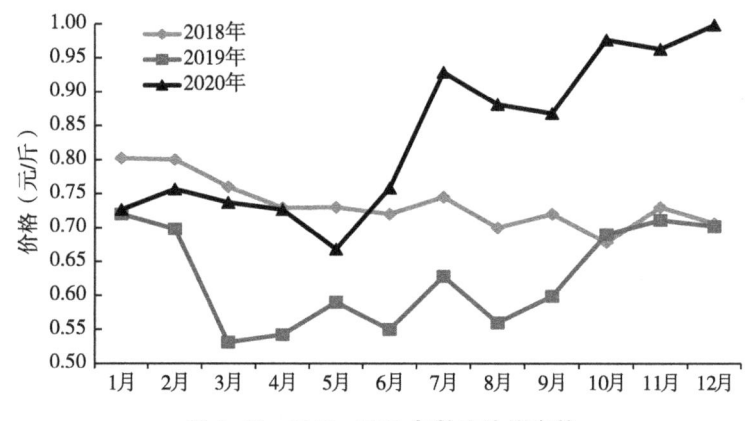

图4-10 2018—2020年麸皮价格走势

二、山东省小麦生产情况

通过对山东省36个县（市、区）108个点监测的冬小麦产量预计表数据分析，2020年实际播种面积比2019年减少2.542%，比常年减少1.302%。从5月10日的产量构成因素分析，亩穗数比2019年增加1.305%，比常年增加0.648%；穗粒数比2019年减少0.887%，比常年减少0.445%；千粒重比2019年增加0.698%，比常年增加0.336%；预计单产为473.23kg/亩，比2019年增加1.109%，比常年增加0.552%；预计山东省总产量比2019年减少1.492%，比常年减少0.751%。

山东省小麦条锈病防控成效显著，危害较轻，小麦前期遭遇倒春寒、干热风等不利天气，5月17日又出现了狂风、冰雹等极端天气，局部地区小麦出现倒伏现象。近日实地调研发现，因前期的冻害及病害，部分小麦新品种绝收，损失惨重。2020年小麦产量和质量面临较大压力，如后期没有大的自然灾害，总体上虽不如2019年，但还是有望丰收（表4-18）。

表 4-18 2020 年 5 月 10 日冬小麦产量预计表

项 目	当年实际	上年同期	增减数	常年同期	与上年比较（%）	与常年比较（%）
实播面积（万亩）	1 558.83	1 599.98	-41.15	1 579.4	-2.572	-1.302
亩穗数（穗/亩）	396 658.01	391 549.4	5 108.61	394 103.71	1.305	0.648
穗粒数（粒/穗）	33.53	33.83	-0.3	33.68	-0.887	-0.445
千粒重（g）	41.86	41.57	0.29	41.72	0.698	0.336
预计单产（kg/亩）	473.23	468.04	5.19	470.63	1.109	0.552
预计总产量（万 kg）	737 685.12	748 854.64	-11 169.52	743 269.88	-1.492	-0.751

三、小麦市场展望

当前小麦市场正处于辞旧迎新之际，湖北、河南南部小麦已上市，6 月上中旬山东省小麦也会大面积收获，从往年的山东省小麦价格走势分析，接新前小麦走势是逐渐下滑的，2020 年小麦市场应该也不会例外。由于新麦的使用要经过一定时间的后熟期，为维持生产正常进行，近期加工企业或会适量补充库存。6 月中旬随着新麦上市增多，厂家收购重心转向新麦，市场陈麦与新麦将出现衔接，厂家基本按照新、陈同价的方式收购，市场正式进入新季小麦行情。

预计 2020 年山东省小麦夏收形势较上年复杂。一是受不利天气的影响，山东地区小麦产量、质量面临较大压力，还有 10~15d 时间进入收获期，需关注麦收获前后的天气情况。二是经历了疫情的洗礼，人们的粮食安全意识提高，农户囤粮及售粮的心态是否会发生变化。三是 2020 年以来玉米价格持续走高，小麦、玉米之间的价差收窄，小麦进入饲用领域可能增加，饲料企业可能会加入抢粮阵营。四是自 2020 年起对最低收购价小麦首次实施总量限制和分段收购的办法，这项政策或对小麦收购有一定影响。

第十五节 2020 年度山东省小麦市场供需报告

山东省小麦种植面积和总产量均居全国第 2 位，2020 年山东省小麦收获面积 5 902.9 万亩，比 2019 年减少 99.7 万亩；总产量 511 亿斤，比 2019 年增加 0.4 亿斤。在新冠疫情冲击下，我国小麦持续稳定的增产及充裕的储备有效保障了粮食供应和价格总体稳定。目前正值小麦收获上市关键时期，精准研判疫情条件下新麦收购特点及走势对稳定粮价和麦农增收具有重要意义。农业信息分析预警团队对 2020 年上半年山东省小麦市场运行特点进行调研总结，研判市场走势，形成如下材料供参考。

一、上半年麦价走势与往年略有差别，优质麦与普通小麦价差缩窄

受新冠疫情影响，2020 年上半年山东省普通小麦均价低开后平稳上行，与往年的较大幅度下行走势不同。其中，1—3 月普通小麦均价 1.17 元/斤，与 2019 年同期的 1.21 元/斤相比下降 2.62%；4—6 月麦价上扬，逐渐高于 2019 年同期水平，与 2018 年水平相当（图 4-11）。

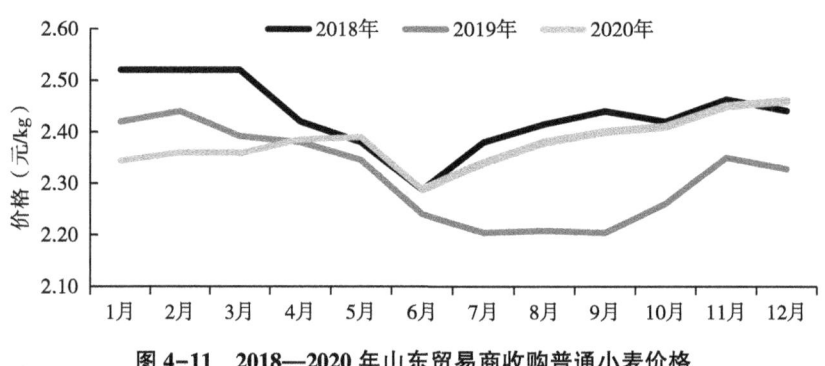

图 4-11　2018—2020 年山东贸易商收购普通小麦价格

通过近 3 年数据比较，山东省优质小麦与普通小麦价差呈缩窄趋势，2020 年上半年平均价差为 0.037 元/斤，同比减少 62.76%。近年国家在种植优质麦方面给予补贴和扶持政策，使种植面积迅速扩大，造成价格下行。据统计，2020 年全国小麦良种覆盖率超过 95%，其中优质专用小麦比例达到 35.8%（图 4-12）。

二、收获季节小麦收购特点

1. 市场惜售心理加重

受新小麦上市以来价格不断上涨的态势及疫情的影响，部分农户持观望状态，惜售心理趋重，存在坐等涨价现象；一些贸易商收购储存小麦的积极性也较高，看好后期市场价格，存在不急于出售的现象。

2. 收购价格高开高走

疫情期间的阶段性供需矛盾，推升小麦开秤价 1.12 元/斤，同比上涨 1.82%。6 月 10 日麦价开始上涨，6 月 10—25 日小麦均价为 1.15 元/斤，比 6

月上旬上涨2.4%，6月中下旬上涨幅度比2019年同期高5.37%，截至7月3日小麦收购价格为1.19元/斤，比开秤价上涨6.3%。

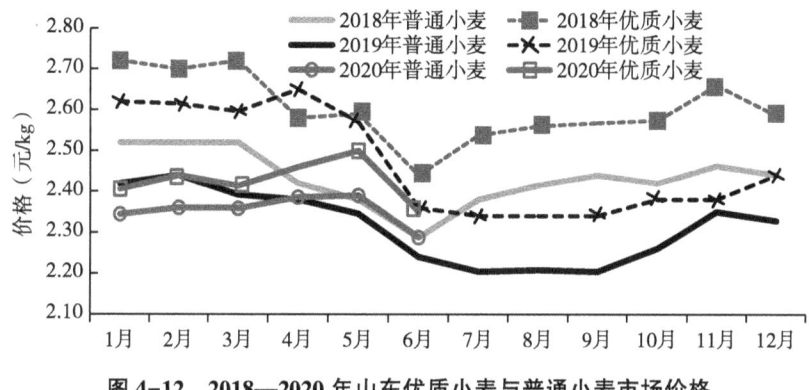

图4-12　2018—2020年山东优质小麦与普通小麦市场价格

3. 收购进度放缓，收购量同比减少

受疫情影响，收购外省麦量减少。菏泽贸易商收购量同比减少20%左右；潍坊和滨州制粉企业收购量减少30%~60%，潍坊地方储备库增加39万t的储备量，抬高了当地麦价，造成当地制粉企业收购原粮数量大幅减少。

4. 面粉市场购销呈现"量缓价弱"格局，麸皮价格达到历史高位

5月以来麸皮价格一路走高，目前部分已达到前所未有的0.92元/斤，原因是制粉企业开机率低，麸皮产量减少，预计短期内麸皮价格仍将保持坚挺。

三、小麦后市研判

疫情使得粮食安全的重要性进一步提高，一是各级储备收购积极性较高，敞开收购充实库存，保障农民收入。二是国家调控空间大，仍将坚持"托底不托市"的原则。疫情期间粮食市场出现了较大的波动和局部的"抢粮"现象，所以稳定粮食价格将是2020年政策调控的重点之一。

我国湖北、安徽、江苏已宣布符合条件的地区启动小麦最低收购价执行预案，山东二等及以上容重的小麦主流收购价格1.16~1.18元/斤，高于托市收购价，开秤价高且上涨速度快，所以2020年山东地区启动托市收购的预期较低。综合来看，随着2020年全国小麦再获丰收，加之前期部分居民囤货透支未来消费，预计后期小麦市场将保持平稳运行，围绕最低收购价小幅波动，不会出现大幅涨跌。

优质小麦与普通小麦价差缩窄一定程度影响了优质麦农户的收益，下一步需重点关注对优质麦面积推广可能造成的影响；针对目前麦价上涨幅度大，持粮主体惜售心理强等问题，后期需密切关注小麦市场动态，引导农民和贸易商适时理性售粮，减少市场风险；同时需关注国内外疫情的发展动态对粮食价格走势的影响。

第十六节　2020年山东省小麦全产业链预警分析报告（会商报告）

一、山东省小麦生产、加工能力、产后服务、损失等方面

2020年山东省小麦在条锈病大范围扩散流行的情况下，为力保夏粮丰产丰收，山东省农业农村厅进行了分片包干抓好小麦锈病发生流行风险较大市的防控指导工作，从而确保了小麦丰产。

从12月1日山东省政府新闻办召开的发布会上获悉，山东作为粮食生产、储备、流通和加工转化大省，2020年山东省小麦产量达到513.77亿斤，约占全国19.5%，稳居全国第二位。山东夏粮播种面积5 903.1万亩，比2019年减少100.95万亩，减幅1.7%。总产量513.84亿斤，比上年增加3.18亿斤，增幅0.6%；亩产435.23kg，比2019年增加9.97kg，增幅2.3%。

山东省小麦加工年处理能力877亿斤，占全国22%。山东省粮食产后损失不断降低。在84个县建成280家粮食产后服务中心，为农民提供"代清理、代干燥、代储存、代加工、代销售"的"五代"服务，有效缓解农户粮食收获后"晒粮难、储粮难、销售难"等问题。山东省新增粮食烘干能力3.3万t/d，产后损失降低4个百分点。据统计，2019年山东省粮食产后服务中心共筛选除杂粮食713万t、烘干降水粮食221万t。2020年入汛以来，受阴雨天气影响，山东省粮食产后烘干需求迅速增长，山东省粮食产后服务中心汛期共筛选除杂粮食385万t，烘干降水粮食219万t，有效减少粮食损失，保障了农户利益。

值得注意的是，农户储粮科学化水平不断提高。近年来，山东省大力推进农户科学储粮建设，累计发放科学储粮示范仓98.8万个。储粮示范仓上不漏、下不潮、密闭严、防虫、防鼠、防火、防霉变，能够在3~5年内保持粮食品质基本不变，比传统方式储粮损失降低5个百分点，每年可减少粮食产后损失近5万t，按市场价格测算，助农减损增收1.2亿元。

81个调查基点样本数据显示，2020年山东省因气象灾害粮食实际损失

42.53万t，比2019年同期减少50.55万t，因灾害损失减少，保证了山东粮食总产量连续6年在1 000亿斤以上，年粮食购销总量在2 800亿斤以上（表4-19）。

表4-19 2020年山东地区因气象灾害粮食损失情况　　　单位：万t

指标	合计	干旱	洪涝	台风	风雹	低温冻害	其他
当年实际	42.53	5.11	18.8	0.35	10.4	7.87	0
上年同期	93.08	36.03	1.74	40.96	10.22	3.35	0.78
增减数	-50.55	-30.92	17.06	-40.61	0.18	4.52	-0.78

二、2020年秋季小麦种植面积情况

山东地区基点调查样本数据显示，2020年秋季小麦实际播种面积1 829.45万亩，比2019年同期增加29.31万亩，比常年同期增加14.66万亩，从样本数据分析认为，秋季小麦种植面积总体应该呈增加预期。目前小麦处于越冬期，12月10日调查点数据显示：一类苗占比49.9%，比2019年少3.31%，比常年少1.66%；二类苗占比36.01%，比2019年增加3.39%，比常年增加1.69%；三类苗占比11.18%，比2019年减少0.31%，比常年减少0.16%；旺苗占比2.91%，比上年增加0.22%，比常年增加0.11%。山东省平均土壤墒情22.91%，最低点在淄博桓台地区10.95%，最高点在青岛莱西地区81.95%（表4-20）。

表4-20 2020年秋季小麦种植面积情况　　　单位：万亩

指标	计划播种面积	实际播种面积
当年实际	1 832.03	1 829.45
上年同期	1 825.5	1 800.14
增减数	6.53	29.31
常年同期	1 828.77	1 814.79

三、2020年山东省小麦及产品行情分析

1. 普通小麦行情分析

从小麦价格走势上看出（图4-13），2020年上半年小麦价格走势与前两年略有不同，3月之前小麦价格低于2018年和2019年，4—5月价格有一个走高的过程，主要是受疫情影响及国际贸易方面，国人对粮食安全问题比较关

注，小麦价格有个快速上涨阶段，后来随着国家调控力度加大，拍卖粮增加，市场粮源充足，麦价逐渐"降温"。从 6 月以后，山东麦价高于 2019 年，低于 2018 年，是稳步上升的一个趋势，进入 12 月以来，受粮源充足影响，麦价略有回落。

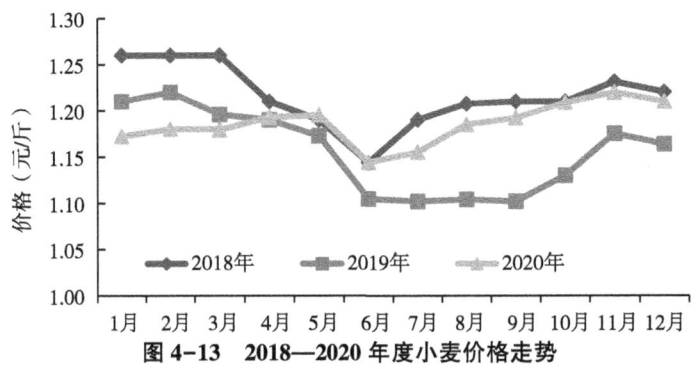

图 4-13　2018—2020 年度小麦价格走势

2. 面粉及麸皮行情分析

受产能过剩影响，近几年面粉市场一直不是很景气，2020 年受疫情影响，市场需求更为低迷。除了 4—5 月居民集中囤粮抢购引起了一轮上涨外，剩下大半年市场都处于疲软期，厂家勉强维持生产。尤其是进入 12 月以来，小麦市场价格回落，使得下游备货更为谨慎。通过近 3 年特一粉价格比较，2020 年面粉价格低于前两年，从 5 月开始，价格持续走低（图 4-14）。

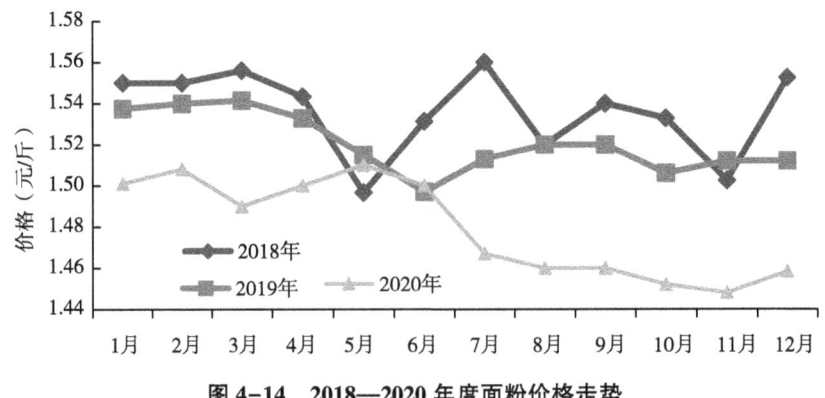

图 4-14　2018—2020 年度面粉价格走势

2020 年麸皮价格走出了历史高位，在 1—5 月，麸皮平稳运行，高于 2019 年，低于 2018 年。6 月以后，麸皮价格虽有波动，但总体是一路走高的过程，

2020年麸皮平均价格比2019年高32.8%。随着节日临近，生猪出栏增加，市场需求逐渐减弱，虽然近期价格依旧坚挺，主要还是受低开机影响（图4-15）。

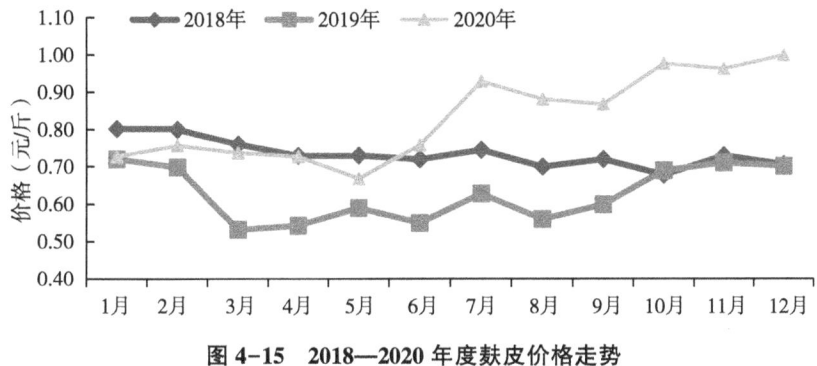

图4-15　2018—2020年度麸皮价格走势

四、2020年小麦收购特点

一是收购质量总体较好。通过实地调研和信息员反映，2020年小麦质量总体较好。国家粮食和物资储备局公布数据显示，2020年共采集质量检验样品410份，涉及16个市。容重平均值796g/L，较2019年增加1g/L，变幅694~840g/L。一等至五等小麦比例分别为65.9%、23.7%、7.8%、2.2%、0.2%，等外品为0.2%，三等以上的占97.4%；与2019年相比，一等比例基本与上年持平，三等以上比例下降0.9个百分点。千粒重平均值42.0g，较2019年增加0.9g，变幅20.4~53.5g。不完善粒率平均值2.8%，较2019年下降0.4个百分点，变幅0.1%~16.7%；其中，不完善粒率在8%以内的比例为97.8%。

二是新麦收购价格高开高走，麸皮价格达到历史高位。疫情期间的阶段性供需矛盾，推升小麦开秤价1.12元/斤，比2019年1.1元/斤上涨1.82%。6月10日麦价开始上涨，10—25日小麦均价为1.15元/斤，6月中下旬上涨幅度比2019年同期高5.37%。5月以来麸皮价格一路走高，全年均价0.83元/斤，比上年增幅32.8%。

三是收购进度偏慢，收购量同比减少。截至9月30日，山东省共收购小麦855万t，同比减少160万t，其中国有企业收购239万t，同比减少168万t。受疫情影响，前期收购外省麦量减少，后期有所增加。

四是持粮主体惜售心理比往年重，农户存粮比往年占比多。受新小麦上市以来价格不断上涨的态势及疫情的影响，部分农户持观望状态，惜售心理趋重，存在坐等涨价现象；一些贸易商收购储存小麦的积极性也较高，看好后期市场价格，存在不急于出售的现象。造成了新麦上市初期的麦价上涨速度和幅度较大情况。山东地区受种植习惯影响，大部分农户没有存粮习惯。因 2020 年情况特殊，调研中发现，部分农户存有口粮，有种植大户或合作社，也出现了短暂储存，预期增加效益的行为。

五、小麦成本收益情况

16 个种植户调查样本数据显示，2020 年有土地租赁费：生产商品粮的亩种植总成本为 949.8 元，纯收益为 399.38 元，培育种子的亩收益 512 元。无土地租赁费的：亩种植总成本为 629.75 元，纯收益为 673.75 元。整地和收获机械费 57 元/亩和 48 元/亩，比 2019 年少 2 元左右，因 2020 年雨水充足，没有发生大面积干旱，浇水费比 2019 年少 19 元，其他费用略高于 2019 年。

表 4-21　小麦调查样本生产成本及收益统计

指标	2018 年	2019 年	2020 年	2020 年比 2019 年
单产（斤/亩）	863.67	1057.00	1119.09	62.091
用种量（斤/亩）	33.29	30.13	31.85	1.716
种子价格（元/斤）	1.48	1.50	1.76	0.256
种子费用（元）	49.26	45.27	55.93	10.657
底肥（元/亩）	107.38	94.14	125.00	30.860
追肥（元/亩）	60.17	45.00	70.71	25.714
整地机械费（元/亩）	60.00	59.38	57.00	-2.380
播种机械费（元/亩）	27.86	26.25	29.62	3.365
收获机械费（元/亩）	57.14	50.63	48.08	-2.553
秸秆还田费（元/亩）	33.33	30.00	49.00	17.500
喷药（元/亩）	28.57	44.38	45.00	0.620
浇水（元/亩）	25.71	64.29	44.31	-19.982
土地流转费（元/亩）	393.75	456.00	478.00	22.000
出售单价（元/斤）	1.17	1.13	1.15	0.021
总成本（元/亩）	898.17	910.88	949.80	38.920
纯利润（元/亩）	110.59	312.50	399.38	86.880

六、小麦后市研判

经过近半年的市场消化,目前基层余粮已基本见底,尤其是中小型贸易商大部分库存已清空,剩余多集中在大型贸易商库中。小麦市场供应较为充足,且近期制粉企业前期拍卖的小麦正常入库之中,企业收粮积极性降低。12月以来,小麦市场价格平稳,中下旬略有回落。而面粉旺季不旺,也使制粉企业无力涨价收麦。

目前大型制粉企业如金沙河和五得利对小麦后市不看好,略调低小麦收购价,其他中小制粉企业也跟着调低价格。下游对面粉的需求依旧偏弱,经销商采购积极性平淡,山东地区面粉受发达、五得利大型企业促销影响,每袋下调1元。面粉厂开机率普遍偏低,在50%~60%。元旦将至,未来面粉需求中长期向好而行,尤其是年前,下游备货需求较大,未来面粉走货速度预计将逐渐加快。随着小麦拍卖投放市场,需求平淡,预计价格稳中趋弱,未来小麦价格上行空间依旧受限。预计元旦过后,下游面粉备货将逐渐展开,厂家开工将得到提升,麸皮预期有所回落。

后期需关注玉米供需缺口,看涨玉米氛围较为浓厚,仍然可能出现小麦替代玉米的高峰期,届时小麦价格可能呈现阶段性偏强走势。

第五章 2021年山东省小麦市场动态分析与未来展望

第一节 2021年1月山东省小麦市场供需报告

一、山东省小麦1月价格走势

1月贸易商收购新麦均价1.24元/斤,同比增长5.802%,环比增长3.333%,信息员普遍反映收购量少,每天5~20t。制粉企业收购价1.31元/斤,优质麦收购价1.35元/斤。1月面粉价格普遍上涨,特一粉价格1.50元/斤,环比增2.781%。麸皮价格仍上涨,均价1.077元/斤,同比增48.195%,环比增7.839%。本月1—10日,小麦价格比较平稳,此后麦价受疫情及玉米价格影响和拉动,以及饲料企业大量收购小麦,导致小麦大幅度上涨。而麸皮和面粉价格随小麦原粮影响而大幅度上扬,制粉企业反映利润有所增长(表5-1、图5-1)。

表5-1 2020年1月—2021年1月小麦价格情况

时间	贸易商收购价(元/斤)	同比(%)	环比(%)
2020年1月	1.172	-3.140	0.709
2月	1.18	-3.279	0.683
3月	1.179	-1.412	-0.085
4月	1.193	0.229	1.164
5月	1.195	1.899	0.191
6月	1.144	3.557	-4.268
7月	1.155	4.809	0.962
8月	1.185	7.337	2.597
9月	1.192	8.167	0.591

(续表)

时间	贸易商收购价（元/斤）	同比（%）	环比（%）
10月	1.209	6.969	1.405
11月	1.220	3.830	0.931
12月	1.20	3.115	-1.639
2021年1月	1.24	5.802	3.333

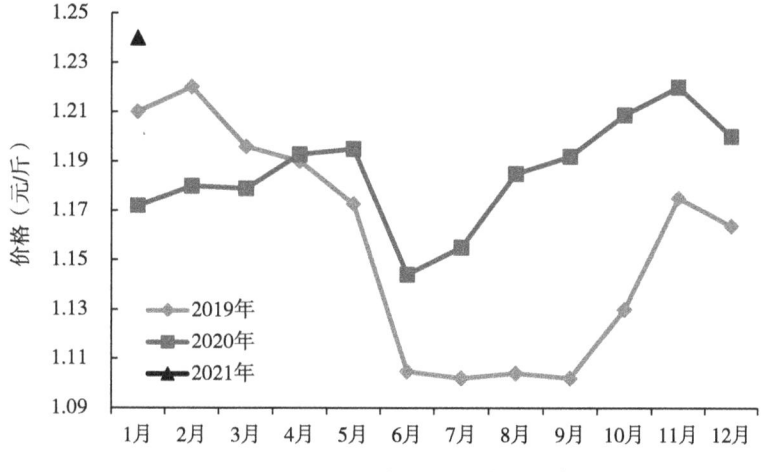

图 5-1　2019—2021年1月小麦价格走势

二、低温对小麦长势的影响

2020年12月29—31日降雪和大风降温天气之后，自2021年1月5日开始，山东省再次遭受罕见的寒潮侵袭，由于此次寒潮天气距离上次寒潮天气间隔时间短，在气温还未完全回升情况下再次大幅降温。1月6—7日，山东省大部分地区最低气温降至-20～-15℃，多地最低气温突破历史极值，创近70年来的新低。调研发现，临沂市费县小麦总体情况较好，梁邱镇邵庄村部分地区小麦叶片冻害较为严重，但分蘖节处受冻不明显，小麦根系未受影响。由于费县2020年下半年降水较多，全县麦田底墒较好，加之12月29日降雪，此次寒潮对2021年小麦生产和产量不会造成明显影响。寒潮总体对菏泽郓城县及烟台招远市小麦的生长发育影响不大。

三、小麦后市研判

2月随着疫情形势严峻，经销商囤货心理加强，面粉节前备货活跃，面粉厂家开工积极，提价促收，市场供应偏紧，需求旺盛，以及玉米替代及价格拉动，小麦进入高位区间。不过国家粮食交易中心发布1月26—27日最低收购价小麦拍卖公告，拍卖门槛提高，国家此次调整目的是提高交易成本，给火爆成交的小麦拍卖市场降温。

在2月中旬，受限于玉米价格的高位及疫情影响，同时年底也是生猪即将出栏的重要时期，对玉米、麸皮等副产品的需求强劲，导致大家恐慌性抢货，造成部分地区麸皮货源紧张，随着国家小麦交易规则的修改出台，面粉副产品贸易商变得冷静，制粉企业纷纷下调小麦收购价，小麦、麸皮价格回调。随着市场粮源减少，小麦价受托市拍卖到厂价的底部支撑，预计小麦下降幅度有限。

第二节 2021年3月山东省小麦市场供需报告

一、山东省小麦3月价格走势

3月贸易商收购新麦均价1.27元/斤，同比增长7.718%，环比增长0.395%，信息员普遍反映收购量少，每天10~40t。制粉企业收购价1.31元/斤，优质麦收购价1.35元/斤。3月特一粉价格1.49元/斤，环比降低0.667%，同比持平。麸皮价格大幅下跌，均价0.87元/斤，同比增长18.046%，环比降低16.346%。麸皮走货缓慢，下游需求偏弱。生猪存栏量保持温和回升，但短期回升比较缓慢，存栏量还处于偏低水平，对麸皮价格支撑较为有限。后期麸皮价格继续大涨的可能性相对较低，将进入一段平稳期，等待面粉行情回归（表5-2、图5-2）。

表5-2 2020年3月—2021年3月小麦价格情况

时间	贸易商收购价（元/斤）	同比（%）	环比（%）
2020年3月	1.179	-1.412	-0.085
4月	1.193	0.229	1.164

(续表)

时间	贸易商收购价（元/斤）	同比（%）	环比（%）
5月	1.195	1.899	0.191
6月	1.144	3.557	-4.268
7月	1.155	4.809	0.962
8月	1.185	7.337	2.597
9月	1.192	8.167	0.591
10月	1.209	6.969	1.405
11月	1.220	3.830	0.931
12月	1.20	3.115	-1.639
2021年1月	1.24	5.802	3.333
2月	1.265	7.203	2.016
3月	1.27	7.718	0.395

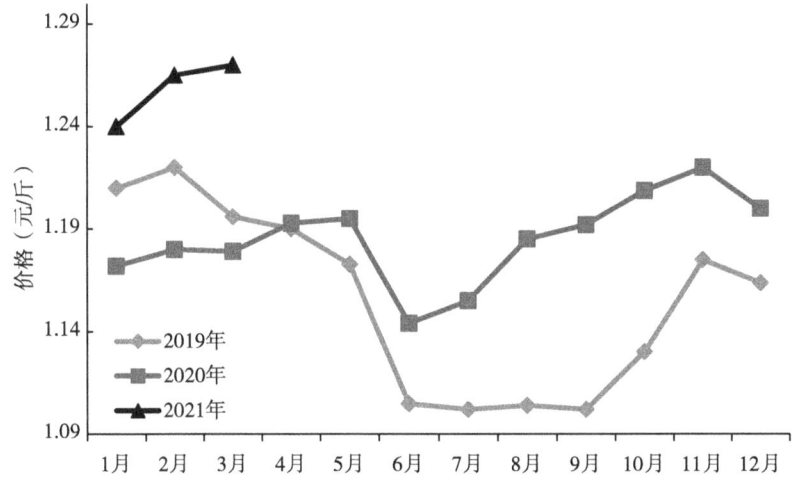

图 5-2　2019 年 1 月—2021 年 3 月小麦价格走势

二、小麦长势情况

从 2021 年苗情结构分析，好于上年，因墒情适宜，苗情转化较好；墒情山东省普遍较好，虽播前部分地区墒情不好，1 月上旬—2 月中旬出现有效降水,出现旱情,底墒好;2021年生育进程比常年早,有的地区早7~8d,有的提前10d以上,为争取大穗夺粒奠定基础,分化提早,对环境敏感;从病虫草情况分析,不同地区不一致。综合以上分析,获得丰收增产有基础,但任务很艰巨,管理要到位。受天气影响,倒春寒发生风险比较大,从病虫基数看,发生概率也比较大。山东地区播种面积比2019年增加82万亩。存在问题:一是苗情类型复杂,鲁南、鲁东地区好于2020年比例大,淄博受低温影响面大,轻微冻害1~2级范围,鲁南旺长面积较大,济南苗量少而且弱;二是倒春寒低温冻害风险大,气温变化较大对旺苗和弱苗会有影响;三是鲁南过旺倒伏风险大,由于温度偏高,墒情好,长势控不住;四是病虫发生概率较大,茎基腐病较普遍,赤霉病和锈病有可能从湖北、河南传过来。

分析师通过农情监测系统,获取了山东地区近5年(2017年3月10日—2021年3月10日)同时期16地市87个监测点,每个监测点5组原始数据。根据调查的样本,整理分析结果如下。

一是从山东近5年小麦基本苗可以看出,2021年比2020年每亩减少0.02万株,比常年减少0.08万株;从各地市情况分析,菏泽基本苗最多,其次是德州,然后是临沂、济宁,青岛基本苗最低。

二是从小麦平均亩总茎数得出,2021年比2020年每亩增加1.1万株,比常年增加0.07万株。从小麦平均单株分蘖数看出,2021年比2020年每株减少0.15个,比常年减少0.04个。从实播面积看出,2021年比2020年减少211.85万亩,比常年增加22.63万亩。

三是从一类苗面积看出,2021年比2020年减少149.1万亩,比常年减少6.36万亩;2023年一类苗面积所占比例比2020年减少1.52%,比常年减少1.03%。

四是从二类苗面积看出,2021年比2020年减少11.05万亩,比常年增加41.1万亩;2021年二类苗面积比例比2020年增加2.82%,比常年增加1.83%。

五是2021年三类苗面积比2020年减少42.6万亩,比常年减少9.37万亩;三类苗面积比例比2020年减少1.16%,比常年减少0.62%。

六是从旺长苗面积看,2021年比2020年减少9.1万亩,比常年减少2.75万亩;2021年旺长苗面积比例比2020年减少0.16%,比常年减少0.19%。

三、小麦后市研判

此阶段是小麦青黄不接的时刻,2021年行情反常。3月上旬,麦价行情上涨，主要是受临储拍卖利好的影响。从 3 月 11 日开始，小麦行情稳中走跌，大型制粉企业每天都要下滑 0.003~0.005 元/斤，看似跌幅不大，不过贸易商已经囤积了大半年了，就等着每年的 3—4 月小麦反弹，从而卖出好的价格，如今麦价不仅没涨，反而还跌至 1.26~1.29 元/斤，利润有所缩水。据业内人士反映，目前临储小麦还有 5 000 万 t 左右，每个月拍卖 1 600 万 t，已经支撑不了几个月了，小麦作为口粮，官方不可能持续高强度拍卖，预计 4 月下旬到 5 月中旬 2020 年的小麦还有上涨的空间。

原粮价格高位运行，副产品价格持续低迷状态，开机率大幅下调。面粉走货以老客户订单为主，制粉企业想涨价但也困难重重。3 月以来中小制粉企业的利润呈现下降趋势，部分企业亏损生产。一方面是受季节性需求低迷的影响，另一方面是全国制粉企业产能过剩，市场竞争较为激烈，一些企业只能竞价销售，在夹缝中生存。在如此激烈的竞争中必将会优胜劣汰，适者生存。

第三节 2021 年 4 月山东省小麦市场供需报告

一、山东省小麦 4 月价格走势

4 月贸易商收购普通小麦均价 1.266 元/斤，同比增长 6.143%，环比降低 0.315%，制粉企业收购普通小麦价 1.29 元/斤，收购优质小麦均价 1.347 元/斤。小麦购销市场平淡，原因是当前小麦市场供强需弱，阶段压力偏重，制粉企业补库需求不旺，饲料企业前期采购小麦较多、库存较高，对小麦采购需求明显下降，虽饲料养殖业对小麦仍存需求，但替代作用已逐渐呈日常分流态势（表 5-3、图 5-3）。

表 5-3 2020 年 4 月—2021 年 4 月小麦价格情况

时间	贸易商收购价（元/斤）	同比（%）	环比（%）
2020 年 4 月	1.193	0.229	1.164
5 月	1.195	1.899	0.191
6 月	1.144	3.557	-4.268
7 月	1.155	4.809	0.962
8 月	1.185	7.337	2.597
9 月	1.192	8.167	0.591
10 月	1.209	6.969	1.405

（续表）

时间	贸易商收购价（元/斤）	同比（%）	环比（%）
11月	1.220	3.830	0.931
12月	1.20	3.115	-1.639
2021年1月	1.24	5.802	3.333
2月	1.265	7.203	2.016
3月	1.27	7.718	0.395
4月	1.266	6.143	-0.315

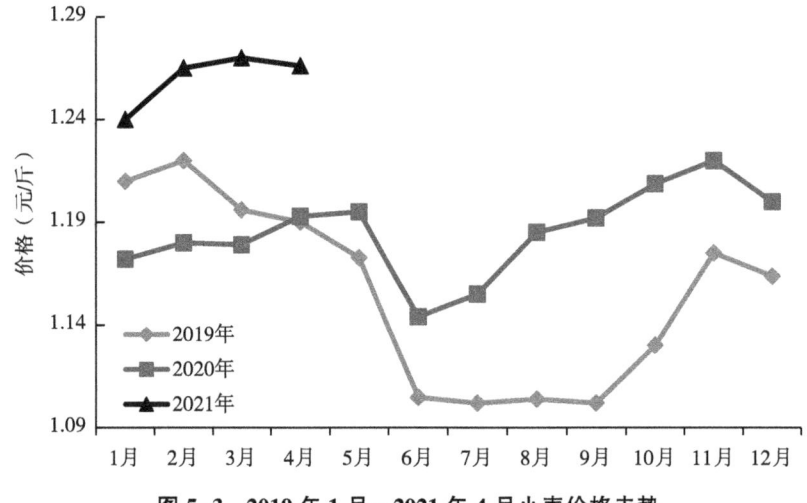

图 5-3　2019 年 1 月—2021 年 4 月小麦价格走势

4月特一粉价格1.50元/斤，环比增长0.671%，同比持平。麸皮价格在断崖式下跌后大幅上涨，均价1.015元/斤，同比增长39.679%，环比增长16.667%。随着气温不断升高，面粉市场需求将逐步进入消费淡季。自3月中旬以来，面粉价格基本平稳，利润空间不断缩减，受开机低迷影响，麸皮供应紧俏，目前企业基本靠麸皮维持利润，勉强生产。

二、小麦长势情况

从山东省2021年苗情结构和目前的长势分析，好于2020年，获得丰收增产有基础。4月山东省阴雨天气频繁，降水较常年偏多，其中，4月下旬降水较常年偏多125.9%，平均气温较常年偏低1.7℃，气温适宜，对小麦条锈病侵染为害和扩散蔓延非常有利，给防控工作带来较大困难。

目前，条锈病发生范围已覆盖山东省16市101县，见病面积累计约623.61万亩，已防治面积3 777万亩次。5月，山东省小麦将陆续进入产量形成的关键期——灌浆期，据山东省气象台气象预报，降水较常年偏多，条锈病发生趋势不容乐观，各地正密切监测病害发展，及时组织开展防治。

三、小麦后市研判

往年此时是小麦行情的上涨期，企业会趁机采购小麦及时备货，如今面粉产能过剩，行业竞争大，制粉企业收购意愿不强，小麦市场购销市场平淡。尽管当前流通市场小麦已经不多，但政策性小麦供给充足，加之各级储备轮换出库、贸易商在新粮上市前大多将会出清手中小麦，市场供给将继续充裕。

一是新麦即将进入市场，贸易商为回笼资金、腾出仓库，急于将2020年小麦卖出去。二是国库为轮出换新，每周投放400万t最低收购价小麦的持续、大量拍卖，以及春节后东北"地趴粮"玉米难以保管出售等原因，最低收购价小麦拍卖开始降温。特别是国家对最低收购价小麦出台了两项新政：仅限面粉加工企业和饲料养殖企业参与竞买，并承诺所购买的小麦只能自用、不得转手倒卖；从4月14日开始每吨最低收购价小麦拍卖底价提高60元。在限制最低收购价小麦竞买对象和提高拍卖底价后，拍卖成交率和成交价格快速下降。三是面粉市场需求不高，制粉企业为避开风险，下调开机率，加工需求量减少。

预计2021年新麦收购形势会更加复杂。由于小麦饲用替代创历史新高，加上轮换补库也会早入手，多渠道、多主体入市收购竞争激烈。尤其政策性小麦销售底价提高，使得市场对新季小麦的期望值"水涨船高"。目前新麦市场吸引了多方关注，制粉企业、饲料企业甚至粮库、粮商均跃跃欲试，多方竞争下高开抢收可能性较大，优质优价或将继续，启动小麦最低收购价的可能性很小。后期需进一步关注新麦生长情况、新麦收获情况以及粮库收购、临储拍卖情况。

四、总体研判

一是2021年山东地区冬小麦种植面积比2020年增加82万亩，丰收有基础。

二是最低收购价小麦库存比较充裕，据统计剩余库存数量4 976万t，供应量有保障。

三是进口小麦的增长幅度比较大，2020年进口小麦838万t，达历史新高。2021年第一季度，我国进口小麦292.5万t，同比增加131.2%。

四是国家提倡超期储存最低收购价小麦替代玉米、豆粕，出于保证口粮的绝对安全，限制了贸易商的投机囤粮行为，拍卖价格加上出库费用远高于最低收购价。

五是储备企业提前采购新产小麦，拉高了新产小麦市场价格。中储粮发布2021年新小麦竞价采购交易会，各地成交价在 2 490~2 510 元/t，均大大高于当年小麦最低收购价。

六是依据国务院新修订后于4月15日实施的《粮食流通管理条例》，取消粮食收购资格许可制度，将有更多的经营者参与小麦收购，新产小麦的购销竞争将异常激烈。按照惯例，在新产小麦上市后，国家将停止最低收购价小麦的拍卖。

综上，2021年国家提高小麦最低收购价和调整最低收购价拍卖底价等政策措施，从侧面反映了国家引导小麦购销走向多元化、市场化。

第四节　2021年5月山东省小麦市场供需报告

一、山东省小麦长势情况

2021年山东省小麦种植面积比2020年增加82万亩，苗情类型复杂，鲁南、鲁东地区好于上年比例大；淄博受低温影响面大，发生轻微冻害1~2级范围；鲁南旺长面积较大，过旺倒伏风险也大；济南苗量少而且弱。

2021年山东省小麦苗情结构和长势均好于上年，获得丰收增产有基础。5月山东省阴雨天气频繁，降水较常年偏多，且4月下旬降水较常年偏多125.9%，平均气温较常年偏低1.7℃，气温适宜。但同时也利于小麦条锈病侵染危害和扩散蔓延，防控工作难度加大。

截至5月5日，条锈病发生范围已覆盖山东省16市101县，见病面积累计约623.61万亩，已防治面积3 777万亩次。5月，山东省小麦将陆续进入产量形成的关键期——灌浆期，据山东省气象台预报，降水仍较常年偏多，条锈病发生趋势不容乐观，各地正密切监测病害发展，加大防治力度，严防小麦条锈病扩散蔓延。

二、小麦条锈病发生情况

5月5日，小麦条锈病发生区新增9个县（市、区、自然保护区），主要集中在中东部地区,分别是滨州市邹平市,淄博市高青县,烟台市龙口市、莱山区、福山区、栖霞市、开发区、昆嵛区,青岛市即墨区。目前,条锈病发生范围已覆盖山东省16市101县(市、区、经济开发区、高新区、自然保护区)。山东省见病面积累计约623.61万亩,较昨日增加14.73万亩。山东省已防治面积3777万亩次。

"五一"假期是山东省小麦条锈病监测防控的关键时期,山东省各级农业农村部门始终战斗在生产一线,开展大范围普查及防控宣传指导,积极组织防治,及时上报动态。农业农村厅一级巡视员王登启、种植业管理处二级调研员池方、省植保总站站长徐兆春赴菏泽督导防控工作,要求继续加强督导和技术指导,广泛发动群众,加大防治力度,严防小麦条锈病扩散蔓延。菏泽市农业农村局召开小麦重大病虫防控工作紧急会议,对小麦条锈病防控工作再动员再部署;曹县各镇街共出资115.7万元用于小麦条锈病防控。济南、青岛、聊城、威海等市督导组持续到各区县督导小麦条锈病防控。淄博市临淄区共整合涉农资金150万元,12万亩统防统治作业已完成;桓台县农业农村局录制小麦穗期条锈病、赤霉病等重大病虫防控电视节目。潍坊市昌邑市政府办公室下发关于加强小麦条锈病调查与防控工作的紧急通知。烟台市莱阳市委书记召开了专题会议,安排防控工作。日照市莒县委副书记、县长王霞亲自调度,逐个乡镇压实责任。

4月,山东省阴雨天气频繁,降水较常年偏多,气温适宜,对小麦条锈病侵染危害和扩散蔓延非常有利,其中,4月下旬,降水较常年偏多125.9%,平均气温较常年偏低1.7℃,旬内条锈病扩散明显加快,发生县(市、区)由32个增加至76个,发生面积由104.6万亩增加至458.8万亩,且连阴雨持续时间较长,给防控工作也带来较大困难。

据山东省气象台气象预报,5月,山东省降水依然较常年偏多,条锈病发生趋势不容乐观,同时,山东省小麦将陆续进入灌浆期,也是产量形成的关键期,各地要继续加强普查工作,密切监测病害发展,及时组织开展防治。

第五节 2021年山东省冬小麦播种情况调查报告

山东省自9月下旬以来连续的阴雨天气,对冬小麦播种带来非常不利的影响,面对秋汛的不利条件,各级部门积极采取有效措施,及时排水散墒,在土壤墒情适宜的情况下,及时播种小麦,确保秋冬种工作的顺利开展。

一、山东冬小麦播种进度

农情调度显示,截至10月31日下午5时,山东省小麦已播5 619.6万亩,占意向种植面积的93.7%,其中枣庄、日照、德州已完成播种,威海97.1%、淄博97.1%、临沂95.9%、潍坊95.7%、烟台95.4%、泰安94.2%、济南94%、济宁93.4%、聊城93.1%、东营90.7%、菏泽86.7%、滨州86.6%、青岛82%。机播小麦5 597万亩(数据来源:山东省农业农村厅)。

播种进度慢的地区如下。

菏泽:2021年全市冬小麦意向种植面积943.65万亩,据农情调度,截至11月2日上午10时,全市冬小麦种植面积862.49万亩,占意向种植面积的91.39%。其中,牡丹区意向种植面积为70.33万亩,已种植63万亩,占意向种植面积的89.58%;定陶区意向种植面积为64.3万亩,已种植64.8万亩,占意向种植面积的100.78%;曹县意向种植面积为153.82万亩,已种植150.1万亩,占意向种植面积的97.58%;成武县意向种植面积为66万亩,已种植64.8万亩,占意向种植面积的98.18%;单县意向种植面积为123万亩,已种植121万亩,占意向种植面积的98.37%;巨野县意向种植面积为84万亩,已种植82.04万亩,占意向种植面积的97.67%;郓城县意向种植面积为145万亩,已种植120万亩,占意向种植面积的82.76%;鄄城县意向种植面积为92.7万亩,已种植73万亩,占意向种植面积的78.75%;东明县意向种植面积为120万亩,已种植100.3万亩,占意向种植面积的83.58%;开发区意向种植面积为8.5万亩,已种植8.25万亩,占意向种植面积的97.06%;高新区意向种植面积为16万亩,已种植15.2万亩,占意向种植面积的95%。郓城县、鄄城县、东明县等沿黄河地区,因9月底至10月初的降水量较大,所以目前播种进度偏慢(数据来源:菏泽市农业农村局)。

滨州:2021年全市冬小麦意向种植面积440万亩,2020年播种面积419万亩,比2020年增加21万亩,据农情调度,截至11月2日上午10时,已播种404.8万亩,占意向种植面积的92%。据当地农业农村部门反映,滨州地区每年播种都很晚,2020年最晚的是正月初六播种,也获得了亩产560斤,2021年的冬小麦4~5d也将全部播完。

东营:近2年小麦种植面积均为159万亩,占山东省小麦种植面积的2.3%~2.8%,产量占小麦总产量2.2%~2.5%,因多是盐碱区域,在山东地区种植粮食作物相对少,未播种的主要原因还是墒情高造成的。

二、典型农户代表播种情况调查

近日调查了代表性农户 18 位，意向种植面积 30 833 亩，2020 年是 31 567 亩，比 2020 年少 734 亩，主要是高密一个种植大户，2020 年种植了 3 000 亩，2021 年种植 1 600 亩，他种植粮食作物主要是为蔬菜倒茬，收入的主要来源是蔬菜种植。截至 11 月 1 日，调查的农户中已播种的占 89.4%。因播种推迟，用种量增加，最少用量 25 斤/亩，临沂地区最高用种量达到 60 斤/亩，平均用种量 37.13 斤/亩，2020 年 27.53 斤/亩，增幅 34.8%；因肥料上涨，预计每亩小麦增加成本 30~150 元/亩，平均增加 72.3 元/亩；认为晚播对明年小麦产量有影响的占 22.2%。目前播种已出苗的占 33.3%，且长势较好，大部分还未出苗。针对晚播，部分农户采取了措施如下：一是小麦种包衣，包剂药液中适当加入磷酸二氢钾和芸薹素；二是浅播防烂种；三是适当增加基肥用量；四是先翻地晒 2~3d 降墒；五是取消播后镇压，改为苗后冬前镇压。

三、应对晚播的对策及建议

2021 年秋种情况特殊，田间墒情偏多，播种总体偏晚，部分地块播种质量偏差，为保证播种质量，农业农村部派出工作组、中国农业科学院派出专家组继续支援山东省秋种工作。山东省农业技术推广中心派出 8 个专家指导组一直深入田间地头巡回开展秋种技术指导服务。山东地区采取了积极的应对措施：一是排除积水、除湿散墒、抢时播种；二是适当选用早熟的半冬性品种，以种补晚、种子包衣、防病治虫；三是提高整地播种质量，以好补晚；四是适当浅播，播种深度 3~4cm，防止播种过深导致出苗偏晚、苗小苗弱；五是适当增加播量，以密补晚，依靠主茎成穗是晚播小麦增产的关键；六是科学施足底肥，以肥补晚，适当增加施肥量，氮、磷、钾平衡施肥，特别是氮肥的施用量每亩较往年增施氮肥 5~10kg；七是播后适时镇压、培育壮苗保越冬。

针对田间苗情长势不一，病虫草害威胁加大，"拉尼娜"气候导致出现极端低温的概率增大，对抓好冬前麦田管理提出更高要求。10 月 29 日，山东省农业农村厅发布了关于印发《2021 年山东省小麦冬前管理技术指导意见》的通知。2021 年，山东省冬前麦田管理要以"增穗保穗，保苗越冬"为目标，推行"分类管理、因地施策、早管适促、增温保墒、促根早长、促弱转壮"技术路线，为小麦安全越冬和明年丰产丰收打下基础、赢得主动。

第六节 2021年山东省小麦收获、收购情况及后市分析

一、山东省小麦收获方面呈现面积、单产和总产量"三增"

山东省夏粮再获丰收，总产量、单产双创历史新高。山东省夏粮面积5 993.2万亩，比2020年增加90.13万亩，增长1.5%；总产量527.44亿斤，比2020年增加13.6亿斤，增长2.6%；单产440.03kg/亩，比2020年增加4.8kg/亩，增长1.1%。

1. 政策支持力度大

山东省不断加大粮食生产政策扶持力度，2020年山东省有99个国家级产粮大县获得中央财政奖励18.25亿元，平度、齐河、曹县、郓城4个超级产粮大县额外获奖5 900万元。山东省财政另外拿出4 000万元对粮食播种面积稳定的9个区（市）给予了奖励。耕地地力保护补贴2021年已累计发放77.78亿元，对实际种粮农民落实一次性补贴15.35亿元。

2. 社会化服务体系的完善

2021年山东省小麦生产方面的社会化服务主体发展到4.9万个，小麦生产托管面积大约4 000万亩次，服务组织托管种植的小麦普遍比农户自种的小麦单产要高。截至2020年底，山东省土地流转面积4 128.9万亩，流转率达到44.7%，耕地多出8%左右，成方连片适于大机械作业，有利于节约成本、增产增收。

3. 科技在夏粮丰收中发挥了重要支撑作用

山东省小麦良种覆盖率达98%、耕种收综合机械化率99.6%、配方施肥覆盖率90%，统一供种达2 482万亩、宽幅精播3 666万亩、播后镇压4 550万亩，各项指标均比2020年有所增加或提高。

4. 建设高标准农田是稳定提高粮食产能的基础支撑

2019—2021年，山东省新建高标准农田任务共计1 710万亩。2021年底山东省高标准农田达到6 767万亩。据初步调查统计，建成的高标准农田亩均增产粮食150斤以上，据此推算，山东省可提高粮食产能92亿斤以上。

5. 病虫害防控及时

4月之前，气温比常年偏高，发生小麦条锈病比2020年早20d左右，且

发生面积比 2020 年大，140 个县（市、区）中均有点状发生，但并没有对小麦的生产、产量、品质造成威胁。主要是各级党委政府提前做了预案，部署早、发动早、下手早；发动群众"首发有奖制"，只要是最早发现的，政府就奖励 500 元，农技人员及时打点、灭源，防止传播。

6. 气候条件总体适宜

播前部分地区墒情不好，2020 年 11 月、2021 年 1 月上旬—2 月中旬出现的有效降水，缓解了旱情出现，小麦返青后苗情转化较好。4 月之前，气温较常年偏高，小麦生育进程较快，4—5 月阴雨天气较多，气温也较常年略低，麦收时间也较往年晚了几天，灌浆时间延长，千粒重高。

二、山东省小麦收购及新麦收购特点

截至 9 月 30 日，山东省共收购小麦 926 万 t，同比增加 71 万 t，其中国有企业收购 259 万 t，同比增加 20 万 t。

1. 收购主体多、积极性高，农户"惜售"心理较强

2021 年收购主体出现很多散户，麦收初期各个粮食收购主体抢购，推高麦价一路上扬。新陈麦同价基本没有出现间隔期。因麦价波动幅度较大，部分有储存条件的种植大户，待价而沽、存粮待售心理增强，普遍存有会出现更好行情的心理预期，个别小农户也存留 80% 的小麦在自己手里。

2. 2021 年新麦收购价高开高走

山东地区农户出售小麦价格 1.2 元/斤以上，每斤高出 2020 年 0.08 元，增幅为 7.14%。

3. 麦价上涨速度快

制粉企业收购雨前麦 1.22 元/斤，3d 涨到 1.25 元/斤，然后 1.27 元/斤→1.29 元/斤→1.31 元/斤一路上涨，6 月底降到 1.30 元/斤；雨后麦价也是由低逐渐升高，1.1 元/斤→1.15 元/斤→1.20 元/斤→1.21 元/斤。

4. 饲料企业用麦量增加

截至目前，调查的用户中，有 71.4% 的认为饲料企业 2021 年收购小麦量比 2020 年增加，35.7% 的企业后期也会增加小麦用量。其中，六合饲料企业上半年增加 6 000 t，后期每月需要 2 500 t 左右。

5. 小麦及产品市场走势分析

2021 年山东省小麦市场价格明显高于 2019 年和 2020 年同期，2—8 月价格相对平稳，同比增长幅度 6%~8%，4 月、6 月、8 月环比增长是负值外，其他月份均是正增长。9—11 月贸易商收购价直线上涨，从 1.257 元/斤涨到

1.368元/斤，同比增长幅度5%~12%，环比增长幅度从1.33%增长到5.51%。因原料价格的上涨，面粉价格9—11月也是直线上涨，同期比较，上涨幅度从负值到正值，从0.02%~15.2%。1—9月，麸皮价格一直高于2020年同期，10月低于2020年同期5.3%，11月价格又恢复性增长4.05%（图5-4）。

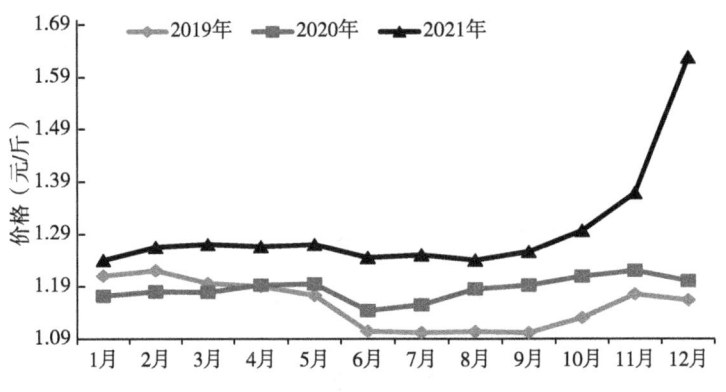

图5-4 近3年山东贸易商收购小麦价格走势

三、暴雨对小麦存储品质及供需形势的影响

7月暴雨对山东地区小麦存储没有造成影响。麦收期间的降雨造成部分地区（潍坊和半岛地区）收割晚的小麦成为雨后麦，市场价格相对低。据反映，下雨时小麦还是绿秆，即使这样小麦品质也比雨前麦降低；德州、临沂小麦受影响较小。调研发现，2021年的高密本地小麦呕吐毒素严重超标。

四、秋汛对山东冬小麦播种影响

2021年秋，山东省小麦种植面积稳中有增。受持续阴雨天气影响，2021年小麦播期普遍推迟。据农情调度，截至11月5日，山东省小麦播种已基本结束，预计山东省播种面积将达6 003万亩，较上年增加10万亩左右（数据来源：山东省农业农村厅）。11月23—24日到德州夏津县调研，因地势低洼且盐碱地区，还有800~1 000亩地没有播种上。目前整体苗情反应偏弱，主要原因：一是从播种质量看，土壤湿度过大导致整地难、整地质量不如往年；二是从施肥看，由于土壤养分流失较重，加上化肥价格大幅上涨，肥料投入不足；三是2021年播期整体偏晚。基于上述原因，导致当前麦田整体苗情较弱。

菏泽郓城县、鄄城县、东明县等沿黄河地区，播种进度偏慢，2021年菏泽市冬小麦意向种植面积943.65万亩，据农情调度，截至11月2日上午10时，全市已播面积占意向种植的91.39%。

关于播种进度，对典型农户代表进行了调查：18位代表性农户的调查结果显示，意向种植面积30 833亩，2020年是31 567亩，比2020年少734亩，主要是高密一个种植大户，2020年种植了3 000亩，2021年种植1 600亩，他种植粮食作物主要是为蔬菜倒茬，收入的主要来源也是蔬菜种植。截至11月1日，调查的农户中已播种的占89.4%。认为晚播对明年小麦产量有影响的占22.2%。针对晚播，部分农户采取了措施如下：一是小麦种包衣，包剂药液中适当加入磷酸二氢钾和芸薹素；二是浅播防烂种；三是适当增加基肥用量；四是先翻地晒2~3d降墒；五是取消播后镇压，改为苗后冬前镇压。

五、成本收益情况

从统计数据分析，2020年总成本同比增加1.44%，纯收益从每亩163.89元增加到265.75元，增幅62.15%。从收益/成本比值上分析，从2018年以后，收益/成本比直线上升，说明近3年粮食生产效率不断提高。肥料方面：2021年国内液氮整体价格大幅上涨，3月开始尿素价格上涨。因2021年山东地区小麦生长期较往年提前，追肥也在3月中下旬完成，而且追肥中多元素肥料占比明显增加，所以从总体看，肥料价格上涨对2020—2021年小麦生产成本增加有限。另外，从追基肥情况对比来看，超过一半的农户在冬小麦全生长期内只施基肥，而不追肥；有44.13%的农户在小麦返青—起身期间进行一次追肥；仅有4.56%的农户追肥2~3次，所以肥料价格上涨，对2020—2021年小麦影响不大。

2021年，因秋汛播种时间推迟，用种量增加，调查发现，最少用种量25斤/亩，临沂地区最高达到60斤/亩，平均用种量37.13斤/亩，2020年27.53斤/亩，增幅34.8%；因肥料上涨，预计每亩小麦增加成本30~150元/亩，平均增加72.3元/亩（图5-5）。

六、后市麦价走势分析

新玉米上市价格低于小麦价格，一些饲料企业开始调整配方，换用玉米作为饲料，或将改变小麦饲用替代、人畜争粮的现象，小麦市场需求或将降低。随着小麦价格上涨，面粉也是一涨再涨，经历了近一个月的上涨，当前面粉抢购已经进入尾声，需要时间消化，因此后期面粉销售将逐渐转淡，对小麦行情

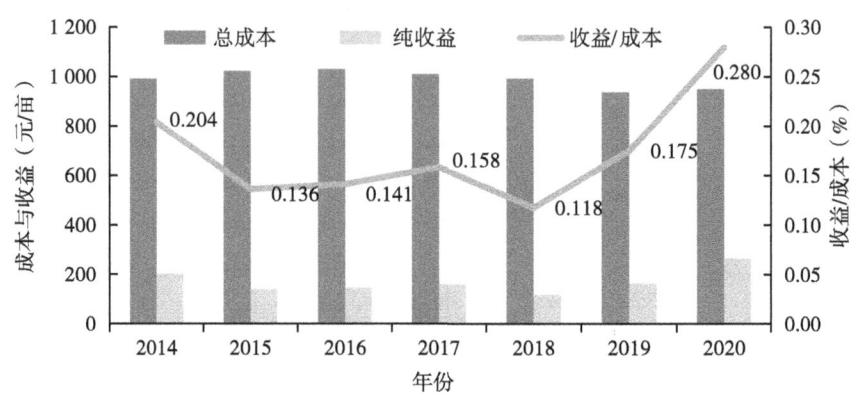

图 5-5 近年山东省小麦成本收益

支撑也将转弱。多年以来国际麦价低于国内，但从 2021 年 5 月开始高于国内，因全球小麦减产，造成国际小麦价格飙升，进口小麦量或将减少。在需求减少，支撑减弱的情况下，小麦价格持续上涨的动力不足。当前面粉价格已处于较高水平，再继续上涨有难度，作为大宗商品，价格波动太大，国家也将会出手调控。从当前市场来看，2022 年托市很难启动。

七、小麦产业稳定发展建议

一是提高小麦托市收购价。

二是加大优质小麦品种的推广种植，淘汰落后品种。

三是由于化肥、农药价格不断上涨，成本投入太高，建议增加农民小麦直补，促进农民种麦积极性。

四是建议加强监管粮食贸易商存储条件，减少储存不当的损失。

第七节　2021 年 4 月山东省小麦市场供需研究简报

山东省小麦种植面积和总产量均居全国第 2 位，2021 年山东省小麦从苗情结构和目前长势分析，好于 2020 年，获得丰收增产有基础。当前，在新冠疫情冲击和国际粮食局势严峻条件下，受国内外多方面的影响，玉米价格不断上涨，导致要用小麦来替代，使国内小麦库存大幅下降，因我国小麦持续稳定的增产及充裕的储备有效保障了粮食供应和价格总体稳定。目前正值小麦生长关键期,精准研判新麦收购特点及走势对稳定粮价和麦农增收具有重要意义。

一、小麦长势情况

4月山东省阴雨天气频繁,降水较常年偏多,且4月下旬降水较常年偏多125.9%,平均气温较常年偏低1.7℃,气温适宜,对小麦条锈病侵染为害和扩散蔓延非常有利,给防控工作带来较大困难。

截至5月5日,条锈病发生范围已覆盖山东省16市101县,见病面积累计约623.61万亩,已防治面积3 777万亩次。5月,山东省小麦将陆续进入产量形成的关键期——灌浆期,据山东省气象台气象预报,降水较常年偏多,条锈病发生趋势不容乐观,各地正密切监测病害发展,加大防治力度,严防小麦条锈病扩散蔓延。

二、山东省小麦4月价格走势

4月贸易商收购普通小麦均价1.27元/斤,同比增长6.14%,环比降低0.32%,制粉企业收购普通小麦价1.29元/斤,收购优质麦均价1.35元/斤。小麦市场购销平淡,原因是当前小麦市场供强需弱,阶段压力偏重,制粉企业补库需求不旺,饲料企业前期采购较多、库存较高,对小麦采购需求明显下降,虽饲料养殖业对小麦仍存需求,但替代作用已逐渐呈日常分流态势。

4月特一粉价格1.50元/斤,环比增长0.67%,同比持平;麸皮价格在断崖式下跌后大幅上涨,均价1.02元/斤,同比增长39.68%,环比增长16.67%。随着气温不断升高,面粉市场需求将逐步进入消费淡季。自3月中旬以来,面粉价格基本平稳,利润空间不断缩减,受开机低迷影响,麸皮供应紧俏,目前企业基本靠麸皮维持利润,勉强生产。

三、小麦后市研判

往年此时是小麦行情的上涨期,企业会趁机采购小麦及时备货,如今面粉产能过剩,行业竞争大,制粉企业收购意愿不强,小麦市场平稳略降。尽管当前流通市场小麦已经不多,但政策性小麦供给充足,加之各级储备轮换出库、贸易商在新粮上市前大多将会出清手中小麦,市场供给将继续充裕。

一是新麦即将进入市场,贸易商为回笼资金、腾出仓库,急于将2020年小麦卖出去。二是国库为轮出换新,每周投放400万t最低收购价小麦的持续、大量进行拍卖,以及春节后东北"地趴粮"玉米难以保管出售等原因,最低收购价小麦拍卖开始降温。特别是国家对最低收购价小麦出台了两项新政：仅限面粉加工企业和饲料养殖企业参与竞买，并承诺所购买的小麦只能自用，不得转手倒卖；从4月14日开始，每吨最低收购价小麦拍卖底价提高60元。在限制最低收购价小麦竞买对象和提高拍卖底价后，拍卖成交率和成交价格快速下降。三是面粉市场需求不高，制粉企业为避开风险，下调开机率，加工需求量减少。

预计2021年新麦收购形势会复杂。因小麦饲用替代创历史新高，加上轮换补库也会及早入手，多渠道、多主体入市收购竞争激烈。尤其是政策性小麦销售底价提高，使得市场对新季小麦的期望值"水涨船高"。目前新麦市场吸引了多方关注，制粉企业、饲企甚至粮库、粮商均跃跃欲试，多方竞争下高开抢收可能性较大，优质优价或将继续，启动小麦最低收购价的可能性很小。后期还需进一步关注新麦生长、收获以及粮库收购、临储拍卖情况。

四、总体研判

一是2021年山东地区冬小麦种植面积比2020年增加82万亩，丰收有基础。

二是最低收购价小麦库存比较充裕，据统计，剩余库存数量4 976万t，供应量有保障。

三是进口小麦的增长幅度比较大，2020年进口小麦838万t，达历史新高。2021年第一季度，我国进口小麦292.5万t，同比增加131.2%。

四是国家提倡超期储存最低收购价小麦替代玉米、豆粕，出于保证口粮的绝对安全，限制了贸易商的投机囤粮行为，拍卖价格加上出库费用远高于最低收购价。

五是储备企业提前采购新产小麦，拉高了新产小麦市场价格。中储粮发布2021年新小麦竞价采购交易会，各地成交价在2 490~2 510元/t，均大大高于当年小麦最低收购价。

六是依据国务院于4月15日新修订实施的《粮食流通管理条例》，取消粮食收购资格许可制度，将有更多的经营者参与小麦收购，新产小麦的购销竞争将异常激烈。

综上，2021年国家提高小麦最低收购价和调整最低收购价拍卖底价等政策措施，从侧面反映了国家引导小麦购销走向多元化、市场化。

第八节 2021年度山东省小麦市场供需报告

夏粮是全年粮食生产的"当头炮",2021年夏粮先后经历了"倒春寒"、病虫害、抗倒伏等多个关口,实现首战告捷,为全年粮食产量保持在1.3万亿斤以上打下了坚实基础,为经济社会发展大局提供了有力支撑,亿万农民群众用沉甸甸的丰收果实喜迎建党100周年。

一、全国夏粮再获丰收,产量再创历史新高

2021年夏粮再获丰收,据国家统计局7月14日消息,小麦产量2 687亿斤,比2020年增加51.8亿斤,增长2.0%。主要原因:一是种植面积增加,受政策支持力度影响,夏收小麦种植面积扭转连续4年下滑势头,全国小麦种植面积34 367万亩,比2020年增加300.4万亩,增长0.9%;二是单产增加,各地多渠道筹措资金,加强高标准农田建设,合理调配肥水,加强技术指导,田间管理抓得实,小麦单产390.9kg/亩,比2020年增加4.2kg/亩,增长1.1%;三是防病治虫动手早,针对小麦赤霉病、条锈病重发态势,病穗率控制在3%以内;四是机收减损效果好,狠抓机手培训,优化技术方案,推广标准化作业,多地机收损耗降低1个百分点以上;五是气候条件总体较好,2020年秋冬季以来,土壤墒情为近年来最好,光温匹配好,小麦灌浆时间长,穗多、粒重、质量好。在政策、技术和天气等因素共同作用下,夏粮再次获得丰收。

二、山东省小麦种植面积、单产和总产量"三增"

2021年山东省小麦在"政策好、人努力、天帮忙"共同作用下,种植面积、单产和总产量均增加。

1. 政策支持力度大

一是2021年山东省地力补贴为137元/亩,比上年度增加12元/亩,极大地调动了农民种粮积极性;二是大灾保险补贴,一年费用72元/亩,国家承担80%,农民承担20%,风险基本全覆盖;三是政府对产粮大县的奖励政策,山东省137个产粮大县中纳入中央奖励补贴范围的达到99个;四是高标准农田建设,到2020年底,山东省已建成6 113万亩高标准农田;五是农业资金投

入大,仅病虫害防治一项,省市县三级政府投入资金达 6 亿元,也是历年来投入最多的一年。

2. 病虫害防控及时

4 月之前,气温比常年偏高,发生小麦条锈病比 2020 年早 20d 左右,且发生面积比 2020 年大,140 个县、市、区中均有点状发生,但并没有对小麦的生产、产量、品质造成威胁。主要是各级党委政府提前做了预案,部署早、发动早、下手早;发动群众"首发有奖制",只要是最早发现的,政府就奖励 500 元,农技人员及时打点、灭源,防止传播。

3. 气候条件总体适宜

播前部分地区墒情不好,2020 年 11 月、2021 年 1 月上旬—2 月中旬出现的有效降水,缓解了旱情出现,小麦返青后苗情转化较好。4 月之前,气温较常年偏高,小麦生育进程较快,4—5 月阴雨天气较多,气温也较常年略低,麦收时间也较往年晚了几天,灌浆时间延长,千粒重高。

4. 机收减损确保颗粒归仓

减少损耗就是增产增收。2020 年山东粮食产量 1 090 亿斤,按收获环节机收损失率降低 0.1%计算,理论上山东省能挽回 1 亿斤粮食。

5. 社会化服务体系的完善

新型经营主体规模化种植,节本增产。社会化服务破解了"谁来种地、怎么种好地"的难题。在多种政策支持和措施保障下,山东冬小麦种植面积比 2020 年增加 82 万亩,增量占全国的 27%,2021 年山东省粮食产量有望创第 8 个"千亿斤"。

三、山东省新麦收购特点

1. 收购主体多、积极性高,农户"惜售"心理较强

2021 年收购主体出现很多散户,麦收初期各个粮食收购主体抢购,推高麦价一路上扬。新陈麦同价基本没有出现间隔期。因麦价波动幅度较大,部分有储存条件的种植大户,待价而沽、存粮待售心理增强,普遍存有会出现更好行情的心理预期,个别小农户也存留 80%的小麦在自己手里。新麦市场两极化心态明显,一部分前期建库成本低的贸易商利润基本锁定,见好就收,出售积极性较高;一部分后期收购成本较高的贸易商,库存成本多在 1.25 元/斤以上,外发无利润,惜售心理较强,"赌一把"的心态依然较重。

2. 2021 年新麦收购价高开高走

农户出售小麦价格 1.2 元/斤以上,每斤高出 2020 年 0.08 元,增幅为 7.14%。

3. 麦价上涨速度快

制粉企业收购雨前麦 1.22 元/斤，3d 涨到 1.25 元/斤，然后 1.27 元/斤→1.29 元/斤→1.31 元/斤，一路上涨，6 月底降到 1.30 元/斤；雨后麦价也是由低逐渐升高，1.1 元/斤→1.15 元/斤→1.20 元/斤→1.21 元/斤，截至 7 月 8 日，贸易商收购雨后麦价为 1.19 元/斤。

4. 收购进度比同期快

截至 6 月 30 日，山东省共收购小麦 350 万 t，同比增加 31.5 万 t，其中国有企业收购 139 万 t，同比增加 25 万 t。

四、后市麦价走势分析

目前夏粮暂未启动托市收购。麦收初期价格一路走高，6 月下旬以来，新麦购销在国家调控政策加码、玉米价格下行等因素影响下逐步趋于理性，小麦价格从前期的持续走高而止涨趋稳。主要原因：一是基层惜售心理松动，一些贸易商继续追涨的情绪已经不高，小麦出货速度有所增加；二是制粉企业由于面粉出货不畅，开机率较低，加之前期已采购部分库存，在到货量增加的情况下，开始试探性下调收购价格；三是山东、河北部分雨后麦上市；四是玉米价格回落，小麦玉米价差缩小，小麦替代玉米的优势有所削弱。

预计后市新麦价格回调幅度不会太大，同时上涨区间受限。一是虽部分粮库收储任务接近尾声，但采购价格仍处于相对高位；二是 2021 年我国小麦丰收，加之之前库存较大；三是 1—5 月我国累计进口小麦 461 万 t，同比增长 88.9%；四是下游用粮企业市场需求低迷，粮源采购成本高企，加工企业经营难度加大；五是玉米价格持续走弱，一定程度上制约其小麦采购数量和价格。

预计后期高质量小麦仍会高位运行，且品质间小麦市场行情或呈现分化态势。总之，小麦市场供需相对宽松，供应层面并不缺粮。在加大市场监控力度政策形势下，持粮主体囤粮待涨风险加大，建议市场主体客观看待麦市行情以及政策主基调，理性购销，最大限度地规避市场风险。

第六章 2022年山东省小麦市场动态分析与未来展望

第一节 2022年山东省小麦及农资市场行情及后期走势分析

一、2022年小麦长势分析

1. 山东省面上数据

受2021年严重秋汛影响,小麦播种普遍推迟10~15d,冬前苗情总体偏弱,目前苗情有所好转,但是近几年最为复杂,也是最差的一年,夏粮生产形势严峻。山东省小麦播种6 003万亩,比2021年增加12万亩。截至2月底,一二类苗面积4 473万亩,占74.5%,比上年减少17个百分点;三类苗1 530万亩,占25.5%,比2021年增加17个百分点。目前来看,虽然冬小麦经过努力耕作,面积基本稳定,接近2021年面积,但是苗情长势非常复杂,夺取夏粮丰收面临空前的挑战和困难。

2. 监测点数据

通过对山东地区36个县81个监测点,近4年数据分析结果显示(3月10日),2022年单株分蘖数和单株次生根数最低,亩总茎蘖数略高于2021年。2022年的亩总茎蘖数比上年增加1.48%,比常年减少7.31%;单株分蘖数比上年减少10.87%,比常年减少19.38%,单株次生根数比上年减少26.41%,比常年减少30.91%(表6-1、图6-1)。

表6-1 亩总茎蘖数等指标与上年、常年比较

	亩总茎蘖数	单株分蘖数	单株次生根
比上年(%)	1.48	-10.87	-26.41
比常年(%)	-7.31	-19.38	-30.91

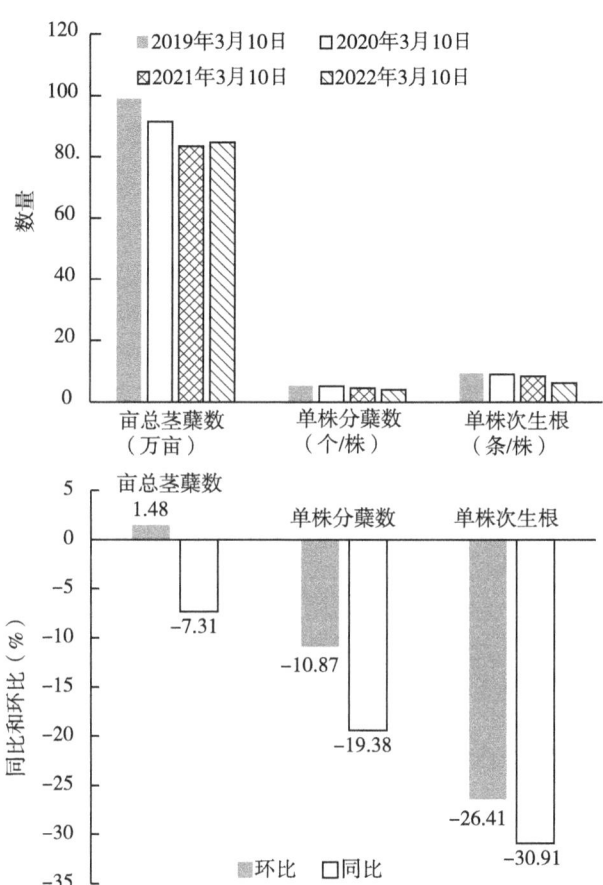

图 6-1 近年 3 月 10 日小麦长势比较

二、2022 年小麦病虫害发生情况

1. 冬后病虫基数总体高于 2021 年同期

茎基腐病：山东省平均病株率 4.15%，较 2021 年同期高约 3%，鲁西南、鲁西北地区发病较重，平均病株率 3%~10%，其他地区平均病株率在 3% 以下。纹枯病：山东省平均病株率 5.85%，较 2021 年同期高约 5%，菏泽、临沂、威海、淄博、聊城、日照、德州平均病株率在 5%~16.5%，其他地区平均病株率在 5% 以下。麦蚜：山东省平均百株蚜量 1.97 头，接近 2021 年同期略偏低。麦蜘蛛：山东省平均尺单行螨量 23.8 头，较 2021 年同期高 13.3 头，

鲁南地区平均尺单行螨量较高，为40~200头，其他地区多在2~18头。

2. 气象条件对病虫害发生有利

冬季（2021年12月—2022年2月）山东省平均气温较常年偏高，极寒天气少，有利于病虫害越冬。据气象预报，2022年春季山东省平均降水量较常年偏多一至二成，季平均气温较常年略偏高，春季气象条件对病虫害发生较为有利。

3. 种子包衣和药剂拌种覆盖率

覆盖率较高，对病虫发生有抑制作用。

4. 品种布局有利于病害发生

山东省小麦主栽品种为济麦22、济麦44、山农28、山农29、鲁原502、烟农1212、山农38、烟农999、山农25、泰科麦33等。从主栽品种抗病性及布局来看，白粉病抗病品种有一定面积占比，条锈病、叶锈病、纹枯病以感病品种为主，赤霉病均为感病品种。

5. 苗情和墒情情况

目前山东省小麦由南向北、自西向东陆续进入返青期，大部地区麦田墒情适宜，对小麦春季生长比较有利。预测2022年上半年小麦病虫总体发生程度为3级，接近常年略偏重。

三、针对小麦苗情采取的主要措施

2022年1月24日，山东省农业农村厅印发了冬小麦"科技壮苗"专项行动实施方案的通知，制定了《山东省冬小麦"科技壮苗"专项行动实施方案》，成立了冬小麦"科技壮苗"专项行动8个领导小组，依托山东省农业科教系统、农业农村专家顾问团小麦分团、小麦产业技术体系、农技推广体系、高素质农民培育体系的力量，分地市、因地因苗、分期分类管理，促分蘖增穗、促苗情转化升级，加强冬小麦田间管理科技培训和技术指导，为小麦稳产增产提供坚实科技支撑，确保夺取夏粮丰收。

四、农资和农产品价格上涨对春耕生产的影响

从调查的18位典型用户中，认为农资和农产品价格上涨对春耕生产有影响的占61.1%，影响不大的16.7%，对激发种地积极性的占16.7%。

以潍坊高密市种植大户王翠芬为例：N-P-K（15-15-15）的化肥出厂价2021年2 100元/t，2022年3 600元/t，增幅71.4%。一亩地按80斤计算，一

袋上涨60元，化肥成本增加48元/亩。农药涨幅20%左右，麦收前需要打4遍药，2021年60元/亩，2022年每亩预计需要80元左右，农药成本增加20元/亩；柴油每吨涨了3 000元，每亩增加成本10元。仅化肥、农药、柴油较2021年同期相比增加种植成本78元/亩。农资涨幅太高，会出现该浇4遍水的浇3遍、减少肥料用量等情况发生，势必对产量造成影响。

五、小麦行情分析

从小麦行情变化趋势来看，山东近4年的麦价逐年在上升，2022年增幅更加显著（图6-2），按月份分析，截至3月11日，贸易商收购小麦价格平均为1.56元/斤，同比高22.65%，环比增长10.27%，同常年比增长27.03%；制粉企业收购小麦价格平均为1.59元/斤，同比增长22.05%，环比增长10.02%。3月特一粉均价1.85元/斤，同比增长26.43%，环比增长12.07%。3月麸皮均价1.23元/斤，同比增长41.46%，环比增长9.78%。虽面粉和麸皮都涨价，但原粮价格过高，面粉需求基本稳定，销售缓慢，制粉企业亏损较大（表6-2）。

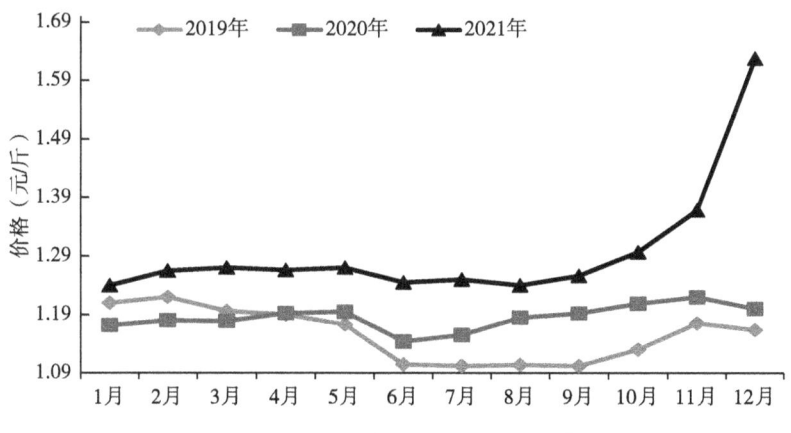

图6-2 近年山东省小麦麦价走势情况

表6-2 小麦价格比较

时间	小麦价格（元/斤）		同比（%）	环比（%）	比常年（%）
	2021年	2022年			
1月	1.24	1.39	12.38	0.72	14.17

（续表）

时间	小麦价格（元/斤）		同比（％）	环比（％）	比常年（％）
	2021年	2022年			
2月	1.27	1.41	11.67	1.37	14.73
3月	1.27	1.56	22.65	10.27	27.03

六、小麦后期价格预测

2022年小麦价格出现了历史新高，原因如下：一是小麦种植晚，担心减产，制粉企业心理恐慌；二是受俄乌战争等国际局势动荡等影响了小麦出口；三是国际粮价涨高，而且小麦现货余量少、轮换小麦数量少、拍卖底价高，推动小麦价格抬高；四是小麦饲用量太大；五是有资本炒作因素。

后期小麦价格主要看国际局势变化及新小麦的产量和质量，同时也要关注疫情变化，预计麦收时的价格为1.35~1.45元/斤。

第二节 2022年山东省新麦生产、收购特点及后市分析

一、2022年山东夏粮喜获丰收

2022年山东省夏粮生产呈现面积、总产量"双增"局面。

夏粮是山东省粮食生产的"半壁江山"。2021年秋种时节，山东省严格落实粮食安全党政同责要求，积极克服严重秋汛影响，实现了应播尽播，全力稳定小麦种植面积。在收获阶段，山东组织19万台稻麦联合收割机上阵，28万名农机技术人员和农机手参与"三夏"会战，确保山东省小麦适时收获、颗粒归仓。6月21日，山东省小麦收获基本结束，小麦生产形势好于预期，小麦品质好于预期。从山东省粮油作物高产竞赛实打测产数据来看，无论是传统高产地块，还是冬前弱苗麦田，无论是水浇良田，还是山岭薄地，均有不错的产量表现，属于高产年份。其中，'登海206'在烟台莱州市实打结果为896.62kg/亩，创山东省高产纪录；'济麦44'在枣庄滕州市实打结果为801.72kg/亩，创强筋小麦山东省最高纪录。7月14日，国家统计局公布了夏粮生产数据，从面积来看，

小麦种植面积 6 005.3 万亩，比上年增加 14.3 万亩，增长 0.2%。从总产量来看，小麦总产量 528.24 亿斤，增加 0.9 亿斤，增长 0.2%。从单产来看，小麦单产 439.8kg/亩，比上年减少 0.3kg/亩，减少 0.1%。

二、2022 年小麦市场特点

1. 小麦收购价格高

2022 年制粉企业开秤收购新麦价 1.52～1.55 元/斤，6 月平均收购价格在 1.56 元/斤，同比增幅 22.39%，7 月初，麦价略有回落，平均为 1.54 元/斤，同比增加 21.31%。麦价下跌的主要原因：一是 2022 年产量品质超预期；二是国际粮价大跌，三是中央储备粮降价收购；四是面粉消费淡季；五是国内外玉米期价大跌，现货也继续下行。

2. 2022 年小麦收购进度快

山东省在夏粮收购工作中，层层压实责任、加强收购形势分析研判、强化收购政策宣传引导、做好了收购准备工作。山东省准备收购仓容 223 亿斤、资金 300 亿元，各级已建立 5 亿多元粮食收购贷款信用保证基金，可放大 10～15 倍增信贷款，做到"人等粮、钱等粮、仓等粮"。截至 9 月 10 日，山东省共收购小麦 840 万 t，同比增加 22 万 t，其中国有企业收购 245 万 t，同比减少 6 万 t。山东省小麦收购价格（中等）为 1.54 元/斤。

3. 收购主体增加，农户惜售心理较强

据部分制粉企业反映，优质小麦整体质量不好，普通小麦容重高、面筋含量低，但总体质量好于 2021 年，制粉企业和贸易商抢收小麦，加之国际局势及疫情影响，小麦开秤价格较高。在 7 月 6 日调查结果显示，调查的 26 位产业信息员中，农户平均出售新麦量占收获总产量的 45%，余下的 55% 都留在自己手里，等待价格上涨，最少的留存 20% 左右，最高的留存 70% 左右。总之，有储存条件的种植大户，根据自身空间都留存一部分，没有储存条件的和小农户全部出售了。贸易商收购新麦的量比往年同期减少 30.76%，制粉企业收购新麦量比往年减少 29.17%。主要是农户对后期市场行情看好，各市场主体对麦价预期较高，存在观望惜售心理。

4. 机收损失率降低，部分地区小麦水分偏高

山东省随机抽取 386 个采样地块平均机收损失率为 1.35%，均低于 2% 目标。其中，山东省粮油竞赛大比武中，10 场平均机收现场实测损失率为 0.66%。在调查的产业信息员中，有 15.38% 的人反映，收获较早晾晒不及时的小麦，水分含量偏高，但粮店不论水分高低都收购，后期需加强检测监督，

防止粮食腐烂变质。

三、小麦价格变化对农业经营主体的影响

在全球新冠疫情背景下，再加上受俄乌冲突局势影响，2022年小麦价格与往年变化趋势明显不同。

1. 小麦价格变化

制粉企业收购价从1月的1.43元/斤上涨到3月的1.61元/斤，直线上涨，4—6月处于平稳略增状态，进入5月下旬后，全国小麦陆续上市，麦价呈持续下降趋势。6月比5月环比下跌4.12%，同比上涨22.4%，7—9月上旬麦价基本平稳，平均为1.536元/斤，同比上涨19.97%，环比下跌4.28%（图6-3）。

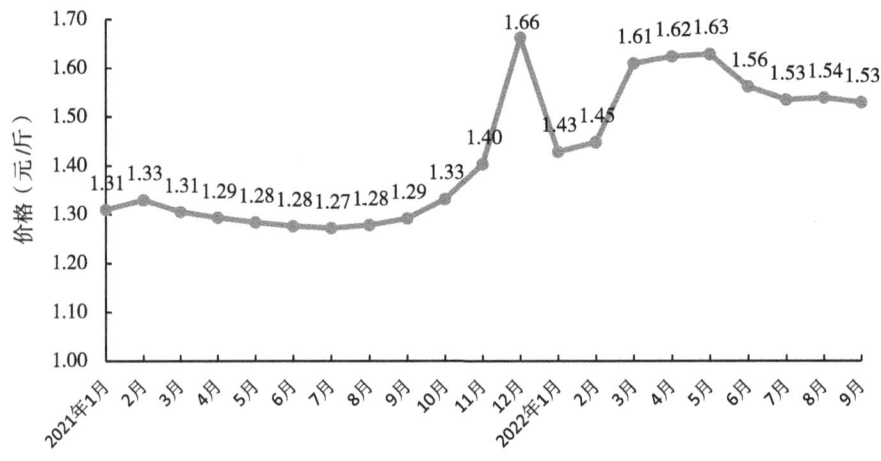

图6-3　2021年1月—2022年9月小麦价格走势

2. 小麦价格下跌原因

（1）因其他行业生意不好做，2022年个体参与收购小麦的主体增多，多数都参照粮库价格来定价，2022年粮库出价高，地方储备库收购（轮换粮）新麦开秤价在1.56~1.59元/斤，中储粮包轮换的收购价为1.57~1.58元/斤，中储粮在1.55~1.57元/斤，总体上把新麦价格定高了。

（2）个体粮商和粮贩库满、资金用完，多数粮库也处于收尾阶段，小麦与玉米价差拉大，小麦流入饲料厂的量降低，制粉企业也是降价收购小麦，各主体收购小麦的积极性下降。

（3）面粉进入消费淡季及面粉产能的无序扩张，制粉企业平均开机率

40%左右，市场竞争造成粉厂无利润甚至亏损，只有压价降低成本，行业恶性竞争，相互压价。

（4）全球粮食价格连续下跌，乌克兰小麦出口受阻，麦价大幅下降，也影响了国际粮食价格。

3. 小麦价格下跌对各类主体的影响

（1）小麦价格低于心理预期价，导致农户售粮积极性不高。

（2）因前段时间下雨，贸易商出手简易仓中不易保存的小麦，价格降低，而对保管条件好的小麦暂时持观望态度。

（3）前期收购量大的制粉企业，为降低风险准备消化库存，减少收购量。

四、2022年小麦收益情况

1. 小麦亩均纯收益不高

据农业基点县数据分析，2022年每亩小麦产量542kg，比2021年增加2kg，增长0.37%；据测算，受小麦单产增加、小麦价格上涨拉动的影响，2022年每亩小麦总产值为1 749.4元，比2021年增加321.95元，增长22.55%。尽管2022年小麦价格高企，但由于生产成本增幅较大，小麦亩均纯收益并不高。据调查，普通农户2022年每亩小麦净产值（毛收益）1 097.16元，每亩小麦毛收益比上年增加226.46元，增长26.01%；但扣除人工成本后，每亩小麦纯收益为194.66元，比上年减少31.74元，同比下降14.02%（耕地地力保护补贴除外）。

2. 存在的突出问题

一是农资价格大幅上涨。由于2021年以来因煤炭等原材料价格大幅上涨，国内肥料市场持续供应偏紧，化肥价格持续大幅上涨，2022年1—7月农资价格仍处高位运行。尿素均价2 849元/t，同比上涨23.6%；复合肥均价3 652元/t，同比上涨47.05%；磷酸二铵均价3 755元/t，同比上涨16.8%；氯化钾均价4 202元/t，同比上涨91.6%。农资价格涨幅太高，直接影响农民的种植收益。

二是小麦生产成本大幅增长。2022年每亩小麦种植总成本1 554.7元，同比2021年每亩增加成本353.7元，增长29.45%。其中人工成本为902.5元，同比增长40.07%；物质费用为652.2元，同比增长17.15%。在物质费用中化肥费用为185元，增长10.78%；农药费用48元，增长19.4%；机械作业费202.5元，增长14.15%；灌溉费用95元，增长69.04%。

三是优质优价难以体现。现行国家公布的最低收购价是按等级分，同等级的同一价格,均以容重、水分、杂质等为标准,很难体现出优质小麦品种的价值,不利于优质小麦品种的推广与种植,影响了企业优质专用粮供给,这在一定程度上制约了面粉加工企业的升级发展。从农户来看,种植优质专用小麦不仅成本较高,还要承受产量减少和价格变化的风险,在当前小规模分散性种植的背景下,农户很难有主动种植优质专用品种的积极性。

四是农村劳动力严重缺乏。大量农村青壮年外出务工,农村劳动力严重不足,在家务农的多为老人、妇女,农忙时节,农村用工难、用工贵的问题十分突出,直接影响农民种植积极性。

五、基层对提高小麦最低收购价的期盼建议

自 2006 年国家对粮食主产区小麦实行最低收购价政策以来,在促进农民增收、稳定粮食价格、确保粮食安全方面发挥了举足轻重的作用,受到了种粮农户的广泛拥护。通过小麦产业信息队伍,对 2022 年小麦最低收购价的期盼建议开展了调查,现将有关情况报告如下。

1. 最低收购价存在的主要问题

一是小麦最低收购价定价偏低。最低收购价高低是决定政策实施效果的关键因素,直接关系到能否起到托市作用和调动农民种粮积极性。定价太低,发挥不了政策兜底效应;定价太高,影响粮食市场稳定。2018—2022 年 5 年来出台的小麦最低收购价分别为 1.15 元/斤、1.12 元/斤、1.12 元/斤、1.13 元/斤、1.15 元/斤。2022 年的小麦最低收购价比 2021 年每斤上涨了 0.02 元,再次回调到 2018 年的价格标准。对于种植户来说,这个价格没有达到农户的心理预期。德州德城区粮食贸易商王洪君反映:由于农民工工资、农资价格居高不下,建议小麦最低收购价定在 1.3 元/斤较合适。山东省郓城县顺丰粮油收储有限公司反映:一方面化肥、农药、人工、柴油等价格逐年提高;另一方面种粮成本是 1 000 元/亩左右,风调雨顺两季好收成(小麦和玉米),毛收益能到 1 000 元/亩,一年到头基本是白忙,外出打工三天也不只挣这点工钱。

二是生产成本增加影响种植积极性。2021 年以来,随着煤炭等原材料价格大幅上涨,国内化肥等农资价格出现了大幅上涨。同时,随着农村劳动力流失、用工成本提升、天气灾害等多重因素的影响,农户种粮边际收益不断减少,影响了种植积极性。潍坊高密市种植大户(6 300 亩)反映:复合肥 N-P-K(15-15-15)出厂价 2021 年 2 100 元/t,2022 年 3 600 元/t,增幅 71.4%;农药涨幅 20% 左右,麦收前需要打 4 遍药,2022 年每亩预计需要 80 元左右,比 2021 年每亩多花 20 元;柴油每吨涨了 3 000 元,每亩增加成本 10

元。2022年仅化肥、农药、柴油的成本支出较2021年同期增加近60万元。

三是优质优价难以体现。现行国家公布的最低收购价是按等级分，同等级的同一价格，均以容重、水分、杂质等为标准，很难体现出优质小麦品种的价值，不利于优质小麦品种的推广与种植，影响了企业优质专用粮供给，也在一定程度上制约了面粉加工企业的升级发展。从农户来看，种植优质专用小麦不仅成本较高，还要承受产量减少和价格变化的风险，在当前小规模分散性种植的背景下，农户很难有主动种植优质专用品种的积极性。

2. 建议

一是适当提高小麦最低收购价。建议国家根据当年的粮食生产形势，综合考虑粮食生产成本、市场供求等因素，适当提高小麦最低收购价，保护农民利益，保护农民种粮积极性。

二是适当拉开小麦质量等级差价。为鼓励农户种植优质小麦品种，优化粮食品种结构，增加优质农产品供给，推进粮食高质量发展，建议国家根据小麦品种质量定价，适当拉开小麦质量等级价差。

三是继续发放农资补贴。2021年，国家发放了200亿元农资补贴，为农户降低了种粮成本的同时稳定了种粮积极性。建议2022年国家继续加大对产粮大省的财政转移支付力度，按照核定的农作物种植面积，给农户再次发放农资补贴，以缓解农民生产成本上升的压力，激励农户的种植积极性。

第三节　山东基层对提高小麦最低收购价的建议

国家执行最低收购价格政策是鼓励粮食生产、促进农民增收、稳定粮食市场、维护粮食安全的宏观调控举措。通过最低收购价的"托底"效应，合理提高农民种粮收益，给农民创造扩大再生产的条件，保护和激发农民的种粮积极性。合理确定最低收购价格关系到农民种粮积极性的保护、财政负担和物价稳定等多个方面。价格定得过低，种粮农民利益得不到有效保障，达不到政策预期效果；价格定得过高，增加收储压力和财政负担，容易引起粮价过快上涨，给稳定物价带来压力。

一、目前小麦最低收购价存在的问题

最低收购价成为市场价格的重要推动者和保护因素，价格指导信号被政策

收购价格所主导。2006年以来，最低收购价格持续调高，一定程度上抑制了市场的功能，市场机制对粮食价格的调节作用难以充分发挥。这种矛盾容易产生资源配置的风险：一方面，政策维持的市场高价格引导农民进一步增加托市粮食品种的生产，资源进一步向该品种生产转移，而产量的增加导致托市品种市场价格下跌；另一方面，政策收储量增加使得市场流通粮源减少，市场流通效率下降，加工粮源需求受到影响。

  2021年山东省小麦开秤价高开，而且麦价上涨速度快，6月底就达到了1.30元/斤，远高于最低收购价1.13元/斤，此时最低收购价就起不到作用了。稳定并适当提高粮食最低收购价格对于保护农民种粮收入的"底线"有一定保障作用，但是在劳动力流失、成本提升、天气灾害等多重因素影响下，农民的种粮收入很难大幅增长，收购价格的提高并不能解决当前农户种粮边际收益不断减少的问题，对于激励农户种粮的积极性作用有限。潍坊高密市种植大户反映：N-P-K（15-15-15）的化肥出厂价2021年2 100元/t，2022年3 600元/t，增幅71.4%。种植6 300亩，一亩地按80斤计算，一袋上涨60元，化肥成本增加总计37.8万元。农药涨幅20%左右，麦收前需要打4遍药，2021年60元/亩，2022年每亩预计需要80元左右，农药多花12.6万元；柴油每吨涨了3 000元，他们农场有大小农机具50多台，每亩增加成本10元，共增加6.3万元。仅化肥、农药、柴油较2021年同期相比增加种植成本56.7万元。农资涨幅太高，直接影响2022年的春耕备播。

  另外，由于最低收购价格政策的执行，近年来我国小麦价格整体呈现不断走高的态势，国内外小麦价格倒挂，同时进口小麦在品质上优于国产小麦，使得进口小麦的性价比优势明显，在国内市场受到青睐，近年来小麦进口量一直保持较高水平。2021年我国小麦累计进口数量971.68万t，较2021年同期增加16.27%。国内外小麦的较大价差，给我国小麦的政策支持形成一定压力。在政策收购价格高于市场价格的情况下，大量粮食进入国家库存，导致主产区收购仓容紧张，给实际收储工作带来较多困难。在政策收购价格低于市场价格的情况，受种植成本等因素影响，农户的种植收益增加有限，特别是对于种植规模小的农户来说，家庭的主要收入来源于其他渠道，不会在意种地这点收入；而对种植规模大的农户来说，他们的全部收入都来自种地，所以他们比较关注最低收购价政策，即使上调几分钱，对他们的种粮积极性也是极大的促进。另外，规模种植户的农资一般由厂家批发，机械作业成本也较小农户低，所以在亩成本比小农户低的情况下，在收益上相较小农户高。因此，对于规模种植的农户来说，最低收购价格的提高对激发种粮积极性有一定作用。

此外，小麦托市收购政策中，没有区分普通小麦与优质小麦，均以容重、水分、杂质等为标准，未考虑是否为优质品种，导致部分优质专用小麦品种未获得优质价格，这种收购标准不利于优质小麦的推广与种植。二是优质专用小麦市场收购没有政策支持，价格的运行主要靠市场调节，农户种植优质小麦没有稳定收益的保障。三是优质专用小麦的种植成本较高。农民种植优质专用小麦，不但要承受产量减少的风险，还要面对价格变化风险，在当前小规模分散性种植的背景下，农户很难有主动种植优质专用品种的积极性，而且也缺乏实际管理能力。小麦种植结构不合理进一步制约加工企业的升级发展，企业需要的优质粮源供给不稳定，是面粉附加值低、产品单一、缺乏竞争力的重要因素。

二、对小麦最低收购价格的建议

当前，农民收入不高、粮食生产流通及消费低迷等市场形势的变化对政策提出了更高的要求，政策的调整和完善不能仅依靠提高或降低小麦最低收购价格来实现。综合来看，以"市场定价"为导向，灵活制定小麦最低收购价格，一定程度上可缓解当前我国小麦市场存在的矛盾，对小麦产业链的各个参与主体来说，也是发展和转型的新机遇。

1. 推进小麦最低收购价政策改革

坚持市场化改革取向和保护农民利益并重，着力增强最低收购价政策灵活性和弹性，合理调整最低收购价水平。国家为了保证农民种粮积极性和保护农民的收益，制定了小麦最低收购价政策，从而保障我国口粮安全。在保障小麦等粮食价格维稳的情况下，小麦市场化趋势也日益明显，因租地成本、生产资料及人工成本过高等问题已引起广泛关注，如果能降低种植成本，即使下调小麦最低收购价，也能适当缓解农民收益减少的问题。最低收购价适当下调，制粉企业的竞争力将得到提升，"麦强粉弱"的状况也将得到有效改善，加速制粉企业整体的优胜劣汰，同时也有利于应对国外低价小麦对国内市场的冲击，使小麦全产业链更加健康、可持续发展。从长期来看，建议国家实施"价补分离"政策，利用政策来稳定市场，以提高我国小麦的国际竞争力。

2. 逐步完善粮食生产的配套政策

在国内外价格联动日趋明显的形势下，粮食价格市场化程度逐步提高，现行的最低收购价政策被赋予过多的政策职能。需要将最低收购价格政策回归到最初的目标，即解决农民"卖粮难"问题，同时需要采取相应配套支持政策。

3. 加大对优质专用小麦生产的支持，鼓励农户规模化、集约化种植

优质小麦对政策的依赖性较小，市场议价能力较强，需求旺盛。一是适应市场发展趋势，引导农民种植优质专用小麦品种；二是引导其积极转变生产方式，由分散、低收益的小农生产经营转化为规模化集中种植，从而降低生产成本、提升产品品质、稳定产量。

4. 以"市场定价"为导向

灵活制定最低收购价格，改变小麦最低收购价格定价"只涨不跌"的预期，充分发挥市场机制的调节作用。

5. 合理控制最低收购价小麦收购量

政策性收购的作用应以辅助收购为主，而非"主导"市场。通过调整销售价格、定向销售、加工补贴等多种方式，促进消化政策性小麦库存，加快小麦粮源的流通，满足市场粮源需求，促进行业整合升级及健康发展。

第四节 2022年农民夏粮出售意愿调查

2022年是党的二十大召开之年，是实施"十四五"规划承上启下的重要一年，面对统筹疫情防控和粮食流通改革发展的繁重任务，抓好2022年夏粮收购工作具有重大现实意义。受国内外局势影响，我国小麦等粮食价格均有不同程度上涨，特别是小麦价格出现了历史新高。近期山东省农业农村厅通过小麦产业信息员队伍中的农户代表，对2022年山东省小麦收获形势及农户对夏粮出售意愿开展了调查，现将有关情况报告如下。

一、2022年山东省小麦呈"三增"态势

2022年小麦在高效的栽培管理措施下，由相对较弱的苗情转变为目前较好的状态，小麦种植面积、单产和总产量均增加，呈"三增"态势。农情信息调度系统样本数据显示，播种面积比2021年增加1.33%，比常年增加0.66%，山东省小麦种植面积为6 063万亩，比2021年增加79.5万亩。亩穗数为37.4万株，比2021年增加0.17%；穗粒数为33.46粒/穗，比2021年增加0.02粒/穗；千粒重为42.5g，比2021年增加0.02g；在产量三要素均增加的前提下，预测小麦单产增加，达到452.13kg/亩，比2021年增加1.22kg/亩，增加幅度0.27%。在线上调查的农户代表数据显示，2022年小麦产量预计在800~1 300斤/亩，71.4%的农户预计产量在1 000斤/亩以上，其他农户

预计在 800~1 000 斤/亩。

二、农户储粮意愿增强

对于即将收获的小麦，调查发现，仅有 28.6% 的农户不愿意出售，小麦收获后准备自己留存，71.4% 的农户愿意部分出售，计划出售 30%~100%，平均计划出售量占总收获量的 54.6%，自己留存的比例平均为 45.4%。对于繁育种子的农户，因与种子公司有合同，具体出售时间由收购的种子公司来确定。总体上，2022 年农户储粮意愿比较强烈，计划售粮的农户比往年要少，从 2021 年麦收近一年时间，受国内外局势影响，市场上麦价出现了与往年不一样的态势，由于小麦价格浮动不稳，预计麦收时贸易商和制粉企业抢粮的可能性较大。

三、2022 年夏粮收购将出现新情况

自 2022 年 3 月以来，山东制粉企业收购价格同比增幅 23.36%~26.85%，以 3 月为例，2021 年 3 月麦价均值为 1.31 元/斤，2022 年 3 月麦价为 1.61 元/斤，同比增幅 23.36%；环比来看，3 月环比最高为 11.2%，目前制粉企业收购小麦均价为 1.63 元/斤。随着加工原料的上涨，小麦产品面粉和麸皮价格也是大幅提升，目前麸皮月平均价格 1.13 元/斤，3 月同比上涨幅度最大为 40.3%，4 月同比上涨幅度 16.4%，5 月同比增加 0.97%，环比下降 4.33%。目前 60 粉价格为 1.82 元/斤，3—5 月同比增幅在 25.38%~26.54%，平均增幅 25.83%。总之，近一年来，小麦、面粉及麸皮价格出现了历史最高水平。

外省小麦已逐步开始收获，根据目前麦价走向，2022 年山东省小麦收购形势也会出现新动向、新苗头：一是 2022 年小麦开秤价会出现历史新高，开秤价预计在 1.6 元/斤左右，到目前为止，陈麦市场不但没有季节性回落，而且出现大幅上涨，目前陈麦价格上涨带动了上市数量不大的新小麦的持续上升，而且贸易商和制粉企业在麦收时会抢购小麦；二是农户储粮意愿增强，凡是有条件的农户都有储粮意愿；三是在资金允许的情况下，贸易商收购的小麦有长时间储存的意愿；四是预计后期商品粮价格会高出卖小麦种子的价格。

四、建议

1. 适当提高小麦最低收购价

建议国家根据当年的粮食生产形势，综合考虑粮食生产成本、市场供求等

因素，适当提高小麦最低收购价，保护农民利益，保护农民种粮积极性。

2. 在麦价中体现种粮补贴

在国家托底收购情况下，将种植小麦的补贴资金按斤摊入粮食产量中，不按面积，让补贴真正给到实际种粮者，谁的产量高、贡献大，谁拿到补贴就多。

3. 加强对储粮主体的监管

对储粮的农户或贸易商等经营主体，管理部门要加强监督管理，保证储存的粮食不发生发霉、腐烂等事件；同时建议加大国家各级储备粮库的收储力度。

4. 建议农户适时出售手中余粮

从历年的麦价走势分析，麦收期间是麦价最低时刻，后期都会逐渐走高，特别是近一年的麦价上涨，大部分农户储粮意愿增强，但农户个体受储粮条件限制，为避免因储存不当造成的损失，建议适时出售手中余粮。

5. 关注未来天气变化

山东省小麦即将收获，5月底至6月初是小麦发生干热风风险的高发期，关注天气变化及时采取措施，另外在麦收期间，及时适时收获，以保证小麦产量和质量。

第五节　2022年山东省夏粮收购情况调查

截至6月22日，山东省小麦机收基本结束。麦收期间，山东省上阵小麦联合收获机18.6万台，实现小麦机收5981万亩，机收率达99.6%，机收水平创历史新高。为跟踪监测2022年夏粮收购情况，近期山东省农业农村厅通过小麦产业信息员队伍，对山东省夏粮收购情况开展了调查，现将有关情况报告如下。

一、山东省夏粮收获情况

2022年夏粮又喜获丰收，单产与2021年基本持平，总产量略增，质量普遍较好。实地调查数据显示，精细管理的地块小麦产量普遍较高，有的地块产量1600斤/亩以上。山东省农业农村厅组织的粮油作物高产竞赛实打测产数据显示，2022年小麦生产，不论是传统高产地块还是冬前弱苗麦田，不论是水浇良田还是山岭薄地，均有不错的产量表现，属于高产年份。其中，"登海

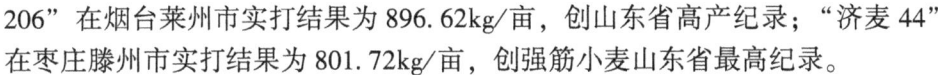

206"在烟台莱州市实打结果为896.62kg/亩,创山东省高产纪录;"济麦44"在枣庄滕州市实打结果为801.72kg/亩,创强筋小麦山东省最高纪录。

二、2022年新麦收购特点

1. 夏粮收购价格高

2022年制粉企业开秤收购新麦价1.52~1.55元/斤,6月平均收购价格在1.56元/斤,同比增幅22.39%,7月1—6日麦价略有回落,平均为1.54元/斤,同比增加21.31%。麦价下跌的主要原因:一是2022年产量品质超预期;二是国际粮价大跌,三是中央储备粮降价收购;四是面粉消费淡季;五是国内外玉米期价大跌,现货也继续下行。7月,政策性小麦轮入收购将成为主导小麦市场价格的主要力量。面粉加工企业的小麦收购价对市场的影响同样将会减弱,这将有利于小麦市场价格的稳定。

2. 2022年夏粮收购进度快

山东省在夏粮收购工作中,层层压实责任、加强收购形势分析研判、强化收购政策宣传引导、做好了收购准备工作。山东省准备收购仓容223亿斤、资金300亿元,各级已建立5亿多元粮食收购贷款信用保证基金,可放大10~15倍增信贷款,做到"人等粮、钱等粮、仓等粮"。现已认定公布第一批小麦最低收购价库点15个,仓容28万t。山东省粮食和物资储备局数据显示,截至6月30日,山东省收购新小麦394万t,同比增加44万t,收购均价1.55元/斤,比上年同期1.273元/斤,增加0.277元/斤,增幅21.76%。地方储备粮轮换已完成入库近60%,夏粮收购进展顺利,购销两旺,市场平稳。

3. 收购主体增加,农户惜售心理较强

据部分制粉企业反映,优质麦整体质量不好,普通小麦容重高、面筋含量低,但总体质量好于2021年,制粉企业和贸易商抢收小麦,加之国际局势及疫情影响,小麦开秤价格较高。在调查的26位产业信息员中,农户平均出售新麦量占收获总产量的45%,余下的55%留在自己手里,等待价格上涨,最少的留存20%左右,最高的留存70%左右。总之,有储存条件的种植大户,根据自身空间都留存一部分,没有储存条件的和小农户全部出售了。贸易商收购新麦的量比往年同期减少30.76%,制粉企业收购新麦量比往年减少29.17%。主要是农户对后期市场行情看好,各市场主体对麦价预期较高,存在观望惜售心理。

4. 机收损失率降低,部分地区小麦水分偏高

山东省随机抽取386个采样地块平均机收损失率为1.35%,均低于2%目标。其中，山东省粮油竞赛大比武中，10场平均机收现场实测损失率为0.66%。在调查的产业信息员中，有15.38%的人反映，收获较早晾晒不及时的小麦，水分含量偏高，但粮店不论水分高低都收购，后期需加强检测监督，防止粮食腐烂变质。

三、建议

1. 加强对储粮主体的监管

对储粮的农户或贸易商等经营主体，管理部门要加强监督管理，保证储存的粮食不发生发霉、腐烂等事件，同时建议加大国家各级储备粮库的收储力度。

2. 国家要保障粮价稳定

建议国家通过加大收储力度，监管好粮食市场，保证国内粮价基本稳定。稳住粮食播种面积，稳定粮食产量。加大对产粮大县的奖励和支持力度，进一步完善农业补贴政策，保障农民种粮基本收益。

3. 顺应市场适时出售

建议农户密切关注市场购销形势，合理安排粮源出货节奏，适时出售粮食，避免因储存不当造成的损失。建议各用粮企业和贸易商顺应市场而为，切实把握好收购的时间和节奏，规避市场风险。

4. 建议适度规模种植

据实地调研了解，部分种植大户，因种植规模较大，栽培管理跟不上，小麦长势偏弱，产量明显低于精细管理地块，所以建议合作社或家庭农场在扩大种植规模时，根据自身管理能力，量力而行，不可贪多，否则影响收益！

第六节 2022年山东省小麦成本收益分析调查

一、2022年夏粮喜获丰收

夏粮是山东省粮食生产的"半壁江山"。2021年秋种时节，山东省严格落实粮食安全党政同责要求，积极克服严重秋汛影响，实现了应播尽播，全力稳定小麦种植面积。在收获阶段，山东组织19万台稻麦联合收割机上阵，28万名农机技术人员和农机手参与"三夏"会战，确保山东省小麦适时收获、颗粒归仓。至6月21日，山东省小麦收获基本结束，小麦生产形势好于预期，小麦品质好于预期。从山东省粮油作物高产竞赛实打测产数据来看，无论是传统高产地块还是冬前弱苗麦田、无论是水浇良田还是山岭薄地，均有不错的产量表现，属于高产年份。其中，"登海206"在烟台莱州市实打结果为896.62kg/亩，创山东省高产纪录；"济麦44"在枣庄滕州市实打结果为801.72kg/亩，创强筋小麦山东省最高纪录。7月14日，国家统计局公布了夏粮生产数据，山东夏粮面积6 007万亩，比2021年增加13.8万亩，增长0.2%；夏粮总产量528.32亿斤，比2021年增加0.88亿斤，增长0.2%。

二、2022年小麦收益情况

1. 小麦价格大幅增长

自2021年11月以来，小麦价格保持持续上涨态势，目前小麦均价1.54元/斤，为历史最高价，同比上涨20.3%。据农业基点县数据分析，2022年每亩小麦产量542kg，比2021年增加2kg，增长0.37%；据测算，受小麦单产增加、小麦价格上涨拉动的影响，2022年每亩小麦总产值为1 749.4元，比2021年增加321.95元，增长22.56%。

2. 小麦亩均纯收益不高

尽管2022年小麦价格高企，但由于生产成本增幅较大，小麦亩均纯收益并不高。据调查，普通农户2022年每亩小麦净产值（毛收益）1 097.16元，每亩小麦毛收益比上年增加226.46元，增长26.01%；但扣除人工成本后，每亩小麦纯收益为194.66元，比2021年减少31.74元，同比下降14.02%（耕地地力保护补贴除外）。

三、存在的突出问题

1. 农资价格大幅上涨

由于2021年以来因煤炭等原材料价格大幅上涨，国内肥料市场持续供应偏紧，化肥价格持续大幅上涨，2022年1—7月农资价格仍处高位运行。尿素均价2 849元/t，同比上涨23.6%；复合肥均价3 652元/t，同比上涨47.05%；磷酸二铵均价3 755元/t，同比上涨16.8%；氯化钾均价4 202元/t，同比上涨91.6%。农资价格涨幅太高，直接影响农民的种植收益。

2. 小麦生产成本大幅增长

2022年每亩小麦种植总成本1 554.7元，同比2021年每亩增加成本353.7元，增长29.45%。其中人工成本为902.5元，同比增长40.07%；物质费用为

652.2元，同比增长17.15%。在物质费用中化肥费用为185元，增长10.78%；农药费用48元，增长19.4%；机械作业费202.5元，增长14.15%；灌溉费用95元，增长69.04%。

3. 优质优价难以体现

现行国家公布的最低收购价是按等级分，同等级的同一价格，均以容重、水分、杂质等为标准，很难体现出优质小麦品种的价值，不利于优质小麦品种的推广与种植，影响了企业优质专用粮供给，也在一定程度上制约了面粉加工企业的升级发展。从农户来看，种植优质专用小麦不仅成本较高，还要承受产量减少和价格变化的风险，在当前小规模分散性种植的背景下，农户很难有主动种植优质专用品种的积极性。

4. 农村劳动力严重缺乏

大量农村青壮年外出务工，农村劳动力严重不足，在家务农的多为老人、妇女，农忙时节，农村用工难、用工贵的问题十分突出，直接影响农民种植积极性。

四、建议

1. 加大化肥稳产保供力度

有关部门和单位要切实保障化肥等农资企业正常生产，畅通农资运输配送，适时投放化肥储备；严格把控化肥出口，积极开拓新的化肥原材料进口渠道，稳定国内市场供应，保障农资价格运行稳定。

2. 建立农民生产资料补贴常态化机制

在春耕、秋种关键时期，直接给农民发放购买化肥、种子、农膜等生产资料的补贴，缓解农资等生产成本价格上涨对种粮收益带来的影响，促进农民种粮积极性。

3. 适当提高小麦最低收购价

每年的粮食最低收购价要适当考虑当前粮食生产成本，随着农资和用工价格的上涨予以调整，适当拉开小麦收购等级差价，保持农民粮食收益的稳定，调动农民种粮积极性。

4. 培育推广小麦优良品种

有关部门一定要严把种子品质关，加强优良品种精选，培育推广稳产优质小麦品种。

第七节 2022年小麦价格变化对农业经营主体的影响及建议

在全球新冠疫情背景下，再加上受俄乌冲突局势影响，2022年小麦价格与往年变化趋势明显不同。本轮小麦行情下跌一个多月了，市场信心备受打击。

一、小麦价格变化情况

制粉企业收购价从1月的1.43元/斤上涨到3月的1.61元/斤，直线上涨，4—6月处于平稳略增状态，进入5月下旬后，全国小麦陆续上市，麦价呈持续下降趋势。6月上、中、下旬平均价格分别为1.570元/斤、1.563元/斤、1.557元/斤，7月上旬均价为1.54元/斤，比6月上旬降0.017%，比6月下旬降0.859%。前期收购速度较快，进入7月以后，收购速度放缓，截至7月10日，山东省共收购小麦458万t，同比减少8万t，其中国有企业收购154万t，同比减少37万t。

以代表性制粉企业——山东望乡食品有限公司为例，说明小麦周价格变化情况：6月13日新小麦开秤收购价1.50~1.52元/斤（普通小麦）、1.57~1.62元/斤（优质小麦）；6月20日普通小麦均价1.54元/斤、优质小麦1.60元/斤；6月27日普通小麦1.545元/斤、优质小麦1.60元/斤；7月4日普通小麦均价1.535元/斤、优质小麦1.60元/斤；7月11日普通小麦1.52元/斤、优质小麦1.58元/斤。从变化趋势上看，优质小麦比普通小麦抗跌，但自6月20日以来，普通小麦和优质小麦每斤均下降0.02元。

二、小麦价格下跌原因分析

一是因其他行业不景气，2022年个体参与收购小麦的主体增多，多数都参照粮库价格来定价，2022年粮库出价高，地方储备库收购（轮换粮）新麦开秤价在1.56~1.59元/斤，中储粮包轮换的收购价为1.57~1.58元/斤，中储粮在1.55~1.57元/斤，总体上把新麦价格定高了。

二是个体粮商和粮贩库满、资金不足，多数粮库也处于收尾阶段，小麦与玉米价差拉大，小麦流入饲料厂的量降低，制粉企业也是降价收购小麦，各主体收购小麦的积极性下降。

三是面粉进入消费淡季及面粉产能的无序扩张，制粉企业平均开机率40%左右，市场竞争造成粉厂无利润甚至亏损，只有压价降低成本，行业恶性竞争，相互压价。

四是全球粮食价格已经连跌3个月，乌克兰小麦出口受阻，麦价大幅下降，也影响了国际粮食价格。

三、小麦价格下跌对各类主体的影响

一是近期小麦价格低于心理预期价，导致农户售粮积极性不高。

二是因前段时间下雨，贸易商出手简易仓中不易保存的小麦，价格降低，对保管条件好的小麦持观望态度。

三是前期收购量大的制粉企业，为降低风险准备消化库存，减少收购量。

四、建议

1. 加强对储粮主体的监管

对储粮的农户或贸易商等经营主体，管理部门要加强监督管理，保证储存的粮食不发生发霉、腐烂等事件，同时建议加大国家各级储备粮库的收储力度。

2. 充分发挥中储粮的作用

中储粮前期定价太高，近期又压价，造成近期麦价大幅度下滑。中储粮应在粮价过高时，适当拍卖来平抑物价，过低时也要起到稳住粮价的作用，真正做到国家赋予中储粮的责任！

3. 顺应市场适时出售

建议农户密切关注市场购销形势，合理安排粮源出货节奏，适时出售粮食，避免因储存不当造成的损失。建议各用粮企业和贸易商顺应市场而为，切实把握好收购的时间和节奏，规避市场风险。

第七章 2023年山东省小麦市场动态分析与未来展望

第一节 基层对提高小麦最低收购价的期盼建议

近年来，小麦最低收购价稳步提升，由2021年的1.13元/斤、2022年的1.15元/斤，到2023年国家继续在小麦主产区实行最低收购价政策，小麦（三等）最低收购价为1.17元/斤，比2022年上涨0.02元/斤。稳步提高小麦最低收购价，这对广大农民来说无疑是个好消息。国家顶层政策的倾斜，对提高农民种粮积极性、保护农民种粮收益、稳定农业生产意义重大。

近期山东省农业农村厅通过小麦产业信息队伍，包括农户、贸易商和加工企业代表，对2023年小麦最低收购价的期盼建议开展了调查，现将有关情况报告如下。

一、存在的主要问题

1. 小麦最低收购价定价偏低

最低收购价高低是决定政策实施效果的最关键因素，直接关系到能否起到托市作用和调动农民种粮积极性。定价太低，发挥不了政策兜底效应；定价太高，影响粮食市场稳定。2018—2022年这5年来出台的小麦最低收购价分别为1.15元/斤、1.12元/斤、1.12元/斤、1.13元/斤、1.15元/斤。2022年的小麦最低收购价比2021年上涨了0.02元/斤，再次回调到2018年的价格标准。对于种植户来说，这个价格没有达到农户心理预期，如德州德城区粮食贸易商反映：由于农民工工资、农资价格居高不下，预计2023年小麦开秤价不低于1.4元/斤，建议小麦最低收购价定在1.3元/斤较合适，最低收购价定在1.15元/斤则太低了。山东省郓城县顺丰粮油收储有限公司反映：一方面化肥、农药、人工、柴油等价格逐年提高；另一方面种粮成本是1 000元/亩左右，风调雨顺两季好收成（小麦和玉米），毛收益能到1000元/亩，一年到头基本是白忙，外出打工三天也不只挣这点工钱。

2. 生产成本增加影响种植积极性

2021年以来，随着煤炭等原材料价格大幅上涨，国内化肥等农资价格出现了大幅上涨。同时，随着农村劳动力流失、用工成本提升、天气灾害等多重因素的影响，农户种粮边际收益不断减少，影响了种植积极性。如潍坊高密市种植大户（6 300亩）反映：复合肥N-P-K（15-15-15）出厂价2022年2 100元/t，2023年3 600元/t，增幅71.4%；农药涨幅20%左右，麦收前需要打4遍药，2023年每亩预计需要80元左右，比2022年每亩多花20元；柴油每吨涨了3 000元，每亩增加成本10元。2023年仅化肥、农药、柴油的成本支出较2022年同期增加近60万元。

3. 优质优价难以体现

现行国家公布的最低收购价是按等级分，同等级的同一价格，均以容重、水分、杂质等为标准，很难体现出优质小麦品种的价值，不利于优质小麦品种的推广与种植，影响了企业优质专用粮供给，也在一定程度上制约了面粉加工企业的升级发展。从农户来看，种植优质专用小麦不仅成本较高，还要承受产量减少和价格变化的风险，在当前小规模分散性种植的背景下，农户很难有主动种植优质专用品种的积极性。

二、建议提高小麦最低收购价

随着农资费用上涨，小麦的生产成本增加，以滨州地区为例，小麦亩生产成本762.06元，同比增加2.57%。其中，种子费56.30元，与2021年相比上涨5.12%；化肥费194.50元，与2022年相比上涨4.76%；农药费25.30元，与2022年相比上涨2.60%；造成费用上涨的主要原因：一是农户选择优质高效品种增多，种子费用增加；二是使用高效复合肥的农户增多，不少农户为获得高产普遍增加了化肥投入量，因化肥原材料价格较2021年普遍上涨，使得亩均化肥费增加；三是部分农户选择复合型农药增多，价格较单一型略高，使得农药费有所增加。粮食产量基本稳定，且上涨空间有限，在生产成本增加的情况下，卖粮的收入增加有限，只有提高最低收购价，以保证农户的收益。有农户建议小麦保护价应在1.4~1.5元/斤，目前麦价在1.6~1.7元/斤，国家制定的最低收购价1.17元/斤没有意义，或者暂定指导价，接近粮食的实际收购价为好，也是稳粮价提高种粮农户积极性的一个重要举措。根据当年的小麦生产形势、生产成本、市场供求等因素综合考虑，适当提高最低小麦收购价，保护农民利益，提高农民种粮积极性。

三、建议通过提高种粮补贴等方式，稳定农户收益

对于农户来说，麦价是制约收入的主要因素，最低收购价格的提高可激发农户的种粮积极性，但对于一般小农户来说，因经营的土地数量有限，提高最低收购价对他们的种粮收入增加影响不大，他们希望提高种粮补贴等方式，稳定收益；对种粮大户来说，他们非常关注最低收购价，毕竟种植规模大，产量高，麦价高效益就会高。

四、建议尽早发布小麦最低收购价政策

国家发布第二年的小麦最低收购价一般在 10 月以后，此时农户种植小麦的意向已基本确定，即使想增加种植面积，因需要准备农用物资等材料，时间上比较紧张，而且在托市麦价不确定的情况下，也担心来年的收入。

五、建议适当拉开小麦质量等级价差，促进优质优价

使用高质高效技术，种植优质小麦品种，优化小麦生产结构，进一步提高小麦产量，适当拉开小麦质量等级价差，促进优质优价。

第二节　2023 年山东新小麦市场形势分析

一、2023 年山东省小麦长势情况

2022 年秋种期间，山东各地墒情适宜，关键技术落实到位，小麦适期播种面积大、质量较高，冬前个体发育健壮，群体结构合理。山东省农业农村厅根据 2023 年小麦特点，坚持"防春冻、防春旱、早除草、控旺长"策略，因地因苗施策，搞好分类管理，做到精准施策，构建麦田合理群体结构，搭好丰产架子。同时细分"受冻麦田、旺长麦田、三类麦田、二类麦田、一类麦田和旱地麦田六大类，有针对性地出台了春管技术举措。截至 4 月下旬，遥感监测结果显示，山东省小麦长势状况较好，其中，94.32%以上区域与 2022 年及上年同期持平，4.17%的区域好于 2022 年及常年同期，1.51%的区域不及 2022 年及常年同期，主要分布在淄博北部及滨州中部。

二、小麦市场价格情况

1. 小麦价格

2022年小麦价格从1.38元/斤，一路上涨到1.42元/斤、1.45元/斤、1.5元/斤，最高点1.65元/斤。主要原因是俄乌冲突爆发，世界局势不稳，老百姓恐慌，种粮大户和贸易商农户惜售，另外也有疫情的因素。2023年制粉企业收购小麦价格从2月的1.59元/斤，一路下滑到4月的月均价1.44元/斤，此时同比下降低11%，环比下降低5%。在市场需求难以增加等多种因素的共同推动下，预计近期小麦市场仍将偏弱调整，最终市场会逐渐趋于理性（图7-1）。

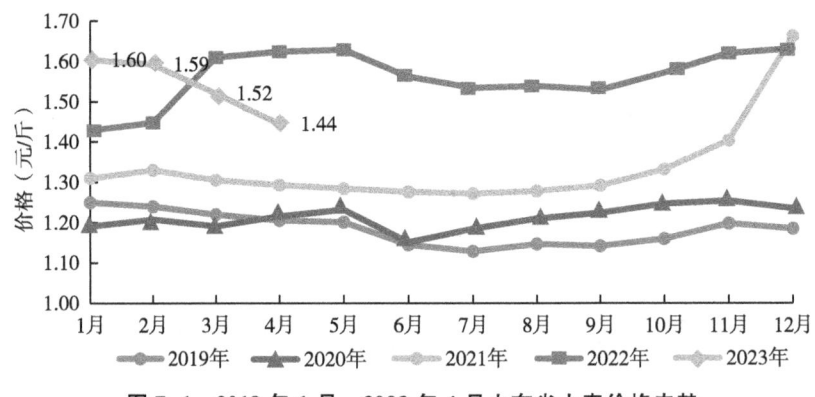

图7-1 2019年1月—2023年4月山东省小麦价格走势

2. 面粉价格

面粉价格与小麦价格走势基本一致，从2023年的年初一直走低。从1月的平均价格1.78元/斤，下降到4月的1.64元/斤，4月环比降低3.59%、同比降低10.11%。

3. 麸皮价格

麸皮价格与小麦价格和面粉价格走势一致，一路下滑。从1月的平均价格1.33元/斤，下降到4月的1.04元/斤，4月环比降低9.24%、同比降低11.68%。小麦、面粉及麸皮同比下降均在10%以上，而副产品麸皮环比下降幅度在三者中最大（图7-2、图7-3）。

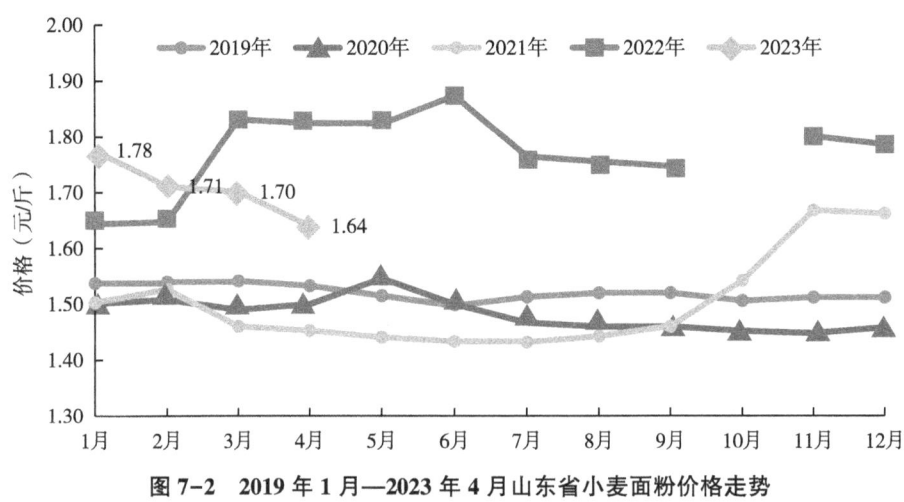

图 7-2 2019 年 1 月—2023 年 4 月山东省小麦面粉价格走势

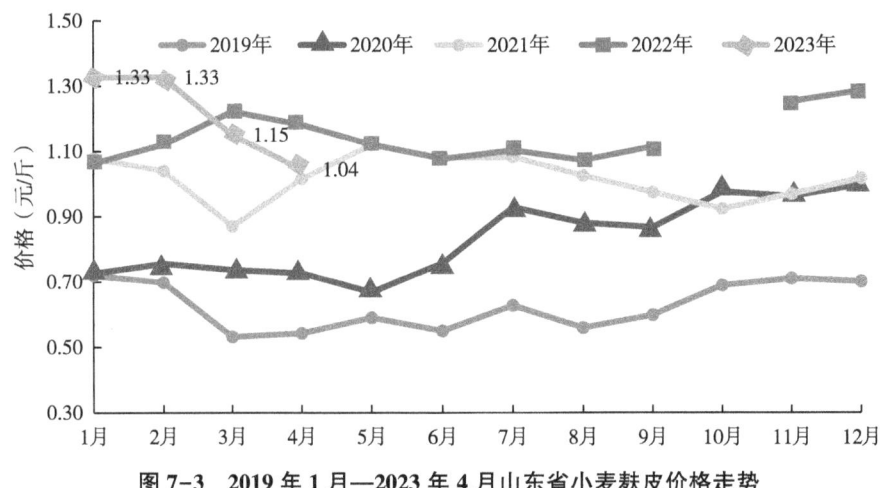

图 7-3 2019 年 1 月—2023 年 4 月山东省小麦麸皮价格走势

三、新小麦市场预测

目前小麦长势好于常年,丰产丰收在望。陈小麦仍有一定市场量,新陈相接有余。离新季小麦收获期越来越近,同时政策性储备小麦的后续投放量将对后期市场走势产生影响。2023 年新小麦上市预计将出现与 2022 年相反的局面。

随着小麦的不断下跌,市场对于新麦的预期也越来越弱,新麦低价位运行的可能性较大,预计在 1.25~1.35 元/斤,市场看跌情绪浓厚,目前的价位还未到底,还将继续下滑。由于年前年后小麦价格不稳定,大部分粮食贸易商存有大量库存,受此影响,2023 年贸易商抢粮储存的积极性不高。同时,2023 年多个小麦主产国丰产的预期较浓,全球小麦供需走向宽松,国际麦价持续回落,不断跌至新低,对国内市场已失去支撑。

供强需弱持续明显。2022 年小麦量质双增,再加上回归口粮后,需求单一,消耗有限,这使得小麦库存迅速回涨。而需求方面,虽然小麦价格不断回落,但在"口粮不饲用"的前提下,小麦再次大量流入饲用的概率并不高,再加上面粉需求不振,小麦消耗有限,总体供强需弱的格局是非常明显的。

很可能出现"双观望",粮农观望市场盼高开,收购者冷静入市盼低开,"卖粮难"和"收粮难"并存。

四、建议

一是加强后期田间管理,重点关注小麦锈病发生发展情况。

二是关注政策信息。特别是各地粮库轮换情况,以及中储粮收购新麦信息。

第八章 我国小麦优质优价存在的问题、路径及启示研究

第一节 我国小麦产业概况和发展趋势

一、我国小麦产业概况

小麦是世界性的重要粮食作物,产量和消费量占世界谷物产量和消费量的30%左右,而贸易量占世界谷物贸易量的45%左右。小麦是我国仅次于玉米和水稻的第三大谷物,近年来每年小麦种植面积在2 400万hm^2左右,约占粮食作物总面积的1/4。2000年以来,中国小麦产业呈现5个显著特点:一是面积略下降、总产量增加,面积呈"V"字形拖尾,在2004年有一"低谷",即在2000—2004年直线下降,2004—2009年缓慢增长,此后基本平稳,2019年又平稳略降;二是单产持续提高,2019年比2000年增长了48.8%;三是总产量增加主要由单产驱动;四是集中度高,河南、山东和河北三省常年种植面积占全国的53.4%,产量占全国的57%;五是主产省份的种植规模和单产均较高。

1. 小麦种植面积及占粮食种植面积比例

2019年我国小麦种植面积2.3727×10^7 hm^2,比2018年减少5.392×$10^5 hm^2$,减幅2.22%;2019年小麦种植面积占总粮食作物播种面积的20.44%,比2018年占比减少0.29%(图8-1)。

2. 小麦产量及占粮食总产量比例

2015年以来,小麦产量总体上比较平稳,波动幅度在-2.09%~3.37%,2019年小麦总产量达到了13 359.63万t,比2018年增加215.58万t,增幅1.64%,小麦产量占粮食作物总产量的21.12%(图8-2)。

3. 小麦单位面积产量

2019年冬小麦单位面积产量5 702 kg/hm^2(380kg/亩),比2018年增加204kg/hm^2(13.66kg/亩),增长3.71%。2015年以来,除了2018年因播期推迟

及极端天气因素影响造成减产以外,其他年份单产增长幅度在0.10%~3.72%(图8-3)。

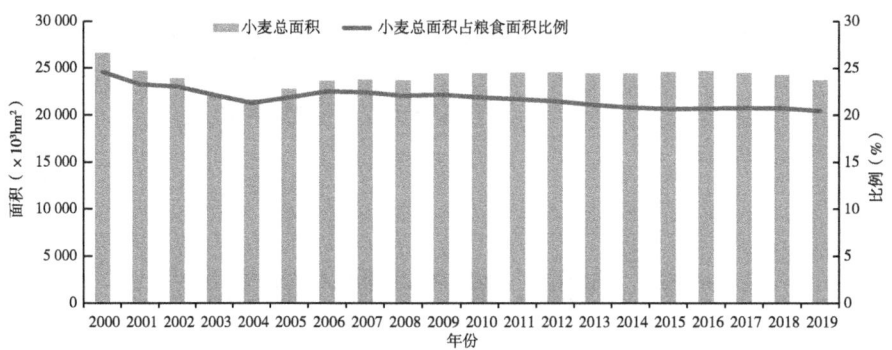

图 8-1　2000—2019 年我国小麦种植面积及占粮食种植面积比例

（数据来源：国家统计局官网）

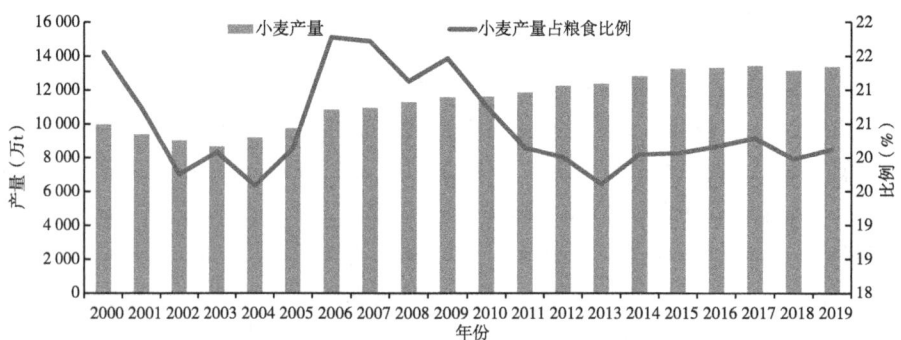

图 8-2　2000—2019 年我国小麦产量及占粮食总产量比例

（数据来源：国家统计局官网）

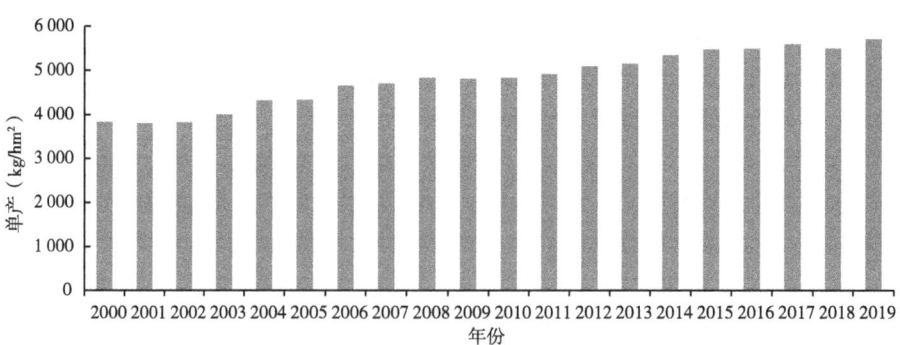

图 8-3　2000—2019 年我国小麦单位面积产量

（数据来源：国家统计局官网）

4. 我国小麦消费特点

我国小麦消费趋于平稳。2011—2019 年，我国每年的小麦消费稳定在 1.2 亿 t 左右，2019 年中国小麦生产 1.33 亿 t，消费 1.28 亿 t，进口量 400 万 t，出口量 110 万 t，进口占消费比 3.1%，供给大于需求，进口依赖度低。从小麦消费结构来看，小麦主要用于制粉、饲用、工业消费以及种用消费，占比分别为 75%、12%、8% 和 5%。消费量持续增长，年均增长率为 3.6%，略高于同期小麦总产量的年增长率 3.3%。

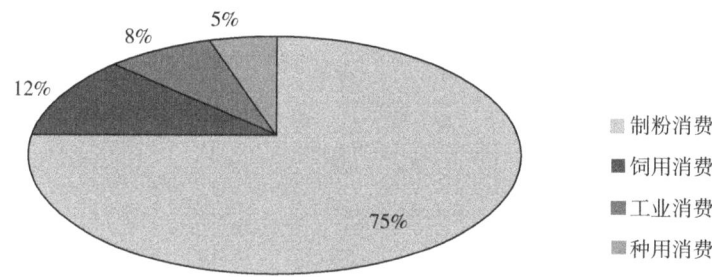

图 8-4 2019 年我国小麦消费结构

5. 我国小麦生产成本及纯收益情况（以山东为例）

小麦生产总成本呈下降趋势，2014 年以来每亩纯收益在 116～202 元，2018 年因减产收益最低，正常年份在 140～165 元/亩。成本与收益的比相当于投入与产出比值，比值越大说明收益越低，2018 年比值最大为 8.51，2019 年为 5.72，说明种植小麦纯收益在增加（表 8-1）。

表 8-1 2014—2019 年小麦成本收益表

项目名称	单位	2014 年	2015 年	2016 年	2017 年	2018 年	2019 年
每亩主产品产量	kg	472.00	470.56	489	485	452.68	473.6
每亩副产品产量	kg	400.00	410.00	415	405	300.49	346.8
每亩产值合计	元	1 192.80	1 160.53	1 174.48	1 168.22	1 109.38	1 100.86
每亩主产品产值	元	1 132.80	1 110.53	1 134.49	1 130.22	1 077.38	1 060.86
每亩副产品产值	元	60.00	50.00	40	38	32	40
每亩总成本	元	990.80	1 021.50	1 029.25	1 008.64	992.72	936.97
每亩生产成本	元	990.80	1 021.50	1 029.25	1 008.64	992.72	936.97
每亩物质费用	元	489.80	482.00	471.25	474.64	454.22	467.77

(续表)

项目名称	单位	2014年	2015年	2016年	2017年	2018年	2019年
每亩人工成本	元	501.00	539.50	558	534	538.5	469.2
每亩家庭用工折价	元						5.52
每亩家庭用工数量	个	8.35	8.30	7.44	7.12	7.18	85
每亩家庭用工日工价	元	60.00	65.00	75	75	75	
每亩净产值	元	703.00	678.53	703.23	693.58	655.16	633.09
每亩纯收益	元	202.00	139.03	145.23	159.58	116.66	163.89
每亩成本纯收益率	%	20.39	13.61	14.11	15.82	11.75	17.49
每50kg主产品平均出售价格	元	120.00	118.00	116	117	119	112
每50kg主产品总成本	元	104.96	108.54	105.24	104.41	109.65	98.92
每50kg主产品生产成本	元	104.96	108.11	105.24	104.41	109.65	98.92
每50kg主产品物质费用	元	51.89	51.22	48.19	49.13	50.17	49.38
每50kg主产品净产值	元	74.47	72.10	71.9	71.8	72.36	66.84
每50kg主产品纯收益	元	21.40	14.77	14.85	16.52	12.89	17.3
每一劳动日主产品产量	元	56.53	56.69	65.73	67.84	63.05	85.8
每一劳动日净产值	元	84.19	81.75	94.52	97.41	91.25	114.69
每亩主产品出售量	kg	380.00	370.00	390	410	407	410
每亩主产品出售价值	元	912.00	873.20	904.8	959.4	968.66	918.4

6. 小麦加工情况

2019年全国小麦粉总产量8 319.2万t，总进口量28.4万t，总供给8 405.6万t，国内总消费8 307.3万t，总出口30.5万t。小麦粉总消费中，家庭消费3 081.7万t（城镇家庭909万t，农村家庭2 172.7万t），餐饮及焙烤食品消费3 470.4万t（其中焙烤店消费242.9万t），食品工业消费1 381.2万t。食品工业小麦粉消费中，方便面工业消费476.2万t，挂面工业消费307.6万t，饼干工业消费436.2万t，焙烤食品工业消费113.4万t，冷冻食品工业消费48万t（图8-5）。

加工企业、加工能力及企业分布数据显示，2019年中国小麦粉加工企业总数约4 200家，其中规模以上企业数量约1 600家，小麦粉总产量能23 465万t，其中规模以上企业总产量能21 512万t，所有企业平均产能160t/d，规模以上企业平均产能 384t/d，所有企业总开机率 48.90%。

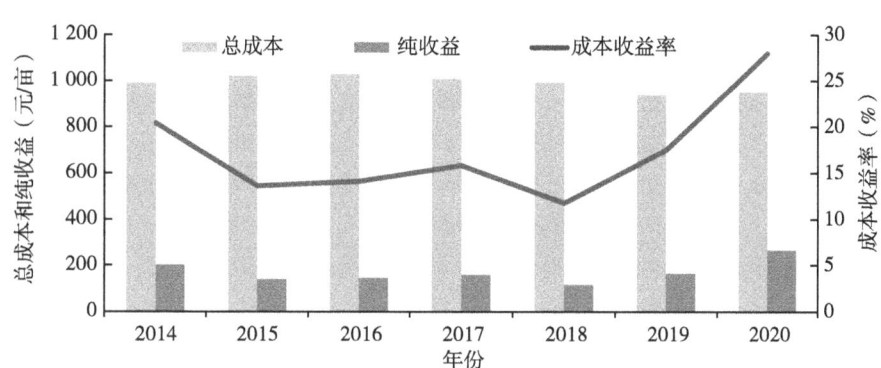

图 8-5 2014—2020 年小麦每亩成本收益分析

二、我国小麦产业发展趋势

从近几年小麦品质检测结果和市场消费情况看，随着高产优质多抗小麦品种加快推广，小麦及其产品品质整体提升，优质麦面积不断扩大，呈现良好发展趋势。

1. 小麦品种选育推陈出新，不同类型分布趋于合理

近年来，我国小麦品种不断增加，优质麦面积不断扩大，小麦产品品质不断提升，近 5 年新审定的达标强筋麦品种，数量占 50%，当前我国小麦产业发展迈上了新台阶。据统计，过去 5 年，我国生产中大面积推广的小麦品种，强筋类小麦占 21.2%，中强筋类小麦占 19.7%，中筋类小麦占 55.5%，弱筋类小麦占 3.6%，相对于过去优质强筋弱筋小麦严重短缺的局面，我国小麦不同类型分布趋于合理。小麦产量虽稳步增长，但还缺乏持续增长动力，小麦产业发展要调整生产布局，加强粮食主产区建设，不断夯实粮食产能。农业农村部在紧抓小麦产量同时，长期不懈加强质量管理，开展了质量标准制定、小麦品质区划、良种补贴、农业技术试验示范与服务等工作，对指导全国优质麦生产、提质增效起到了至关重要的作用。

2. 优质专用小麦占比达三成

国内民用粉的销量不增反降，而专用粉的销量则不断增加，产品由中低端向高端粉、专用粉转变，因而对优质强筋小麦需求量显著提升。目前全国优质小麦种植面积占播种总面积的比例达到 30%。其中，河南省集中连片规模化种植优质小麦达到 1 200 万亩（2019 年夏收），河北省强筋麦种植面积达到

300万亩左右。2020年8月21日，山东省发布了《关于加快优质专用小麦产业创新发展若干措施》通知，为深入贯彻落实习近平总书记关于"三农"工作的重要论述，落实国家粮食安全战略，加快推进小麦产业创新发展，构建更高层次、更高质量、更有效率、更可持续的粮食安全保障体系，制定了发展方向和目标：把优质专用新品种培育、技术创新与推广、规模化和标准化生产、精深加工产品开发与特色品牌打造等作为小麦产业提质增效的有效路径，推动小麦由"高产为主"向"量质并重、提质增效"转变。到2025年，山东省优质专用小麦种植面积达到3 000万亩，其中强筋小麦1 200万亩，建成全国最大的优质专用小麦优势产区。

3. 体制机制配置管理，质与量平衡发展

优质专用和绿色安全是我国小麦产业发展的必然趋势。随着我国小麦生产和育种目标由过去的以产量为主向增产与品质并重转变，优质专用小麦育种取得较大进展，主产区小麦品质结构也发生了较大的改变。但是，目前我国优质专用小麦的生产远远不能满足市场的需求，发达国家优质专用小麦占小麦总产量的80%，而我国只占15%。我国对优质专用小麦的需求却逐年上升，目前优质小麦年需求量在500万~700万t，年供需缺口在400万t左右，国外进口到中国的小麦基本上是优质强弱筋小麦。需求的增加拉动了强筋小麦的价格。2020年上半年国内优质麦均价为2 603.6元/t，同比上涨0.19%，优质麦与普通麦价差从1月的116元/t增至5月的432元/t。优质专用小麦的市场前景非常广阔。另外，农产品质量安全与粮食安全一样已经上升到国家安全层面。麦田有害生物的治理不仅要保障小麦高产稳产，还要减少化学农药的使用，提高小麦质量，保护生态环境，促进小麦生产的可持续发展。

目前我国小麦产品与国外产品的差距在不断缩小，但应该认识到我国小麦产业仍存在一些问题。如一些过硬优质品种后续改良迟缓、区域同种同品质程度低，还存在"两头少、中间多"的现象等。所以，小麦生产仍需进一步调整结构，做好量和质的平衡发展。针对我国小麦的供给侧结构性改革目标，一是实现小麦生产量质协调。目前小麦"量"有余但"质"不足，如何实现量质协调、高质量发展，满足总量和结构供给平衡面临挑战，需要整合已有资源，以大局利益调整局部利益；二是实现按产业链体制机制配置管理。面对大开放格局，品种等要素竞争面临进口冲击，要适应产业化要求，产购脱节的体制机制必须加快改革。调整生产模式，继续推进土地流转，提高小麦生产户均规模和专业化程度。同时调整收储环节，在粮食收购以及储藏环节，尽量做到专种专收专储，避免因为混收混储所带来的小麦品质不稳定等现象。随着生活水平的不断提高,中国的消费者在饮食方面有了越来越多特殊的需求,包括要求食物有机、低脂、低碳水化合物、高纤维、多谷物和不含过敏原,以及其他个人偏好等。因此,吃得营养健康迫在眉睫。针对提升小麦品质,帮助加工企业选择适宜的小麦品种,满足不同面制食品的制作需求,是我国小麦育种、栽培、加工、评价等领域科技工作者的奋斗目标。现阶段,大型企业持续扩张产能,行业整合加速。在消费市场细分化及高质量化的趋势下,产品品质与品牌优势成为赢取市场的关键。中小型面粉加工企业应加快转型升级,调整产品结构,围绕细分市场开拓区域特色产品,提升产品质量和打造产品品牌。因此,为推动小麦产业提档升级,需要各有关部门、企业、种粮大户通力合作,共同推动,深入开展绿色高质高效创建,做大做强小麦产业联盟,加快优质专用小麦科技创新,完善优质专用小麦标准体系等。

4. 提高单产、增加总产量是我国小麦生产发展的长期战略需求

随着我国工业化、城镇化的发展,耕地逐年减少,而人口仍在增加,粮食需求将呈刚性增长,我国粮食的供需将长期处于紧平衡状态。据预测,未来10年,产量小幅增长,进口继续增加。小麦种植面积将稳中有降,由于单产水平持续提升,预计2029年小麦总产量将达到1.35亿t左右,年均增长0.13%。随着人口增加、消费升级和食品工业发展,国内小麦总消费量持续增长,预计年均增长1.1%,预计2029年将达到1.40亿t左右。由于国内专用小麦存在产需缺口,进口持续增加,预计将从2020年的390万t增至2029年583万t。因此,提高单产、增加总产量、保障供给是我国小麦生产及产业发展的长期任务。

5. 小麦生产和经营方式的发展趋势向规模化、集约化转变

国外小麦生产经营方式多是家庭农场、农业合作社等形式,生产规模大,机械化水平高。20世纪末,美国家庭农场拥有全国81%的耕地面积,83%的谷物收获量,77%的农场销售额。印度农业合作社覆盖全国100%的村庄,67%的农户。我国当前的农业生产经营组织形式主要是以家庭承包经营为基础、统分结合的双层经营体制,农户经营面积小。据2018年底统计,龙头企业平均经营耕地783.19亩,家庭农场平均经营耕地177.30亩,专业大户平均经营耕地102.13亩;目前我国普通农户的户均经营耕地为7.35亩,约为欧盟的1/4,美国的1/400。小农户经营已经不适应我国现代农业发展的需要。党的十八大报告明确提出,要培育新型农业经营主体,要构建集约化、专业化、组织化、社会化相结合的新型农业经营体系"。我国土地经营的规模化、集约化发展,为小麦种植模式、种植技术和农机农艺结合等提出了一系列新的课题，成为小麦产业的发展方向。

6. 提高水肥利用率和种植收益是我国小麦生产的迫切要求

我国是世界淡水资源严重缺乏的国家，山东省人均水资源更为缺乏，山东省多年平均水资源总量为 $305.8×10^8 m^3$，占全国水资源总量的 1.09%，人均水资源占有量仅为 $344 m^3$，亩均水资源占有量 $307 m^3$，二者都不足全国平均数的 1/6，低于世界人均占有量的 1/20。我国农业生产的水肥资源利用率较低，既浪费了水肥资源，又增加了生产成本，降低了种粮收益。据报道，我国水分生产效率为 1.0，发达国家为 2.3。我国正面临氮、磷、钾肥料施用成本增加、资源匮乏的严峻挑战。能源价格上涨导致氮肥生产成本不断提高，2040 年后我国磷矿资源将会短缺，我国目前钾肥的进口依赖度高达 70%。近年来，我国大田作物化肥投入大量增加，却难以达到增产目标，增肥不增产现象凸显，肥料利用效率低是主要原因。我国小麦氮肥利用率为 30%，发达国家为 50%；中国耕地面积约占世界耕地面积的 10%，而氮肥消费量占世界氮肥总消费量的近 30%。提高水肥利用率和小麦生产收益是我国小麦生产发展的迫切要求。近年来，小麦突发性自然灾害频发，生育期内干旱、生育后期干热风为害时有发生，严重制约了小麦生产的发展。因此，需要通过多种技术途径大幅度提高水肥等资源生产效率，减少化肥农药用量，降低小麦生产成本，实现高产优质与高效环保的协调统一，全面提高我国小麦产业竞争力。

第二节 小麦优质优价概述

一、优质专用小麦概念

小麦品质是小麦品种对某种特定最终用途和产品的适合与满足程度。由于生产经销、加工部门与消费者对小麦品质的要求不同，使得优质小麦成为一个根据其用途而改变的相对概念，即能适合于某种特定用途，或满足制造某种面食品要求的程度越好，这种小麦就可称为适合某种特定用途，或是制造某种食品的优质小麦。多数学者认为，能够满足和保证某一食品加工工艺和产品质量要求的小麦称为优质小麦，生产优质小麦所使用的品种称为优质小麦品种；特别适合制作某一种食品的小麦可以称为专用小麦，其品种称为专用品种。

小麦籽粒品质是一个较为复杂的综合概念，包括许多性状，一般认为有形态品质、营养品质和加工品质三部分,三者之间彼此密切相关。

1. 形态品质

形态品质是指籽粒的外观特性,主要指标有籽粒的形状、整齐度、饱满度、粒色、胚乳质地等,与一次加工品质相类似或密切相关。

2. 营养品质

营养品质表示小麦籽粒中含有的营养物质对人(畜)营养需要的适应性和满足程度,它包括营养成分的多少、营养成分的全面和平衡、营养成分被人(畜)吸收的难易程度以及抗营养因子和有毒物质含量等,主要指标有蛋白质、糖、脂肪、核酸、维生素和矿物质等,衡量小麦营养品质最重要的指标是蛋白质含量、蛋白质各组分含量和比例,以及蛋白质的氨基酸种类与含量。

3. 加工品质

加工品质是指小麦籽粒对制粉、面粉对作不同食品的适合和满足程度,它又可分为磨粉品质(一次加工品质)和食品加工品质(二次加工品质)。一次加工品质是指小麦加工成面粉的过程中,加工机具、流程经济效益对小麦籽粒的构成和物化特性的要求,具体指标有:出粉率、种皮百分率、容重、角质率、籽粒硬度、粒色、籽粒形状和腹沟深浅等,出粉率是磨粉品质的主要指标。二次加工品质是指在制作各种食品时对面粉物化特性的要求,主要指面粉及其制成品(如面包、面条、饼干、糕点等)的口感,滋味、烘焙特性和蒸炸等特性,包括面粉品质(白度、灰分、面筋含量、沉降值)、面团品质(吸水率、形成时间、稳定时间、断裂时间、公差指数、软化度和评价值)、烘焙品质(面包体积、比容和面评分)和蒸煮品质等。

生产者认为,籽粒饱满、角质率高、容高、粒色好、售价高的小麦品质好;经销部门则要求小麦粒洁净、大小均匀、含水量适宜、无病虫和毒素感染、无发霉、无混杂、蛋白质含量一致;面粉加工者除了上述要求外,十分重视百克面粉的烘焙体积以及食品的外形、色泽和内部质地;消费者则要求其制品有较高的营养价值和良好的口感;而仅就食品加工而言,不同的制品又有各自不同的要求,加工面包要求其面粉蛋白质含量高且质量好、面筋强度大,加工饼干、糕点要求面粉蛋白质含量低、面筋强度小但延伸性好。可见,衡量小麦是否优质,主要取决于品种籽粒或面粉的最终用途,离开用途谈品质毫无意义,且不应把某个指标的高低作为优质小麦的唯一标准。

国内外为了使小麦面粉适应和满足多方面的用途,均采用配粉的方式,即把蛋白质含量和质量、面筋含量和质量以及其他品质性状不同的小麦品种的面粉,合理搭配成适于不同用途和制造不同面食品的"专用粉",用单一的小麦品种满足各种专用目的或想达到某一专用粉的要求，常常是难以实现的。

二、优质优价的内涵

农产品的优质优价是指按照产品的质量来决定价格，是一种市场经济常识，优质农产品的价格必须是能够体现出其高价值、高使用价值的合理价格，不同品质的农产品必须拥有合理的价差。"优质"与"优价"的关系在于"优质"是实现其"优价"的基础，而"优价"是市场中消费者为了获取品质更高产品而付出相对普通产品的高价格，并且"优价"也是生产者生产优质产品的动力。具体来说，优质优价的内涵分为以下四个方面。

第一，"优质优价"是一个相对的概念，评价产品是否优质必然需要与一定的标准所比较，如果相比于普通质量的产品耗费了更多劳动时间、人力资源、物料成本，从而达到了高于普通标准的品质，即实现了"优质"，以"优质"为基础获取了与之相匹配的合理价格，即实现了"优质优价"。

第二，"优质优价"不仅是在终端销售环节的优质优价，也应实现产业链各环节的"优质优价"，产品涉及生产、加工、流通、销售多个环节，"优质优价"应在每个环节都得到体现，这样才能使产业链条稳固运行。

第三，"优质优价"的实现，不能由买方或卖方单独决定，而是在市场机制下，买方卖方在多次购买行为的过程中，不断互相博弈而形成的，此时的价格才是客观合理的"优价"。

第四，由于"优质优价"是一个相对的概念，就本研究而言"优质"小麦是指优质专用小麦，包括超强筋、强筋和弱筋小麦等。总体来说，优质小麦相对于普通小麦的"优价"在公开透明的市场环境中，由优质小麦的供给量与消费者对于消费结构的改变而提高的需求量来决定的。

三、我国优质小麦产业发展现状及存在的问题

我国优质小麦的产业化链条发展不够均衡，优质品种选育、优质品种审定、优质小麦生产、优质原料收贮和供应的产业链条还没有完全形成，收贮和运输等中间环节还有待加强和进一步探索。农户生产规模小，粮食收贮部门还不能做到快速检测、分收分贮、优质优价，实际库存的优质原粮甚少。作物育种专家、食品加工技术人员和谷物化学家对我国主要食品与小麦品质性状之间的关系、优质小麦的质量要素、优质小麦品种的评价体系、优质小麦品质性状的生态稳定性及中国主要食品评价方法的研究还不能提出比较系统的理论和方

法体系。部分科学研究工作还相对滞后。总之，优质小麦生产还不能从根本上完全满足人民群众日常生活、农产品加工业、食品加工业快速发展的需求。

1. 优良品种与农艺措施不配套

发展优质小麦（强筋、弱筋）必须注意自然生态条件（气候、土壤等）对小麦品质的影响。栽培技术也是影响强筋小麦品质的重要生态因子，特别是施肥、浇水是否得当，对强筋小麦品质有很大影响。因此，在选择好自然生态条件的基础上，还必须实施一套适合于强筋小麦优质的栽培技术措施。

比如，强筋小麦的生产技术与普通小麦高产栽培技术是基本相同的，但强筋小麦生产必须同时兼顾高产和优质两个目标，既要获得高产，又要保证优质。因而，二者在某些关键技术上有一定差异。主要表现在：一是强筋小麦的总需氮量大于普通小麦，因而全季施氮量要适当增加；二是必须保证强筋小麦生育期中后期供给充足氮肥，特别强调重施拔节—孕穗肥；三是某些种类农药可能对面筋某些品质有一定负面影响，生产中要注意选择用药。

2. 农田分散，优质品种规模化、产业化经营水平低

农户生产规模过小，优势产区内个体差异大，规模优势不明显。种植地域分散、规模小，企业的经营难度较大。原有的家庭联产承包责任制在我国特殊农业生产时期发挥了巨大作用，但随着经济的发展，农业在经济中的比例下降，农村劳动力转移，传统的种植体制面临着多重考验，荒田、休闲田面积增加，种植方式粗放化，一部分农田发展经济林果、设施蔬菜等作物，使农田更加趋向分散，分散、零星的种植田块不利于机械作业、农田基础水利建设与适度规模化发展，种植主体、农技部门生产积极性不高。目前，小麦生产全程机械化水平较高，因劳动力成本增加、人口老龄化，小麦生产各环节已基本离不开机械。同时，秸秆还田、板茬田质量下降，小麦生产更离不开机耕整地作业。分散、零星的种植田块易造成"机械荒"，在不利气候条件下，不能适时播种或播种质量较差，不利于稳定小麦生产。据统计，2019年山东省种植业家庭农场数51 018个，从事粮食产业的为26 207个，经营土地面积50~100亩的16 743个，100~200亩的6 080个，200~500亩的2 688个，500亩以上的696个，200亩以上的占家庭农场总数的6.63%，500亩以上的占1.36%。从事粮食产业的专业合作社数量为48 356个，占总专业合作社的25.5%，说明规模较大的种植户还是相对较少。

3. 小麦种植以自发性为主，品种多样化，不利于优质优价

目前市场种植品种较多，分散种植，种植面积不大，未形成区域化，即使是同一优质生产区内种植品种过多，品质混杂严重，难以形成较大数量的、质地相同的原粮，不利于形成优质优价。小麦种植者以老年人为主，农户自己销售，企业、政府在小麦生产领域方面主控性不强，普惠性政策扶持较弱。

4. 优质品种缺乏，受信息不对称因素影响，技术指导和信息服务跟不上

优质小麦品种相对不足，受过去重数量、轻质量的影响，农产品一直是以提高产量为主攻方向，优质品种资源不足，而科研经费不足，也制约了优质新品种的培育。农户在选用小麦种子的时候，会考虑种子购买渠道、种子品质、种子价格等因素，因优质小麦种子比普通小麦贵，从种植成本方面考虑，选用普通小麦种植的情况较多；其次对优质专用新品种小麦信息了解少，担心有种植风险和市场风险；第三，受购买小麦种渠道限制，一般从离家较近的种子点或种子公司推荐的种子，因对种子信息了解少，受卖种者主观因素影响大，卖种者说哪个品种好，一般农户会买哪个。只有一些思想活跃、信息灵通的人，通过各种渠道可买到想要的种子。另一个是宣传力度不够，认识上存在不足，认为优质专用小麦产量低于普通小麦，许多农民对优质优价政策不很了解，没有质量意识，至于种什么、种多少、收多少不管，认为只要去做就行了。

5. 收购主体多元化，检测标准不统一，混收混储普遍

小麦收购主体主要包括粮食经纪人、粮库、制粉企业和饲料企业。不少收购企业受仓储条件、经营观念等的影响，没有实行单独收购、单独储存、单独销售，仍然与普通品种混在一起收购，对优质产品没有实行优价，没有拉大与普通品种的差价。粮食经纪人收购小麦都是混收混卖，不分品种类型，一般是短期储存或随收随卖。在收购过程中，重点检测水分、容重两大指标，其次用肉眼看籽粒饱满度、杂质、不完善粒等指标，有经验的经纪人有时不通过设备进行检测，直接用肉眼查看就能基本判断出各项指标。制粉企业在收购过程中，各项指标检测得相对严格，检测主要包括水分、容重、不完善粒、芽麦、面筋含量、稳定时间等，此外还会进一步检测蛋白质含量、沉降和硬度等指标，制粉企业对于优质专用小麦单收单储，对于其他普通小麦混收混储。

6. 生产和经营优质小麦的积极性未充分调动起来

拉开质量差价力度不够，生产者和经营者种植、经营优质产品的积极性还未充分调动起来。目前市场上优质麦价格比普通小麦高 0.1 元/斤，受种植规模的限制，收益增加有限，同时也不愿意承担新品种带来的各种风险。对于大多数种植者来说，种地并不是家庭收入的主要来源，规模在 500 亩以下的种植户，基本都有其他兼业来增加家庭收入。

7. 农产品质量检测手段落后

收购部门往往凭眼看、手摸、口咬、鼻嗅等办法确定质量和等级，检测标

第八章 我国小麦优质优价存在的问题、路径及启示研究

准也欠科学，如以千粒重而非蛋白质含量定小麦等级，从而误导生产者，这对优质农业的发展危害尤为严重。仪器检测推广程度还比较低。长期以来，由于体制等方面的原因，对推广普及仪器测评重视不够，有的主管部门还未引起足够的重视。收购企业缺乏积极性，有的企业嫌麻烦，即使有仪器也闲置不用。目前国内研制开发出的简便、快捷、实用、价格适中的检测仪器还很少，影响了仪器的推广使用。有的检测仪器价格偏高，使收购企业难以承受。

8. 实施优质优价缺乏具体政策扶持

国家未制定优质专用小麦优价政策，不能满足人们对优质专用小麦的需要。由于缺乏系列的保护措施，使得优质优价难以实施。粮食保护价也并没有发挥扶优限劣的调节职能。粮食保护价的扶优限劣调节职能，即对质量优、市场需求大的粮食品种实行较高的保护价，而对消费者不欢迎的粮食品种则可考虑降低保护价，以达到在稳定生产的同时，引导农民加速种植业结构调整，让市场欢迎的品种真正当家。粮库作为国家粮食临时储备机构，目前托市收购执行预案中只规定了当年生产的新小麦，以容重定等，然后加上水分、杂质、不完善粒等指标，而没有具体划分优质品种和普通品种。

四、实现优质优价的途径

实现优质的前提和保障在生产环节，实现优价的环节主要体现在流通领域，只有整个产业链条完善，才能保证产品优质优价。实现优质优价的途径如下。

1. 加快优质小麦品种的培育和推广

目前我国已选育出了一批优质专用小麦品种，且绝大多数已用于生产，在一定程度上缓解了国内市场对强筋小麦和弱筋小麦的需求。但小麦优质专用品种不足，推广程度还比较低，特别是缺乏表现突出的优良品种，不适应市场的需要，应采取有效措施，加大优质小麦品种的培育和推广力度。要把育种的主攻方向由过去重数量转移到重品质上来，做到品质和数量并重。同时，增加对优质品种研究开发的投入，集中科研力量，进行重点攻关，加快优质新品种的选育。有关部门要做好优质品种的推广工作，利用经济手段，充分发挥种子经营单位和科研单位的积极性，加快优质品种的推广步伐，解决农民买不到优质小麦种的困局。发展优质强筋小麦的关键是高产优质，实践证明，"产量是硬道理"，许多地方强筋小麦推广不开，除一些政策性因素外，品种选用不当是主要原因之一，例如倒伏问题，不抗赤霉病等病害问题以及综合抗性差问题等，但主要还是产量低的问题，农民更看重的是产量问题。也就是说，在现有

的生产、生态、品种、技术条件下，在我国现代农业"化肥农药零增长"的政策背景下，无论选用什么类型的小麦品种，争取高产量始终是衡量小麦栽培管理水平的主要标准，而高产与优质兼顾又是优质强筋小麦的理想目标。

2. 发展小麦规模化和产业化经营

发展优质专用小麦必须走规模化、产业化经营的路子。生产规模上去了，生产和收购企业的经营成本就会降下来，这样有利于开拓市场，扩大销路，创出名牌，还有利于生产的产前、产中服务体系的形成，对生产者和经营者都有好处。各级政府和有关部门要加强对发展优质农产品的指导和支持，充分发挥当地自然优势，因地制宜，搞好优质产品的合理布局，要集中建设一批优质、专用商品生产基地，引导优质产品进行区域化种植、规模化生产、产业化经营。应科学规划优质专用小麦品种区域布局，打造优质专用小麦优势产区。引导农民按照小麦品质区划布局种植推广相应品种，并在优势区域内严格规定种植相同品质类型的品种，根据土壤类型、地力水平实行单一品种集中连片种植，做到同一品种千亩成方、万亩成片，避免混杂、确保质量，达到提质增效目的。以市场为导向，发挥地区优势，形成特色农业。特色越强，身价越高，市场空间越大，也是提高单位面积收入的重要途径。

3. 建议发展订单农业，完善订单合同

根据农业产业化新形势，大力推行"订单生产"新模式，实现强筋小麦生产销售一体化。优质优价的本意是提高农民种粮效益，推广"优质"是手段，实现"优价"是目的。优质强筋小麦主要是供给制粉企业作加工原粮，因此，发展优质强筋小麦生产必须协调好产、销关系，使农民种的优质麦能及时卖出去，使制粉企业能及时得到质量好、数量足的商品麦原料。发展订单农业是解决谁来种、销给谁的有效方法。地方政府和相关部门应引导农民增强维权意识，及时提醒和督促粮食种植户与用粮企业签订有效的订单合同，保护农民利益和种优质粮的积极性。建议推动单一品种的连片种植，实施统一供种、统一技术指导、统一回收，以提高优质专用小麦的供应纯度及稳定性。

4. 加大科技投入，增加科技含量，实现优质优价

要想提高固有土地上农产品的收益，必须加大科技投入与推广转化力度，不断为农民提供新的优质专用小麦品种和适用的先进生产技术、科学管理技术和信息技术，使传统农业经营由粗放型转变为集生产—加工—销售为一体的集约型，实现产业化，提高产品科技含量，降低生产成本，提高市场竞争力，增加总体效益。

5. 加强新品种、新技术及优质优价政策的推广宣传力度

农业生产要求，农艺与农机相结合，良种与良法相结合，高产与优质相兼顾。地方农业管理部门要加强新品种、新技术的培训工作，使农户了解最新的品种信息及种植管理技术，推广优质品种关键是要让农民得到优价的实惠，避免优质品种因管理等方面跟不上，有些长出来却达不到优质的品质，就不能按优质的价格来收，从而达不到优质优价。虽然每个经审定的强筋小麦品种都有其突出的优良特性，但也不十全十美。因此，在推广应用过程中特别提出"一种一策"的原则，即针对每个品种的个性特点，分别制定一套技术规程，既兼顾共性，又扬长避短，实现品种自身高产优质潜力与外部生态环境条件及管理措施的最佳匹配。

各级政府和有关部门要加大宣传力度，充分利用各种新闻媒体，加强对生产者、基层收购企业，特别是对农民的宣传，使广大农民认识到这项政策的好处，认识到这是提高收入的一条重要途径。促使生产者增强质量意识，在交售农产品中，分类、分级交售产品，以增加收入，提高发展优质、高等级农产品的积极性，也有利于加强农民对实行优质优价政策的监督。

6. 建立科学化、市场化的优质优价形成机制

适应新时代消费升级的新特点，要探索创新流通新模式、经营新形式，创造名、优、特、新产品的新市场。采取以"优品优产、优品优购、优品优储、优品优加、优品优销"等优质农产品的产业链有机结合和融合、联动发展的新路径，也是优化资源配置形式的创新，构成新的完整的一体化产业体系，促使各类主体活力强化，产能结构优化，物流成本降低。打牢"优产"是基础；抓好"优购"是核心；加强"优储"是关键；加强"优加"是龙头；实现"优销"是目标。检验取得成效的重要标志，就是建立顺畅高效的农产品流通机制，让优质产品卖出好价钱。

7. 进一步拉开优质小麦与普通小麦差价

要根据质量情况和市场供求状况进一步拉开品级差价、等级差价。使价格真正能够对优质产品的发展有明显的刺激作用。有关部门和地方政府应指导收购企业落实好优质优价政策，使其转变经营观念，增强质量意识和市场意识，充分利用优质产品有市场、比较畅销、经营效益好的有利条件，积极收购、逐步自觉地实行优质优价。物价部门应加强服务和指导，并加强监督检查，防止收购企业因优质品种数量少等原因不实行优质优价或借口执行优质优价政策而对一般品种压级压价现象的发生。业务主管部门要积极引导收购企业对优质专用小麦做到单独收购、单独销售，并逐步实行分等收购、分等储存、分等销售。加强农产品流通体制改革，保证农产品价值顺利实现。

8. 建议出台优质优价政策，充分发挥政府宏观调控作用

现行农产品收购政策只体现不同品种的价格差别，例如白小麦比红小麦及混合麦收购价高，没有体现不同质量等级农产品的价格差别。从小麦的加工及最终用途来看，主要是小麦的硬度而非皮色决定小麦内在品质，进而决定小麦的最终使用价值。国家保护价收购小麦时，并未考虑小麦的硬度。收购时不同质量的农产品混合在一起，不能实现优质优价，同时还阻碍了产业链下游形成优质优价。加工原料良莠不齐不利于生产出优质加工品，导致终端产品整体质量不高且不稳定，优劣混售，不能满足不同层次的需求，无法实现优质优价。建议国家出台优质优价的具体政策，推进优质专用小麦的规范化生产。

9. 改革优化收储制度

如何尽可能降低最低收购价政策的市场扭曲效应，这应是我国未来深化粮食收储制度改革和完善粮食价格形成机制的核心问题。只有把最低收购价政策扭曲效应降到最低，才能让市场发挥决定性作用。进入新时代，粮食生产不再仅仅局限于让人们吃饱，更要让人们吃好。最低收购价政策通常只能在保障粮食数量供给方面发挥作用，而对于更好地满足人们生活水平提高后对粮食高质量消费的要求往往"力不从心"。

粮食生产和收储加工专用化是粮食高质量发展的基本要求之一，而托市收购无法建立起符合这一要求的激励机制。如在最低收购价政策发挥托市效应的市场机制中，农民对小麦专用化种植不太关心，因为生产出来的小麦不管是强筋麦，还是弱筋麦，市场销售不出去，就销售给国家指定或者委托的收购企业，销售价格与强筋麦或者弱筋麦的专用性也不挂钩。收储企业以赚取财政给予的收储费用补贴为目标，更不关心强筋麦和弱筋麦的区别，混收混储。源头小麦的专用性做不到，加工企业生产的成品粮只能在市场上进行恶性竞争，而满足高质量发展要求的专用麦供求缺口一直无法解决。

10. 加强农业监测预警研究，及时发布农业相关信息

建立风险防范机制极为重要，特别是要建立起完善的农业风险预警体系；建立农产品市场监测预警体系；建立农业风险应急处理体系，及时补救和尽量降低风险损失；构建农产品市场监测预警系统平台，确保监测预警系统稳定高效运行。加强信息引导，建立农业信息发布制度，定期发布农业结构和布局调整、重大技术措施推广、形势分析预测、生产动态、主要农产品供求及市场行情等信息，增强结构调整的主动性和预见性。

五、优质优价政策对调整农业生产结构的作用

1. 提高农民发展优质产品的积极性

目前，各类农产品内部结构调整正在沿着两个方向展开，一是增加名、特、优、新品种的比例，从产品差别化的方向，扩大农产品的市场需求，提高农产品价格，实行的是"人有我特"的"名牌战略"；二是增加高产的标准化的农产品品种的比例，从产品低成本化的方向，努力提高农产品的劳动生产率和土地产出率，增加农产品，实行的是"人有我廉"的以成本价格优势抢占市场份额的"廉价战略"。优质优价，就会促使各地根据市场需求和内在质量，加强对优质农产品收购价格的指导，进一步拉开优质品种与一般品种之间的差价和等级差价，对名牌产品实行价格倾斜，名品优价，新品新价，既有利于农业结构调整方向的展开，又有利于提高农民发展优质产品的积极性。

2. 加快优质产品的发展，促使农业结构升级

优质优价政策促使农业、供销等有关部门加大优质品种的推广力度，加强种子供应、技术指导和市场信息服务等工作，促使农民按照消费多元化、高档化、优质化的原则，更新品种结构，提高农村产品的多样化程度，提高农产品的质量档次。农民生产时会自觉地寻找有市场需求，有比较优势和效益，有形成专业化优势的产业基础，有较长时期和较为稳定的竞争优势的产品。生产过程中，实行优质产品连片种植，规模化生产和产业化经营，加快优质产品的发展，促使结构升级。

3. 有利于推进农业产业化经营

农业产业化经营是推动农业结构优化升级的现实途径。优质优价促使收购企业增强质量意识和市场意识，实行单独收购、单独储存、单独销售、按质论价，有的企业还实行分等收购、分等储存、分等销售。这样把调整优化农业结构与推行产业化经营紧密结合起来，有利于市场体系的完善，促使龙头企业建设的加强。农产品基地的建设，使农产品不仅产得多、质量好，还卖得出、卖好价，以实现供求结构的市场对接。

4. 推进优质农产品的规范化生产

优质优价有利于健全农产品优质评价体系和农业生产质量监督体系，推进优质农产品的规范化生产。优质优价，首先要确定质量标准，国家质量技术监督部门根据发展优质产品的需要，对小麦等主要农产品的质量标准进行修订，对主要农产品收购实行仪器检测，避免人为的不公正，确保农民利益。要从供给侧结构性改革入手，以市场需求为导向，着力构建现代粮食产业体系，延长

产业链、提升价值链。尤其是促进一二三产业融合发展，把粮食生产与加工流通、食品安全等结合起来。与此同时，提升粮食生产的物质技术装备水平，推动粮食生产的绿色增产攻关，构建现代粮食生产体系，培育各类新型经营主体，发展多种形式适度规模经营，构建现代粮食经营体系。

六、小麦实现优质优价的启示

优质优价是发挥市场在资源配置中的决定性作用、实现高质量发展的根本路径。优质优价机制的有效运行离不开良好的市场环境，特别是完备的质量分级、认证和标志制度，完善的市场营销渠道，以及通过行业协会来保障质量和减少恶性价格竞争。离不开正确的政策设计，包括重视质量、合理控制价格的招标方法和完善的配套措施。离不开完善的监管体系，包括因地制宜的组织模式，科学合理的监管方法，发挥第三方机构力量，信息公开和公众参与。借鉴国际经验，建议我国完善保障优质优价的政策设计，健全保障优质优价的市场机制，加强质量监管体系建设。

现阶段，我国在实现优质优价方面还存在许多突出问题。一是优质不优价问题。优质专用小麦与普通小麦难以形成合理差价，打击了优质专用小麦生产者的积极性，我国应强化提升优质优价的重要作用，为高质量发展创造良好的机制和条件。坚持正确处理政府和市场关系，在市场机制作用领域严格规范政府行为，在市场失灵领域正确发挥政府作用。坚持深化改革、勇于创新，在政策设计、制度保障、监管方式上探索创新。

1. 改进小麦收购政策设计

收购政策应充分体现优质优价原则的核心地位，根据质量差别制定不同档次的收购价格、完善质量分级、改进收购中的分级标准设计，质量分级以市场需求的质量特征或农产品的使用价值为导向，应体现硬度、水分、杂质、营养含量、纯度等质量差别的参数，满足市场对农产品质量的多层次和多元化质量需求。

2. 健全保障优质优价的市场机制

一是完善产品标志、品牌声誉和信息发布机制，减少信息不对称。鼓励种植者创建优质产品品牌，向市场传递高质量产品信号，推进声誉机制建设，使种植者自觉、主动地保证产品质量。完善产品质量安全信息发布体系，搭建质量信用信息平台，全面涵盖产品、生产商、销售商等产业链各主体的信用信息，实现质量信用信息互联共享和信息公开。

二是优化市场营销渠道，加快优质小麦专业市场建设。在优质小麦相对集中的产区建立产地交易市场，或在现有区域性和全国性交易市场建立具有明显标志的优质小麦交易区。推进优质小麦零售市场体系建设，实行优质麦与普通麦分开经营，悬挂优质麦标志，出示产地或进货渠道证明。

三是组建行业协会，减少恶性价格竞争等。提高优质小麦生产的组织化程度，强化对生产者的生产培训和质量监督，产品统一收购，按质量等级分类包装，保障产品质量。在行业一定范围内建立统一协商定价机制，减少产品同质化较高的生产者之间互相压价问题。

3. 加强质量监管体系建设

一是优化监管方法。强化产品质量标准和质量认证体系建设。在全国范围内统一产品质量认证标准，加大产品质量认证后的检查管理力度，建立产品进入市场的质量复查制度。实施激励制度。由政府设立国家质量奖项，科学制定质量奖获奖标准，引导企业对照标准制定改进措施，提高产品质量。

二是鼓励产业链上下游积极参与。发挥生产者、加工者、销售者及其行业组织在提升产品质量方面的作用，鼓励产业链下游企业对上游供应商实行质量"尽职调查"，监督其保障产品质量。政府及时向公众公布产品质量安全信息，加强对产品生产服务人员和公众的产品质量教育，增强消费者对产品质量的识别能力，促使生产经营者提供高质量产品。

第九章 小麦与面粉价格波动的动态关联性分析

粮食价格不仅关系到粮食市场的推进和完善，更与消费者利益紧密相连。小麦作为中国主要粮食作物之一，是中国主要的口粮、商品粮和储备粮品种，其价格形成及运行机制的稳定和完善，具有重要的现实意义。小麦和面粉价格间的传导问题一方面与小麦市场直接相关，另一方面与面粉市场关系密切，对生产者和消费者均将产生重要影响。同时，在纵向关联的市场之间，某一环节的价格变化会通过产业关联传递到其他环节并导致整个产业链的福利再分配。麦粉价格稳定对于引导生产、调节供需、保障粮食安全有着重要的意义。近年来，麦粉市场上出现了"麦强粉弱"现象，即小麦收购价格强劲，而面粉市场价格疲软，这对制粉企业冲击较大，加工成本无法有效转移，加工利润空间进一步遭到挤压，对于缺乏创新的小型制粉企业来讲，淘汰的概率大幅增加，利于面粉产业整体提质增效。因此，研究麦粉市场价格联动机制研究，以期能够为麦粉市场主体风险防范管理决策以及国家粮食市场宏观调控政策的制定提供参考。

关于小麦和面粉市场关联性，一些学者做了研究。王宁等利用 Johansen 协整检验法和误差修正模型对中国北方主要小麦收购价格和面粉零售价格间的市场整合程度进行分析，发现小麦收购市场和面粉零售市场之间不仅存在长期整合关系，也存在短期协整关系，价格信号在市场间的传递速度加快，小麦价格与面粉价格之间的影响是相互的，价格信息的传递并没有固定走向。刘艺卓等利用协整分析法和误差修正模型分析了小麦批发价格和面粉零售价格之间的传导关系，发现小麦批发价格与面粉零售价格之间存在长期均衡关系，说明两个市场的整合程度较高，价格在不同环节的传导较充分。赵霞利用 DCC—GARCH 模型分析小麦和面粉市场价格波动的动态关联性，并探讨"麦强粉弱"现象的深层次原因，发现这一现象具有持续性，麦粉价格间的关联性较低，造成纵向市场分割是其存在的根本原因。

也有一些学者对粮食市场的价格传导进行研究，较多研究关注国内外粮食市场价格的非对称传导。屈军采用门限误差修正模型（TVECM）对国内外稻谷、小麦、玉米和大豆期货价格间的动态关系进行分析，得出稻谷、小麦和玉米的期货价格在国内外市场间不存在长期协整关系，在描述国内大豆期货价格"易涨难跌"的非对称现象上，非线性的门限误差修正模型比线性的误差修正模型更适合。现有文献多只关注小麦价格，忽视了不同品质小麦与面粉在价格传导方面的差异。由于小麦加工企业生产面粉的配麦需求，优质小麦比普通小麦有一定的价格优势，同时优质麦受市场影响敏感。优质麦的流通渠道与普通麦存在一定差异，优质麦多流向面粉加工企业，普通麦多流向政府收购部门和制粉企业。因此，同时关注普通小麦和优质麦的市场价格，有助于更加细致和深入地研究小麦市场价格。对我国小麦和面粉市场间的纵向价格传导做出进一步分析，研究构建门限误差修正模型，考察小麦市场和面粉市场间的非对称价格传导情况，将小麦市场细分为普通麦和优质麦分别展开分析与对比，以期对我国小麦和面粉市场间的价格传导有一个更为细致的认识。

一、数据来源及处理

本研究主要涉及普通麦价格、优质麦价格和面粉价格，其中普通麦价格选取山东地区贸易商收购普通小麦的市场价，优质麦价格选取'济南17'市场价，面粉价格为制粉企业特一粉出厂价。考虑到数据的可得性和可比性，数据区间为2015年1月—2020年10月的月度数据，数据来源为山东省农业科学院科技信息研究所监测预警团队的监测价格。

二、小麦与面粉价格波动特征

1. 小麦与面粉市场价格波动趋势

自2004年我国全面放开粮食收购市场以来，初步确立粮食价格市场形成机制。同时，为保障农民利益和种粮积极性，2006年国家在主产区对小麦实行最低收购价政策；2008—2014年，针对粮食生产成本上升加快情况，连续7年提高小麦最低收购价政策，2014—2017年，最低收购价平稳未变化，2018—2019年连续下降，2020年在2019年的基础上增加0.01元/斤（图9-1）。从长时间序列看，国内小麦销区价格与山东普通小麦价格变化趋势基本一致，前者比后者高出0.28~0.66元/kg，只是在拐点处，国内小麦销区价格变化幅度比山东地区略小。因此，我国麦粉的变动特点分析以山东省为例进行说明（图9-2）。

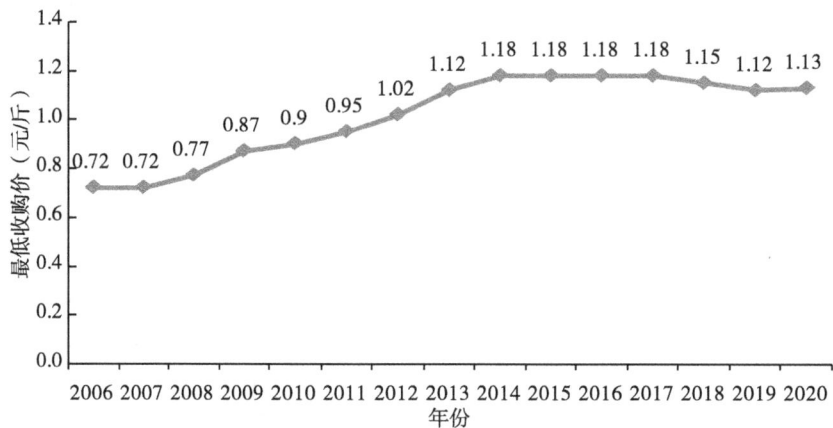

图 9-1 2006—2020 年我国小麦最低收购价格

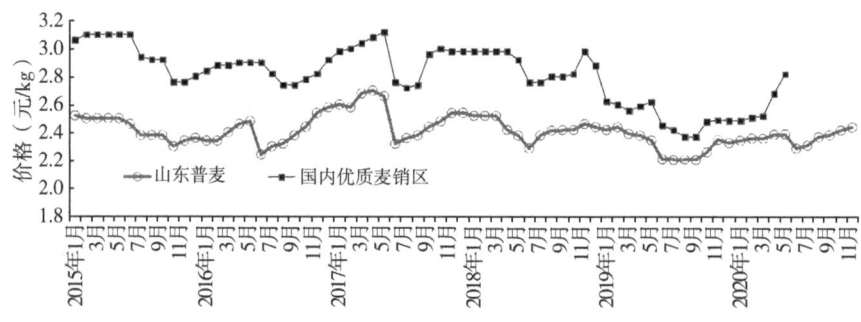

图 9-2 2015 年 1 月—2020 年 11 月山东省及国内小麦价格趋势

普通麦价格与优质麦价格走势基本一致，但普通小麦价格低于优质麦，不同时间段价差大小不同，在研究区间内，价差最大值为 2017 年 8 月 0.308 元/斤，最小值为 2019 年 11 月 0.03 元/斤。随着优质专用小麦种植面积扩大，优普通小麦价差在逐渐缩小（图 9-3）。

2. 小麦（普通小麦）和面粉价格及其变异率

随着国家最低收购价政策措施的实施，我国麦粉市场价格波动出现新的特征。图 9-4 是 2016 年以来山东省小麦和面粉市场价格波动趋势。价格变异率根据当期价格与上期价格之比乘 100 计算获得。

（1）麦粉价格数据基本平稳变化。小麦价格数据显示，每年的 6 月都是麦价的谷底，主要原因是 5 月中下旬南方小麦开始收购，山东地区每年 6 月也是新麦集中上市期，受农户售粮习惯等因素影响，大量小麦进入市场，从而导致麦价下滑，而随着时间推移，麦收后至翌年 5 月，麦价基本呈现逐渐上升的趋势。2020 年 9 月，小麦收购价格由 2016 年初的 2.34 元/kg，增长了 0.044 元/kg，增长幅度为 1.88%；面粉批发价格则由 2016 年初的 3.08 元/kg，降低了 0.159 元/kg，降幅为 5.16%。

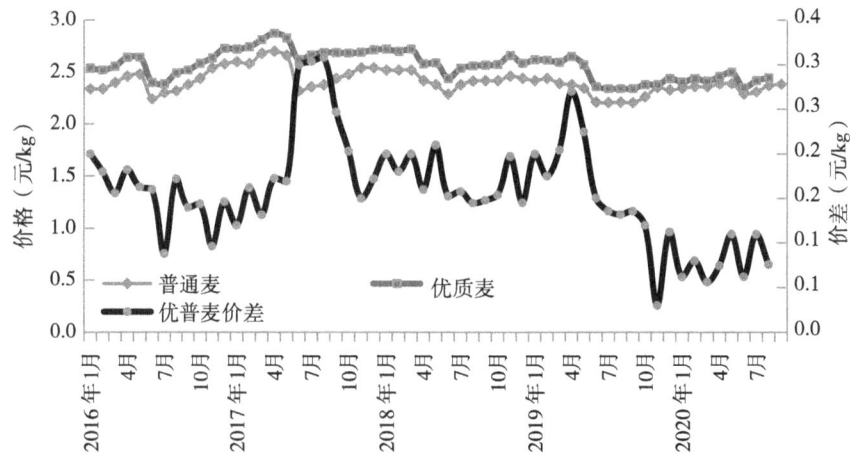

图 9-3　2016 年 1 月—2020 年 7 月普通麦和优质麦价格比较

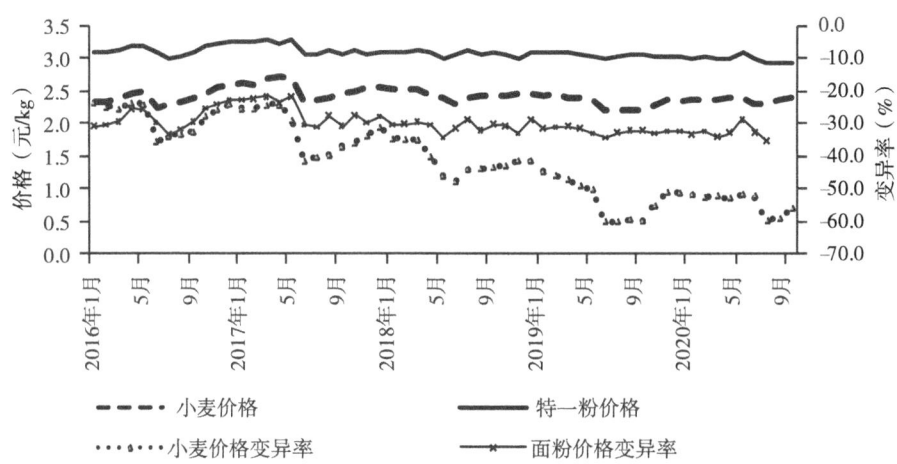

图 9-4　2016 年 1 月—2020 年 9 月山东省小麦和面粉价格及其变异率

（2）小麦价格波动幅度比面粉价格波动更为剧烈。在 2016 年 1 月—2020 年 9 月，小麦平均价格波动率达到 -41.05%，最高时达 -59.96%，最低为

-23.57%，面粉平均价格波动率达到-30.14%，变化率在-36.05%和-20.61%。这主要是受小麦生产消费的特点所决定，因小麦生产受季节性影响，小麦收购价格呈现明显的季节性波动特征，面粉消费需求一年内大致较为平稳。因此，面粉价格波动幅度也相对较小。

（3）麦粉市场存在"麦强粉弱"现象。当小麦价格上涨时，面粉价格也处于上涨趋势，但涨幅明显低于小麦。2016年1月—2020年9月，2019年9月的麦粉价格涨幅差别最大，达到了27.66%，涨幅差异最新值在2016年7月。

在研究区间内，我国小麦市场价格在2017年4月之前处于波动性上升的趋势，上涨幅度较大，此后只是随着季节性变化，幅度相对较小，可能与2018年小麦最低收购价下调有关。面粉的价格波动也是在2017年4月后，幅度缩窄，后期基本平稳，有小幅波动，与小麦价格波动不同步，而且也不规律。"麦强粉弱"现象长期存在。客观来看，"麦强粉弱"对缓解成品粮的上涨压力、稳定市场起到了一定的积极作用，但对制粉企业有一定的冲击。自2012年下半年以来，中小型制粉企业一直面临倒闭风险，大型制粉企业虽然拥有规模、资金优势，但在麦强粉弱的市场格局下，企业获利空间也不大，实际效益较差。制粉企业，尤其是中小型加工企业长时间处于停产、半停产状态，面临亏损，可能会导致整个行业的重新洗牌。如果"麦强粉弱"现象持续下去，"麦强"将会缺少支撑，势必影响小麦价格，也会影响农民种粮积极性，进而危及我国的粮食安全。分析"麦强粉弱"现象原因分析：小麦生产具有季节性，在某一时期会发生供求失衡，价格会暴涨暴跌，而面粉消费则相对平稳，所以出现了小麦涨幅超过面粉涨幅的现象。出现这种现象原因可能是由国家小麦托市最低收购价政策导致，或者是由国内粮食加工能力过剩导致。

三、实证结果分析

1. 平稳性检验

在建立协整方程之前，首先要通过单位根来检验时间序列的平稳性。本研究选取常用的ADF方法对各时间序列的平稳性进行检验。从表9-1检验结果可以看出，所有变量的原序列均不能拒绝原假设，即序列是非平稳的。对原序列进行一阶差分后的检验结果均小于5%的水平临界值，表明一阶差分序列均呈平稳性特征。

表 9-1　单位根检验结果

变量	原序列			一阶差分		
	ADF 检验	5%临界值	结论	ADF 检验	5%临界值	结论
普通小麦	-2.5358	-2.9145	不平稳	-6.8838	-2.9155	平稳
优质小麦	-2.0043	-2.9155	不平稳	-7.49991	-2.9155	平稳
面粉	-2.2393	-2.9145	不平稳	-8.4553	-2.9155	平稳

2. 协整检验

为更进一步判断市场间的传导关系，研究普通小麦和面粉、优质小麦和面粉之间的长期均衡关系，从实证结果可以看出，普通小麦和面粉、优质小麦和面粉间存在协整关系（表9-2）。

表 9-2　协整检验结果

变量	解释变量系数	残差单位根 t 值	5%临界值	是否平稳
普通小麦和面粉	-1.2067	16.5555	15.4947	平稳
优质小麦和面粉	-0.5894	15.4999	15.4947	平稳

四、麦粉市场价格波动的动态关联性分析

1. 研究方法与数据选择

根据数据可获得性原则，选取山东省农业科学院科技信息研究所农业监测预警团队监测的山东贸易商收购普通小麦价格、制粉企业面粉批发月度数据，样本数据的时间跨度为 2016 年 1 月 1 日—2020 年 9 月，共计 114 组。利用 GARCH 模型来分析麦粉市场价格波动的动态关联性，以麦粉市场的价格收益率作为研究对象，价格收益率的计算方法如下：

$$\gamma_{i,t} = \ln(P_{i,t}/P_{i,t-1}) = \ln(P_{i,t}) - \ln(P_{i,t-1}) \tag{9-1}$$

式中，i 表示产品品种（1=小麦，2=面粉）；P_1 和 P_2 表示小麦、面粉价格（单位：元/kg）；r_i 为麦粉的价格收益率；t 表示时间。

2. 平稳性和 ARCH 效应检验

GARCH 模型的运用前提是所研究的序列必须是平稳的，且具有 ARCH 效应，采用 ADF 检验。首先绘制了自相关图，小麦价格收益率序列不随时间而增长，序列偏离零值波动，面粉价格收益率序列在零值附近，均具有明显的时间趋势，表明该序列是非平稳序列，再进行序列平稳性的 ADF 检验。结果显

示，小麦面粉原序列为非平稳序列，而一阶差分序列 t 值的绝对值均大于 1%、5%、10%水平的绝对值，表示在 1%水平下拒绝原假设，待检验序列不具有单位根，是平稳序列。

表 9-3 小麦价格序列 ADF 检验结果

变量		ADF 统计值	1%临界参考值	5%临界参考值	10%临界参考值	结论
小麦	原序列	-5.895248	-3.555023	-2.915522	-2.595565	不平稳
	一阶差分序列	-6.176889	-3.588509	-2.929734	-20.606064	1%平稳
面粉	原序列	-8.449454	-3.555023	-2.915522	-2.595565	不平稳
	一阶差分序列	-4.863430	-3.584743	-2.928142	-2.602225	1%平稳

3. ARIMA 模型建立

ARIMA（p，d，q）模型一般采用自相关图法和 AIC、SC 最小信息准则法确定 p、q 的取值。运用 Eviews 9.0 对一阶差分后的小麦收益率序列进行自相关检验，结果显示自相关截尾、偏自相关拖尾，可初步确定 $p=1$，$q=2$。为保证模型最优，采用最小二乘法，分别取 $p=0$，1；$q=0$，1，2，拟合 ARIMA（0，1，0）、ARIMA（0，1，1）、ARIMA（1，1，0）、ARIMA（1，1，1）、ARIMA（1，1，2）等模型。从拟合结果来看（表 9-4），根据 SC 值、AIC 值判断，ARIMA（1，1，2）拟合效果最优，故以此建立模型。

表 9-4 最小二乘法拟合小麦收益率 ARIMA 模型定阶结果

	调整 R^2	SC 值	AIC 值		调整 R^2	SC 值	AIC 值
ARIMA(0, 1, 0)	0.00000	-4.006877	-4.043374	ARIMA(1, 1, 0)	0.069342	-4.364729	-4.255238
ARIMA(0, 1, 1)	0.349185	-3.968830	-4.078321	ARIMA(1, 1, 1)	0.360967	-4.373772	-4.227784
ARIMA(0, 1, 2)	0.368081	-4.154664	-4.098209	ARIMA(1, 1, 2)	0.364076	-4.350778	-4.168293

采用 Eviews 9.0 进行预测分析，得到 ARIMA（1，1，2）下各项系数，得到价格预测的模型表达式如下：

$$dy_t = -0.0000701 - 0.41 ar(1) - 0.35 ma(1) - 0.65 ma \quad (9-2)$$

通过检验结果分析，F 统计量及卡方统计量概率 P 值都小于 0.05，ARCH

LM 检验结果认为一阶差分序列存在 ARCH 效应，因此，建立相应的 GARCH 模型重新拟合原序列。

GARCH 模型的均值方程和方差方程表达式如下：

小麦价格收益率 $dy_t = 0.0048 - 0.0521 ar(1) - 0.0475 ma(1) - 0.0816 ma(2) + \varepsilon_t$，$u_t \sim N(0, \sigma_t^2)$

$\sigma_t^2 = 0.0025 - 0.0475 u_{t-1}^2 + 0.5787 \sigma_{t-1}^2$

面粉收益率结果，显示自相关和偏自相关截尾，可初步确定 $p=1$，$q=2$，为保证模型最优，采用最小二乘法，分别取 $p=0,1$，$q=0,1,2$，拟合 ARIMA（0，1，0）、ARIMA（0，1，1）、ARIMA（0，1，2）、ARIMA（1，1，0）、ARIMA（1，1，1）、ARIMA（1，1，2）等模型，从拟合结果来看，根据 SC 值、AIC 值判断，ARIMA（1，1，2）拟合效果最优（表9-5）。采用 Eviews 9.0 进行预测分析，得到 ARIMA（1，1，2）下各项系数，得到价格预测的模型表达式如下：

面粉价格收益率 $dy = -0.0000641 + 0.462 ar(1) - 1.20 ma(1) + ma(2)$

表 9-5　最小二乘法拟合面粉收益率 ARIMA 模型定阶结果

	调整 R^2	AIC 值	SC 值		调整 R^2	AIC 值	SC 值
ARIMA（0，1，0）	0.0000	-4.231961	-4.195464	ARIMA（1，1，0）	0.238001	-4.463370	-4.353879
ARIMA（0，1，1）	0.551331	-4.925256	-4.815765	ARIMA（1，1，1）	0.553777	-4.908733	-4.762745
ARIMA（0，1，2）	0.557977	-4.915169	-4.769181	ARIMA（1，1，2）	0.625107	-4.956359	-4.773874

通过检验结果分析，F 统计量及卡方统计量概率 P 值均大于 0.05，ARCH LM 检验结果认为一阶差分序列不存在 ARCH 效应，因此不能建立 GARCH 模型。

五、结果与分析

我国粮食最低托市价格政策对小麦收购价格有一定作用。同时小麦生产具有明显的季节性特征，自然灾害等突发事件很容易引起小麦产量的波动，对小麦收购价格形成冲击。而面粉需求相对稳定，影响面粉需求的因素，如人口数量、消费结构等一般具有长期稳定性。麦粉市场间的低关联性所造成的市场分割是"麦强粉弱"现象存在的根本原因。因此，一旦遭遇同样的外部冲击，小麦收购市场和面粉零售市场所作出的响应存在很大的差异性和不确定性，"麦强粉弱"现象则有可能出现，又由于二者之间存在低关联性，这种现象则有可能会被进一步强化。

六、结论和对策建议

通过对我国麦粉市场价格波动现状以及麦粉价格波动的动态相关性分析，小麦托市最低收购价政策、国内小麦加工产能过剩均属于国内麦粉市场内的冲击因素，如小麦最低托市收购价政策推高了小麦收购市场价格；国内小麦加工产能过剩因素则影响面粉市场价格波动等。由于麦粉市场间的低关联性所造成的市场分割切断了两市之间的价格传导机制，从而导致小麦市场和面粉市场各自的市场波动信息缺乏有效的传导路径。近年来，国内制粉企业加快转型升级进度，未来国内政策将推进粮食产业链、价值链、供应链"三链"融合，打造高质量面麦产业链体系。针对以上分析，本章提出如下对策建议。

1. 积极引导制粉企业转型升级

"麦强粉弱"现象对于制粉企业来说既是机遇又是挑战。面粉产品的同质化，是面粉加工行业普遍存在的突出问题。需要加大对老企业更新改造力度，把先进的科学技术应用到企业生产的各个环节，采用高效、低耗的新工艺、新设备，研发新的产品，达到节约能源、降低消耗、提高效率、增加效益的目的。依靠副产品综合利用获效益。小麦经过加工的副产品——次粉、小麦麸皮以及小麦胚均含有丰富的营养物质，可以通过延伸产业链，提高产品附增加值。

2. 调整粮食收购政策，让市场在资源配置中发挥决定性作用

我国小麦收购市场波动具有鲜明的托市收购政策调控的痕迹，虽然该政策在调动农民种粮积极性、稳定粮食价格方面起到了积极的作用，但在实行过程中也存在一些问题。因此，需要处理好政府和市场的关系，探索推进农产品价格形成机制与政府补贴脱钩的改革，逐步建立农产品目标价格制度。

3. 积极推动粮食市场整合，健全粮食市场体系

我国粮食生产消费具有明显的区域集聚性特点，粮食主销区放开粮食价格，市场成为价格形成的主导因素，而绝大部分粮食主产区粮食价格并不是在全国统一的大市场中由竞争形成的。主产区与主销区粮食价格存在着明显的非对称性，收购市场与批发零售市场分割。因此，有必要从完善粮食价格形成机制出发，建立粮食主产区和主销区之间"平等合作、风险共担、利益均沾"的利益共同体，在全国范围内积极推动粮食市场整合，实现全国统一粮食市场体系范围内的粮食价格形成机制。

4. 建议制粉企业延长产业链

延长生产端（前端），成立合作社等经营主体，种植优质小麦，以稳定加工原粮来源。延长后端，向加工食品转变和利用麸皮等副产品搞养殖；在食品方面，可加工面条、馒头、水饺、泡面等食品，以及建设中央厨房。在养殖方面，可养殖猪，一是利用了麸皮，二是猪产生的粪便可作为麦田的有机肥，形成一个良性循环，节约成本，增加收益。

第十章 我国小麦市场价格波动特点分析——以山东省为例

一、相关研究文献评述

小麦是我国三大主要粮食作物之一，常年种植面积占我国夏粮作物总面积的87%以上，产量占夏粮总产量的90%以上。2019年全国粮食播种面积11 606.4万hm^2，比2018年减少97.5万hm^2，下降0.8%，小麦种植面积2 372.7万hm^2，比2017年减少54.1万hm^2，减产2.23%，全国粮食总产量量66 384万t，比2018年增加594万t，增长0.9%，小麦总产量13 359万t，减产1.64%。2018年山东省小麦种植面积406万hm^2，总产量2 472.20万t，小麦产量占粮食产量的46.46%。为保障我国口粮安全，国家在关注小麦种植面积和产量的同时，小麦价格也是粮食政策关注的重点，随着粮食市场化改革的逐步深入，小麦价格逐渐呈现一定周期变化，引起政府高度重视，因此，提高对小麦价格变动特点的认识，利用市场波动规律对小麦等粮食市场进行宏观干预具有一定的意义（张利庠、陈秀兰，2014）。因郭心义等（2004）和张浩然（2006）分别对2004—2005年的小麦价格波动态势做了表述，并对2006年的价格进行了预测。曹慧（2007）通过计算小麦月度价格变异率的方法，将1993—2006年的小麦价格分为5个周期，分析认为小麦价格波动平均周期为29个月。秦富等（2008）通过对河南小麦生产、收购、加工、销售等产业链各环节进行分析，认为种植成本是小麦价格上涨的主要原因，而小麦制品的价格上涨则主要是农业外的因素所致。马文峰（2008）通过了解小麦供给量、相关产品价格、宏观经济因素等对小麦价格波动的影响，认为生产成本上涨是小麦价格上涨的主要原因。夏海龙（2009）指出，在小麦供求基本平衡的情况下，市场波动主要取决于国家宏观政策。东梅等（2009）依据市场分形理论，对2009年我国小麦价格的走势进行了预测。还有一些研究则侧重于其他方面，如常清等（2007）分析了郑州商品交易所小麦价格指数与CBOT小麦价格指数，指出国家储备在稳定小麦价格上的突出作用。仰炬等（2008）实证研究指出政府市场管制有效的前提是国内外市场不存在长期均衡关系，国内小麦价格与国际小麦价格的关联性最小。丁守海等（2009）指出一些战略性粮食品种如小麦和大米，国际价格的输入不是来自直接贸易，而是通过大豆和玉米等间接贸易实现。现有报道都是从不同的角度来研究小麦价格变动的某一方面，而小麦价格波动涉及长期和短期等因素影响。因此，本章运用时间序列分解法对小麦价格变动的长期趋势和短期变动周期两个特点进行识别和分析。

二、方法和数据来源

1. 时间序列分解思路

经济时间序列的处理包括书籍类型的检验和频率转换；时间序列分解方法包括季节调整和趋势分解。经济的时间变量受四种因素的影响：长期趋势要素（Cycle）、循环要素（Trend）、季节变动要素（Seasonal）和无法预测的不规则成分（Irregular）。因此，要研究经济变量的长期趋势（Trend）和波动周期（Cycle），可以采用时间序列分解的方法，即把经济的时间变量中的这四种因素分解出来。在进行时间序列分解时，考虑到一些产品价格可能受到季节因素的影响，因此首先需要 CensusX-13 季节调整法将时间序列分解为趋势周期成分、季节成分和不规则成分。所谓季节调整就是从时间序列中去除季节变动要素，从而显示出序列潜在的趋势周期分量，而趋势周期分量能真实地反映经济时间序列运动的客观规律，可以用它来进行经济分析。只有季度、月度数据才能做季节调整，目前季节调整有四种比较常用的方法：CensusX-13、CensusX-12、Tramo/Seats 和移动平均比法（高铁梅，2016）。

选用的 CensusX-13 方法，是 CensusX-12 方法的最新扩展版本，增强的功能包括一个更加通用的用户界面，以及各种新的诊断方法来帮助用户检测和纠正在程序选项下获得的季节和日历效应的缺陷。该程序还包括了能够克服各种调整问题的新工具，扩大了经济时间序列的适用范围，使其可以更充分地进行季节调整。此外，CensusX-13 方法中还增加了 TRAMO/SEATS 季节调整方法的外部调用功能，用户使用普通的 CensusX-13 输入语句就可以调用 TRAMO 程序对时间序列进行预处理，或调用 SEATS 程序对时间序列进行季节调整。目前 CensusX-13-ARIMA-SEATS 程序已成为功能最为强大、应用最为广泛的季节调整方法。在进行季节调整后，运用 H-P 滤波法把趋势周期成分进行分离，得出文章所需要研究的长期趋势和短期的波动周期。H-P 滤波法是由 Hodrick 和 Prescott 在分析战后美国经济周期的论文中运用的数据平滑方法，在 1980 年才首次正式提出来。该方法假定 $\{Y_t\}$ 是一个包含有趋势成分和周期波动成分的经济时间序列，$\{Y_t^T\}$ 是其中含有的趋势成分，$\{Y_t^c\}$ 是其中含有的周期波动成分。则

$$Y_t = Y_t^T + Y_t^c, \ t = 1, 2, \cdots, T$$

计算 H-P 滤波就是从 $\{Y_t\}$ 中将 Y_t^T 进行分离。一般地，时间序列 $\{Y_t\}$ 中的不可观测部分趋势 $\{Y_t^T\}$ 常被定义为下面最小化问题的解：

$$\min \sum_{t=1}^{T} \{(Y_t - Y_t^T)^2 + \lambda [c(L) Y_t^T]^2\} \qquad (10\text{-}1)$$

式中，$c(L)$ 是延迟算子多项式：$c(L) = (L^{-1} - 1) - (1 - L)$ 将 $c(L)$ 代入，则 H-P 滤波的问题就是使下面的损失函数最小化：

$$\min\{\sum_{t=1}^{T}(Y_t - Y_t^T)^2 + \lambda \sum_{t=1}^{T-1}[(Y_{t+1}^T - Y_t^T) - (Y_t^T - Y_{t-1}^T)^2]\} \qquad (10\text{-}2)$$

当使用月度数据时，一般都采用 Hodrick 和 Prescott（1998）的意见，令 λ 的取值为 14 400（高铁梅，2016）。

2. 数据来源

研究数据来源主要是历年山东农业监测预警团队监测的经纪人收购小麦价格数据，山东商品零售价格总指数数据来源于《山东统计年鉴》，样本区间均为 2009 年 1 月—2019 年 12 月。

三、我国小麦价格变动特点

1. 国内小麦价格走势分析

由图 10-1 可以看出，国内小麦销区价格与山东普通小麦价格变化趋势基本一致，只是前者比后者高出 0.28~0.66 元/kg，在麦价拐点处，国内小麦销区价格变化比山东地区麦价变化显得平稳，但从长时间序列看，麦价走势一致，因此，麦价的变动特点分析以山东省为例。据近 3 年的小麦价格监测结果，2015 年 10 月、2016—2018 年的 6 月山东麦价均处于低谷，主要原因是每年 6 月是山东地区新麦集中上市阶段，由于水分含量高及农户售粮习惯等因素影响，小麦集中进入市场，导致麦价下滑。而随着时间推移，至翌年 5 月，麦价基本呈现逐渐上升的趋势。

2. 山东省小麦价格变动特点识别

（1）小麦价格变化趋势。为了考察小麦实际价格走势，用山东商品零售价格总指数以 1995 年为基期对小麦名义价格进行平减，并和名义价格一起绘于图中，通过小麦的名义价格和实际价格的时间序列折线图可以看出，小麦的实际价格走势和名义价格走势基本一致，说明通货膨胀因素对于小麦的实际价

第十章 我国小麦市场价格波动特点分析——以山东省为例

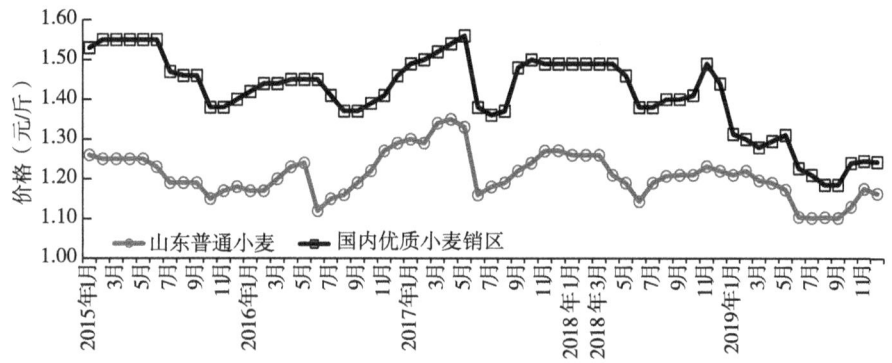

图10-1　2015年1月—2019年11月以来山东省及国内的小麦价格走势
（注：山东普通小麦价格为贸易商收购价格、国内普通小麦价格为郑州批发市场价格）

格波动没有产生显著影响。在剔除物价水平因素后，研究区间内小麦价格总体上可分三个区间进行分析，分别是2009年1月—2012年6月、2012年7月—2016年6月、2016年7月—2019年12月，增长趋势与国家从2006年开始执行的最低收购价有关。第一区间段，小麦价格是爬坡阶段，各月间变化较小。第二区间段麦价上涨幅度较大，同时各月之间的麦价价差也较明显，麦收时价格最低，后期会逐渐走高，一般到年底或元旦期间麦价达到一年中的峰值，年际间差异也不明显，需要特别说明的就是2015年麦价总体走低，月度间差距减小，10月出现了断崖式下跌，造成了国庆期间出乎意外的小麦价格大跌，给市场带来一丝阴霾。第三区间与第二区间麦价的走势曲线相近，但出现麦价最高的时段有区别，出现高峰时段不是年底，而是年后的3—4月，2018年6月以后，月度间的变化在缩小，特别是2019年，麦价走势与往年不同。7—9月的麦价反而略低于6月新麦的开秤价，主要原因是2019年是第一年下调小麦最低收购价，新麦集中上市初期，各收购主体入市收购积极，在贸易商仓容和资金基本用完时，在全国小麦产量高、质量好的情况下，市场上仍有大量小麦出售，各收购主体出现谨慎收购心理，麦价开始略下行，此状态一直延续到国庆。这种由宏观经济环境引起的波动并非小麦价格自身的波动。本章研究对象为剔除通胀因素后的小麦实际价格波动状况（图10-2）。

（2）季节因子对小麦价格有一定影响。图10-3展示了小麦实际价格的原序列和季节调整后的价格序列走势图，从图10-3中可以看出季节因素对小麦价格有一定影响。进一步对小麦价格一阶差分数据序列的自相关系数进行检验

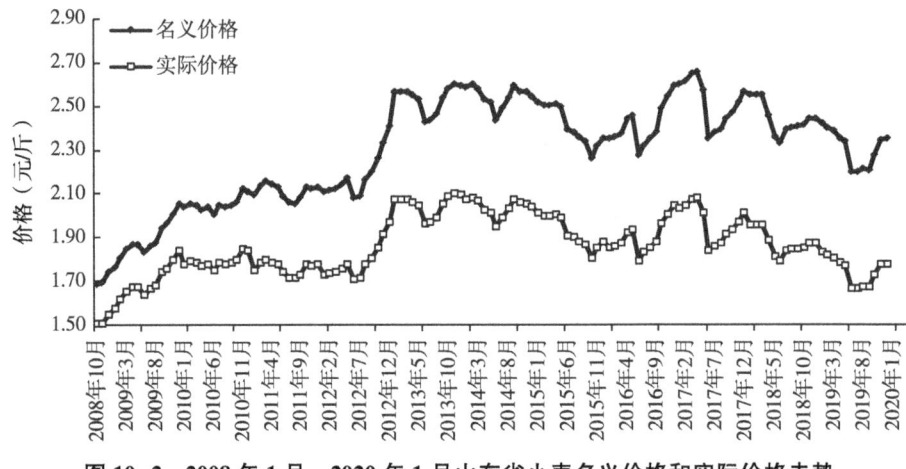

图 10-2　2008 年 1 月—2020 年 1 月山东省小麦名义价格和实际价格走势

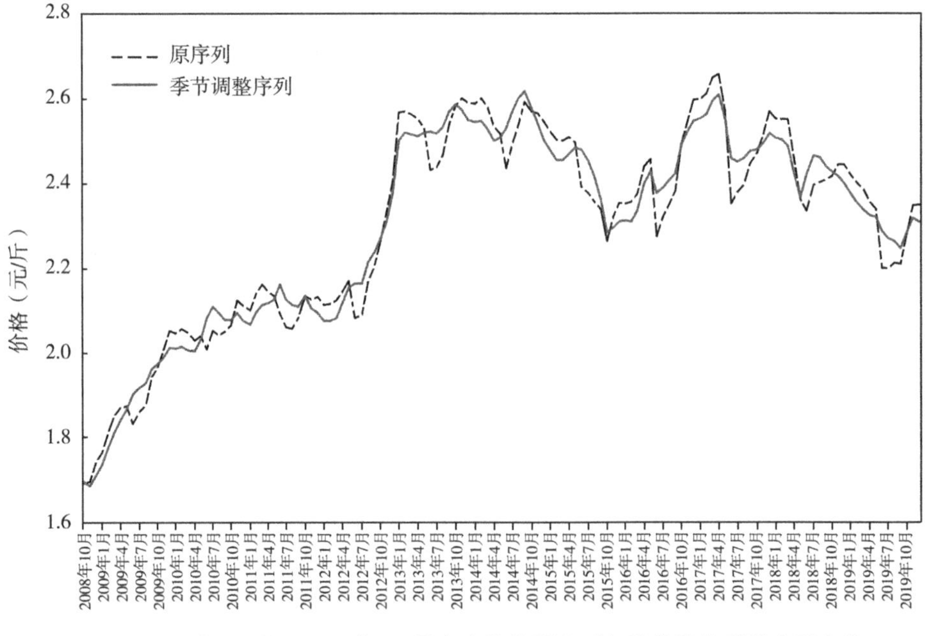

图 10-3　2008 年 10 月—2019 年 10 月小麦价格原序列与季节调整后的序列走势

（图 10-4），可以看出当滞后期为 12 个月、24 个月、36 个月时，其偏自相关系数显著大于零，说明季节因素对山东省小麦价格波动的影响显著。

（3）小麦价格的长期趋势。图 10-5 显示了经过季节调整后的小麦 TC 序列经过 H-P 滤波法得到的趋势序列和周期成分。根据时间序列分解结果图得出，2009 年以来，我国经济的快速发展、人口的增加、人民生活和消费水平的提高、膳食结构的调整、农业生产资料价格的增长、通货膨胀等诸多因素的影响，山东省小麦价格显示出直线上涨后平稳略下降的长期走势。山东省小麦价格从 2009—2012 年底是直线上升的趋势，但在 2013—2015 年上半年，除了季节因素影响外，小麦价格总体呈平稳的变化趋势；2015 年 10 月—2016 年 10 月，小麦保持较低的价格；自 2016 年 11 月—2017 年 4 月，小麦价格一路飙升，达到监测区间的最高水平；此后小麦价格逐渐下滑，2017 年小麦价格高于 2018 年和 2019 年。

```
Date: 04/02/20   Time: 10:15
Sample: 2009M01 2019M12
Included observations: 131

 Autocorrelation   Partial Correlation        AC      PAC    Q-Stat   Prob

                                        1   0.262   0.262    9.1861  0.002
                                        2   0.036  -0.035    9.3629  0.009
                                        3  -0.046  -0.050    9.6518  0.022
                                        4  -0.093  -0.072   10.844   0.028
                                        5  -0.152  -0.117   14.041   0.015
                                        6  -0.227  -0.175   21.228   0.002
                                        7  -0.146  -0.062   24.217   0.001
                                        8   0.003   0.039   24.218   0.002
                                        9  -0.019  -0.070   24.269   0.004
                                       10   0.104   0.087   25.834   0.004
                                       11   0.207   0.131   32.079   0.001
                                       12   0.416   0.337   57.476   0.000
                                       13  -0.024  -0.258   57.559   0.000
                                       14  -0.064   0.026   58.175   0.000
                                       15  -0.087  -0.041   59.317   0.000
                                       16  -0.083   0.025   60.363   0.000
                                       17  -0.178  -0.110   65.226   0.000
                                       18  -0.218  -0.069   72.533   0.000
                                       19  -0.093  -0.022   73.882   0.000
                                       20   0.038  -0.012   74.113   0.000
                                       21  -0.058  -0.114   74.646   0.000
                                       22   0.064  -0.023   75.298   0.000
                                       23   0.115  -0.014   77.448   0.000
                                       24   0.317   0.199   93.803   0.000
                                       25  -0.004  -0.053   93.805   0.000
                                       26  -0.006   0.050   93.810   0.000
                                       27  -0.015   0.009   93.847   0.000
                                       28  -0.109  -0.070   95.856   0.000
                                       29  -0.188  -0.038  101.90    0.000
                                       30  -0.107   0.072  103.87    0.000
                                       31  -0.045  -0.039  104.22    0.000
                                       32  -0.067  -0.182  105.01    0.000
                                       33  -0.191  -0.150  111.48    0.000
                                       34  -0.032  -0.102  111.66    0.000
                                       35   0.071  -0.047  112.57    0.000
                                       36   0.348   0.212  134.76    0.000
```

图 10-4　季节一阶差分后序列自相关图

（4）小麦价格短期的波动周期。2009 年以来的 11 年间，山东省小麦价格经历了三个最为明显的价格波动阶段（图 10-5）。第一阶段是 2009 年 1 月—

2012年6月，第二阶段是2012年7月—2016年6月，第三阶段是2016年7月—2019年12月。在监测区间内，第二阶段小麦平均价格比第一阶段上涨0.438元/kg，上涨幅度21.74%，第三阶段比第二阶段下降0.024元/kg，下降幅度0.97%。在每个波动阶段内，同时满足季节因素影响的变化趋势，基本上是从元旦开始，小麦价格开始下滑，至6月小麦价格是一年中的最低水平，因5月底6月初是山东地区冬小麦成熟收获期，而且因农户生产经营习惯，收获后立即出售，家里不留存余粮，造成小麦大量集中上市的形势，因而每年小麦收获季节都价格相对最低。从6月之后，小麦价格会持续上涨到年底，一般每年的元旦会达到小麦价格最高峰，在一年的时间段内，小麦价格呈现高—低—高的变化趋势。同时，从长时间序列分析，小麦价格的波动可以划分为三个明显的波动周期（表10-1）。

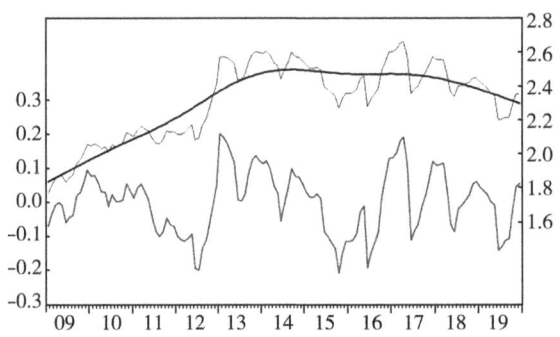

图10-5 小麦实际价格趋势周期序列分解

表10-1 2009年1月—2019年12月山东省小麦价格波动周期

周期	时间区域 （年.月）	持续时间 （月）	上涨 （月）	波峰 时间	下跌 （月）	峰谷时间 （年.月）
第一周期	2009.01—2012.06	42	26	2011.03	16	2010.06
第二周期	2012.07—2016.06	48	24	2014.02	24	2015.10
第三周期	2016.07—2019.12	42	27	2017.04	15	2019.06

第一周期（2009年1月—2012年6月），监测时间范围42个月，小麦价格上涨月份有26个月，下跌月份16个月，波峰在2011年的3月，波谷在2010年的6月。

第二周期（2012年7月—2016年6月），监测时间范围48个月，其中24

个月小麦价格上涨,24个月下跌,波峰在2014年2月,波谷2015年10月,"十一"期间小麦价格"断崖式"下跌的主要原因是:在9月底托市收购即将结束期间,基层贸易商和仓储企业开始清仓出库,准备收购新季玉米,故而小麦待交易量明显增加,造成大量卖粮车在制粉企业或粮库门前排队,同时由于粮库储备有限,加之用粮企业降低收购力度、压低价格,市场粮源充裕等原因,造成了国庆期间出乎意外的小麦价格大跌。10月1—6日,小麦价格跌破1.05元/斤,个别地区甚至达到1.0元/斤,造成市场参与者极度恐慌。10月10日国家出台了2016年小麦最低收购价,给市场注入了活力,从政策方面也给了市场参与者信心。小麦市场价格止跌反弹,市场上恐慌的心理减弱,农民种粮的积极性也得到提高,政策出台后,小麦价格略有回暖但走势偏弱。

第三周期(2016年7月—2019年12月),监测时间范围42个月,小麦价格上涨月份27个月,下跌月份为15个月,波峰出现在2017年4月,波谷2019年的6月,因国家制定了2019年的小麦最低收购价,下调为2.24元/kg,对于新季小麦开秤价格,一般是依据国家定的最低收购价格。

(5)小麦价格的变异率分析。对小麦实际价格进行时间趋势剔除后,用波动变异率(Ratio of Variation)指标来衡量其短期价格波动强度。变异率的计算方法是首先对经济变量 Y 进行时间趋势回归,得到其长期趋势 $\hat{Y}$,$(Y - \hat{Y})$ 表示剔除长期趋势后变量的绝对波动值,$(Y - \hat{Y})$ 与 Y 的比值称为经济变量的变异率。变异率指标基本能够克服增长率指标的缺陷,大致准确地反映经济变量的波动程度(张利庠,陈秀兰,2014)。图10-6显示小麦实际价格变异率变化趋势与小麦随时间序列周期变化趋势相似。

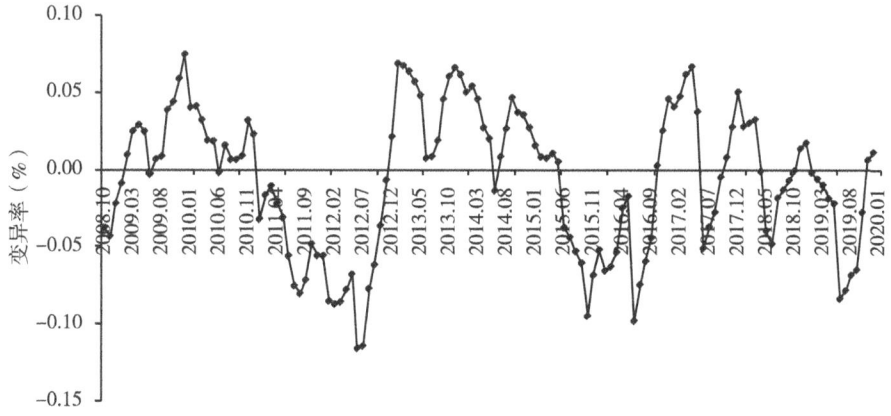

图10-6 2008年10月—2020年1月小麦实际价格变异率曲线

四、结论与建议

通过对小麦价格变动特点的认识，利用市场波动规律对小麦等粮食市场进行调节。本章基于时间序列分解的方法对我国 2009—2019 年的月度小麦实际价格变动特点进行了识别，分析认为季节因素对山东省小麦价格的变动有一定影响；在剔除物价水平因素后，研究区间内小麦价格总体上可分 3 个区间进行分析，分别是 2009 年 1 月—2012 年 6 月、2012 年 7 月—2016 年 6 月、2016 年 7 月—2019 年 12 月，增长趋势与国家从 2006 年开始执行的最低收购价有关。第一阶段是 2009 年 1 月—2012 年 6 月，第二阶段是 2012 年 7 月—2016 年 6 月，第三阶段是 2016 年 7 月—2019 年 12 月。在监测区间内，第二阶段小麦平均价格比第一阶段上涨 0.438 元/kg，上涨幅度 21.74%，第三阶段比第二阶段下降 0.024 元/kg，下降幅度 0.97%。在每个波动阶段内，同时满足季节因素影响的变化趋势，基本上是从元旦开始，小麦价格开始下滑，至 6 月小麦价格是一年中的最低水平，因 5 月底 6 月初是山东地区冬小麦成熟收获期，而且因农户生产经营习惯，收获后立即出售，家里不留存余粮，造成小麦大量集中上市的形势，因而每年小麦收获季节价格相对最低。从 6 月之后，小麦价格会持续上涨到年底，一般每年的元旦会达到小麦价格最高峰，在一年的时间段内，小麦价格呈现高—低—高的变化趋势。

2009 年下半年开始，山东省小麦价格呈现出持续上涨的长期趋势，这种长期上涨的趋势是由于经济快速发展、人口增加、人民生活和消费水平提高、膳食结构调整、农业生产资料价格增长、通货膨胀等诸多因素的影响，这种长期上涨趋势也是符合经济和社会发展的一般规律的，围绕上涨的长期趋势，小麦价格存在较为明显的周期波动，研究区间内波动周期平均长度为 44 个月。从 2009 年以来，山东省小麦市场价格经历了 3 次比较明显的波动，在分析价格的各周期变化时，供求状况是决定小麦价格波动的基础，同时国家政策对价格波动有一定影响，特别是新麦收获季节，小麦市场价格基本遵循国家最低收购价格。宏观调控应充分尊重小麦价格符合经济和社会发展规律的长期上涨趋势，同时，遵循小麦价格的周期波动规律，允许其在合理区间变动，为了避免波动周期的异常延长，应尽量防止政策对市场特别加强管制的情况。

五、发展思路

1. 推进小麦最低收购价政策改革

国家制定小麦最低收购价政策，是为了保护农民的收益，保护农民种粮积极性。在小麦商品化生产趋势日益明显的情况下,种地成本过高,特别是地租过高等问题已引起广泛关注,如果能降低种地成本,可适当抵消最低收购价下调带来的农民收益减少问题。适当下调最低收购价,可使"麦强粉弱"的状况得到有效改善,提升制粉企业的竞争力,使小麦全产业链更加健康、可持续发展,同时也有利于应对国外低价小麦对国内市场的冲击。从长远看,建议实施"价补分离"方案。目前执行的逐步降低最低收购价格的方案,是利用价格扭曲政策来稳定市场,这将严重损害我国小麦的国际竞争力。从近期看,主要根据市场供求状况进行调低或调高最低收购价的政策,并根据当年新麦上市品质、市场供求状况等情况选择执行最低价、国库入市收储的时间窗口。

2. 逐步完善粮食生产的配套政策

现行最低收购价被赋予过多的政策职能,在粮食价格市场化程度不断提高、国内外价格联动日益显著的新形势下,不同的政策目标很难兼顾。需要将最低收购价格政策回归到解决农民"卖粮难"的政策目标上,也需要采取相应配套支持政策。

3. 加强农业监测预警研究

建立统筹产前、产中、产后,覆盖生产、流通、消费等产业链各环节的全产业链农业信息分析预警机制,建设全产业链农业分析预警团队,面向市场,建立健全农产品市场信息服务体系,及时了解国内外市场行情,有效研判市场走势,合理引导市场预期,形成分析反应快速、信息内容全面、预测判断准确的工作格局,着力解决生产与需求信息不对称,流通服务不畅等造成的区域性、结构性农产品卖难问题。

参考文献

曹慧，2007. 中国小麦价格的周期变化特征及其原因分析［J］. 世界农业（4）：29-32.

常清，秦云龙，2007. 国家小麦储备与小麦价格变动关系分析［J］. 价格理论与实践（S1）：22-23.

陈锡文，2016. 价补分离，市场定价［J］. 农经，2016（3）：36-37.

陈锡文，2016-03-01. 玉米补贴改革推行在即小麦稻谷跟进［N］. 粮油市场报（A01）.

戴公兴，2017-11-18. 小麦和稻谷是否还要坚持保护价收购？［N］. 人民政协报（004）.

丁守海，2009. 国际粮价波动对我国粮价的影响分析［J］. 经济科学（2）：60-71.

东梅，赵俊杰，2009. 市场分形理论与2009年中国小麦价格预测［J］. 乡镇经济，25（9）：16-18.

杜志雄，肖卫东，2019. 中国农业发展70年：成就、经验、未来思路与对策［J］. 中国经济学人，14（1）：2-33.

高铁梅，2009. 计量经济分析方法与建模：EViews应用及实例［M］. 2版. 北京：清华大学出版社.

郭心义，傅铁信，2004. 2004年国内小麦价格回顾与展望［J］. 粮油加工与食品机械（11）：21-22.

国家粮食和物资储备局，2019. 《中国的粮食安全》白皮书重要文献汇编［M］. 北京：人民出版社.

韩俊，2017-03-30. 农业供给侧改革须做好"稳调改补"［N］. 粮油市场报（A01）.

韩一军，2016. 变革背景下中国小麦产业模式及政策探讨［J］. 农业展望，12（1）：32-35.

李干杰，2022-04-03. 奋力开创新发展阶段"三农"工作新局面［J/OL］. 光明网:https://share.gmw.cn/theory/2022-04/03/content_35633455.htm.

李茂松,李章成,王道龙,等,2005.50年来我国自然灾害变化对粮食产量的影响[J].自然灾害学报(2):55-60.

李雪,吕新业,2021.现阶段中国粮食安全形势的判断:数量和质量并重[J].农业经济问题(11):31-44.

吕新业,胡非凡,2012.2020年我国粮食供需预测分析[J].农业经济问题,33(10):11-18.

马培元,2004.山东省干旱成因及对策[J].中国水利(15):28-30.

马文峰,2008.把握小麦价格因素,调控粮食价格[J].粮食加工(6):12-15.

梅方权,张象枢,黄季焜,等,2006.粮食与食物安全早期预警系统研究[M].北京:中国农业科学技术出版社.

农业部市场预警专家委员会,2016.中国农业展望报告(2016—2025)[M].北京:中国农业科学技术出版社.

裴会永,2016-12-20.韩俊:价补分离继续深化收储制度改革[N].粮油市场报(A01).

齐驰名,2016-10-29.麦强粉弱持续加工利润暂难回转[N].粮油市场报(A03).

秦富,李先德,吕新业,等,2008.河南小麦产业链各环节成本收益研究[J].农业经济问题(5):13-19.

山东省统计局,2022-03-02.2021年山东省国民经济和社会发展统计公报[A/OL].http://tjj.shandong.gov.cn/art/2022/3/2/art_6196_10294366.html.

邵晓梅,2001.山东省粮食生产的时序变化机制研究[J].经济地理(6):727-730.

师逸,2016-04-16.价补分离,倒逼经营主体转型升级[N].粮油市场报(B03).

宋洪远,翟雪玲,曹慧,等,2012.农产品价格波动、机理分析与市场调控[J].农业技术经济(10):4-13.

王宏广,2020.中国粮食安全:战略与对策[M].北京:中信出版社.

王济民,肖红波,2013.我国粮食八年增产的性质与前景[J].农业经济问题,34(2):22-31.

王晓夕,张新仕,李敏,2017.生产资料投入量对河北省粮食产量的贡献

率分析 [J]. 农业科技管理, 36 (4): 8-11.

王秀东, 刘斌, 闫琰, 2013. 基于 ARCH 模型的我国大豆期货价格波动分析 [J]. 农业技术经济 (12): 73-79.

魏霄云, 史清华, 2020. 农家粮食: 储备与安全: 以晋浙黔三省为例 [J]. 中国农村经济 (9): 86-104.

武拉平, 2019. 新时代粮食安全观的新特点与新思维 [J]. 黑龙江粮食 (12): 48-49.

夏海龙, 2009. 小麦价格变动分析及 2009 年行情展望 [J]. 中国农业信息 (2): 46-48.

徐浪, 贾静, 2003. 化肥施用量对粮食产量的贡献率分析 [J]. 优质粮油 (1): 10-13.

杨阳, 张晓艳, 2017. 山东省小麦生产成本收益分析 [J]. 农业展望, 13 (3): 29-32.

仰炬, 王新奎, 耿洪洲, 2008. 我国粮食市场政府管制有效性: 基于小麦的实证研究 [J]. 经济研究 (8): 42-50.

张辰利, 2013. 中国棉花价格指数波动特征分析 [J]. 农业技术经济 (9): 42-51.

张浩然, 2006. 中国小麦供需形势与 2006 年小麦价格走势 [J]. 农业展望 (4): 23-26.

张利庠, 陈秀兰, 2014. 我国小麦价格变动特点分析 [J]. 农业技术经济 (5): 73-80.

张瑞娟, 高芸, 2016. 国内外小麦价格联动关系研究 [J]. 价格理论与实践 (7): 112-115.

张晓驰, 刘洋, 张吉旺, 2018. 山东省新型农业经营主体粮食生产经营情况探析 [J]. 山东农业科学, 50 (9): 143-147.

张晓艳, 孟丽, 王丽丽, 等, 2020. 基于大数据的我国小麦市场价格波动特点分析: 以山东省为例 [J]. 农业大数据学报, 2 (3): 75-83.

张晓艳, 孙家波, 牛鲁燕, 等, 2016. 2015/16 年度山东省小麦市场分析与未来展望 [J]. 农业展望, 12 (7): 4-6.

张晓艳, 王丽丽, 王志诚, 等, 2010. 山东省农业生产风险因素分析与粮食产量预测 [J]. 农业展望, 6 (10): 34-37.

张宗毅, 沈贵银, 2018. 2017 年江苏省小麦市场形势分析与展望 [J]. 农业展望 (1): 8-11.

赵霞，2014. "麦强粉弱"现象的深层次原因探析：麦粉市场价格波动的动态关联性研究 [J]. 价格理论与实践（8）：73-75.

中国农业全书总编辑委员会，1994. 中国农业全书：山东卷 [M]. 北京：中国农业出版社.

钟永玲，2016. 经济新常态下中国小麦市场运行趋势及调控思路 [J]. 农业展望，12（1）：4-8.

WU Y, XI X C, TANG X, et al., 2016. Policy distortions, farm size, and the overuse of agricultural chemicals in China [J]. PNAS, 115（27）：7010-7015.